Inhalt

MOABITER NOTIZEN	3
Vorbemerkung	9
Ein Freund verschwand	14
Das Jahr 1989	24
Der Rachefeldzug	37
Kohl und die Gespräche mit Bonn	44
Zur friedlichen Koexistenz	48
Über die DDR	52
Die Aufbauleistungen der DDR und ihre Zerschlagung	66
Die Lage in Deutschland heute	71
Schlußbemerkungen	80
INTERVIEW	83
PROTOKOLLE vom Staatsbesuch 1987 in der BRD	105
Gespräch mit Richard von Weizsäcker	106
NIEDERSCHRIFT über die Gespräche mit Helmut Kohl	
I. Gespräch im erweiterten Kreis	115
II. Gespräch im kleinen Kreis	129
III. Gespräch im kleinen Kreis	139
IV. Gespräch im erweiterten Kreis	144
Position zu einigen Sachfragen	149
Gespräch mit Philipp Jenninger	158
Gespräch mit Herbert Mies und Ellen Weber	162
Gespräch mit Hans-Jochen Vogel	165
Gespräch mit Björn Engholm	168
Gespräch mit Alfred Dregger und Theo Waigel	170

Gespräch mit Wolfgang Mischnick und Uwe Ronneburger	174
Gespräch mit Vertretern der Grünen	177
Gespräch mit Lothar Späth	180
Gespräch mit General a.D. Gert Bastian und Petra Kelly	183
Gespräch mit Willy Brandt	185
Gespräch mit Otto Wolff von Amerongen	187
Gespräch mit Johannes Rau	189
Vermerk über das Gespräch mit Johannes Rau	194
Vermerk zur Beratung mit den Fachministern Nordrhein-Westfalens	196
Gespräch mit Helmut Schmidt	198
Gespräch mit Bernhard Vogel	200
Gespräch mit Gerhard Schröder	203
Gespräch mit Oskar Lafontaine	205
Vermerk über ein Gespräch mit Oskar Lafontaine	210
Gespräch mit Franz Josef Strauß	212
Aktennotiz	218
Gespräch mit Repräsentanten der saarländischen Wirtschaft	221
Gespräch Oskar Fischers mit Hans-Dietrich Genscher	222
Gespräch Oskar Fischers mit Dorothee Wilms	227
Gemeinsames Kommuniqué	235

Mein Vorschlag:

E.H.

„*Moabiter Notizen*"

Vorbemerkungen

Es drängt mich, bestimmte Dinge, die mir noch gut in
Erinnerung sind, und eine Reihe von Fragen, die mich
tief bewegen, niederzuschreiben, meine Gedanken zu bestimmten Ereignissen zu formulieren.
Es ist mir heute noch nicht klar, was mit diesen
Notizen geschehen soll, ob ich es noch schaffe, meine
Gedanken irgendwann geordnet zu Papier zu bringen.
Ich schreibe diese Zeilen im Gefängnis Berlin-Moabit, das mir - ebenso wie
vielen anderen Kommunisten, Sozialdemokraten und weiteren Antifaschisten - noch
aus der Nazizeit gut bekannt ist. Auch schon vor 1933 spielte dieses Gefängnis eine besondere Rolle bei der Unterdrückung politischer Gegner des deutschen Imperialismus.

Sollten diese Zeilen jemals veröffentlicht werden, dann für jene, die es
mit der Analyse der Vergangenheit ernst meinen, im Gegensatz zu den sogenannten
Geschichtsbewältigern, denen es einzig und allein um die Hetze gegen den
Sozialismus geht, um damit den unausweichlichen Niedergang des Kapitalismus
noch möglichst weit hinauszuschieben.

Man wird keine Zeile finden, die der kapitalistischen Ausbeutergesellschaft,
deren Ideologie und "Moral" Zugeständnisse macht. Das erlauben nicht die 20
Millionen Arbeitslosen, die Dank der freien Marktwirtschaft auf der Straße
liegen. Eine ausweglose Situation? Der Sozialismus, eine gerechte Gesellschaftsordnung, wie wir sie in ihren Umrissen schon erbaut hatten und weiter
erstrebten, ging mit dem Verlust der sozialistischen DDR verloren.

Trotz der gut bezahlten Lobgesänge auf den Kapitalismus, die heute nicht nur
von bürgerlichen und rechten Politikern und Journalisten angestimmt werden:
niemand kann ernsthaft bestreiten, daß die Lage für Millionen Arbeiter und
Angestellte, für Wissenschaftler und Künstler, für Befürworter und Gegner der
"Marktwirtschaft" außerordentlich schwierig ist. Existenzsorgen sind allgegenwärtig. So wie es jetzt ist, kann und wird es nicht weitergehen. Aber eine
Welt ohne Arbeitslose und Not, die wird nicht der Kapitalismus zuwege bringen.

Wie ich es schon mehrfach getan habe, möchte ich noch einmal zum Ausdruck
bringen, daß mich die Ereignisse, die sich in der DDR seit meinem Rücktritt vollzogen haben, zutiefst erschüttern. Der Untergang der DDR hat mich hart getroffen
aber er hat mir und nicht wenigen Kampfgefährten nicht den Glauben an den
Sozialismus als der einzigen Alternative für eine menschliche, eine gerechte
Gesellschaft genommen. Die Kommunisten gehören, seit es den Kapitalismus gibt,
zu den Verfolgten dieser Erde; aber sie gehören nicht zu den Zukunftslosen.

Vorbemerkungen

Es drängt mich, bestimmte Dinge, die mir noch gut in Erinnerung sind, und eine Reihe von Fragen, die mich tief bewegen, niederzuschreiben, meine Gedanken zu bestimmten Ereignissen zu formulieren. Es ist mir heute noch nicht klar, was mit diesen Notizen geschehen soll, ob ich es noch schaffe, meine Gedanken irgendwann geordnet zu Papier zu bringen. Ich schreibe diese Zeilen im Gefängnis Berlin-Moabit, das mir - ebenso wie vielen anderen Kommunisten, Sozialdemokraten und weiteren Antifaschisten - noch aus der Nazizeit gut bekannt ist. Auch schon 1933 spielte dieses Gefängnis eine besondere Rolle bei der Unterdrückung politischer Gegner des deutschen Imperialismus.

Sollten diese Zeilen jemals veröffentlicht werden, dann für jene, die es mit der Analyse der Vergangenheit ernst meinen; im Gegensatz zu den sogenannten Geschichtsbewältigern, denen es einzig und allein um die Hetze gegen den Sozialismus geht, um den unausweichlichen Niedergang des Kapitalismus noch möglichst weit hinauszuschieben.

Man wird keine Zeile finden, die der kapitalistischen Ausbeutergesellschaft, deren Ideologie und „Moral" Zugeständnisse macht. Das erlauben nicht die 20 Millionen Arbeitslosen, die Dank der freien Marktwirtschaft auf der Straße liegen. Eine ausweglose Situation? Der Sozialismus, eine gerechte Gesellschaftsordnung, wie wir sie in ihren Umrissen schon erbaut hatten und weiter erstrebten, ging mit dem Verlust der sozialistischen DDR verloren.

Trotz der gut bezahlten Lobgesänge auf den Kapitalismus, die heute nicht nur von bürgerlichen und rechten Politikern und Journalisten angestimmt werden: Niemand kann ernsthaft bestreiten, daß die Lage für Millionen Arbeiter und Angestellte, für Wissenschaftler und Künstler, für Befürworter und Gegner der „Marktwirtschaft" außerordentlich schwierig ist. Existenzsorgen sind allgegenwärtig. So wie es jetzt ist, kann und wird es nicht weitergehen. Aber eine Welt ohne Arbeitslose und Not, die wird nicht der Kapitalismus zuwege bringen.

Wie ich es schon mehrfach getan habe, möchte ich noch einmal zum Ausdruck bringen, daß mich die Ereignisse, die sich in der DDR seit meinem Rücktritt vollzogen haben, zutiefst erschüttern. Der Untergang der DDR hat mich hart getroffen, aber er hat mir und nicht wenigen Kampfgefährten nicht den Glauben an den Sozialismus als der einzigen Alternative für eine menschliche, eine gerechte Gesellschaft genommen. Die Kommunisten gehören, seit es den Kapitalismus gibt, zu den Verfolgten dieser Erde; aber sie gehören nicht zu den Zukunftslosen.

Was wir gemeinsam mit den Parteien der Ost-CDU und LDPD, von denen sich diverse Vertreter schnell in die neuen Regierungsbänke drängten, in mehr als 40 Jahren unter schwierigen Bedingungen auf deutschem Boden für ein Leben im

Gefängnis in Berlin-Moabit. Nach seiner erzwungenen Rückkehr aus der chilenischen Botschaft in Moskau saß Erich Honecker hier 169 Tage in U-Haft.   Foto: Christian Bach

Sozialismus geleistet haben, war nicht umsonst, es wird in die Zukunft wirken. Ich denke dabei an die sozialistischen Produktionsverhältnisse, an solche Verhältnisse, die allen Arbeit bieten und zugleich soziale Sicherheit, bezahlbare Wohnungen - mit und ohne Platten -, Kinderkrippen, Kindergärten, Jugendclubs und ein niveauvolles geistiges und kulturelles Leben.

Es wird eine Gesellschaft sein, die für alle, für Arbeiter und Bauern, für Wissenschaftler, Techniker, Lehrer, Künstler, für Frauen, die Jugend und die Alten, eine lebenswerte Perspektive hat.

Der Niedergang des Kapitalismus, der, an seinen Grenzen angelangt, heute verschämt als Marktwirtschaft bezeichnet wird, und der Aufbruch in eine neue Gesellschaft ist nicht aufzuhalten. Diese Gewißheit bleibt - trotz der Niederlage, die wir erlitten haben durch Fehler und Mängel, die nicht zu sein brauchten, trotz allem Verrat, der an Schändlichkeit nicht übertroffen werden kann.

Nach der Zerschlagung des Sozialismus in Europa ist eine völlig orientierungslose und chaotische Welt entstanden, in der die USA als selbsternannter Weltgendarm je nach Laune, mal hier, mal dort die „neue Weltordnung" durch Bomben und Raketen vorzeichnen. Und wenn auch noch so viele, plötzlich überall auftauchende sogenannte Marxisten versuchen, die marxistische Theorie zu „erneuern", um sie ihres Kerns zu berauben oder sie zu widerlegen, bleibt es dabei: Die Entwicklungsgesetze der menschlichen Gesellschaft sind objektiv. Der Hauptwiderspruch der kapitalistischen Gesellschaft, der Widerspruch zwischen gesellschaftlicher Arbeit und privater Aneignung, existiert und bleibt bestehen, so sehr der Kapitalismus sich im Laufe seiner Entwicklung auch zu wandeln vermag. Erst wenn dieser Widerspruch aufgehoben wird, wenn nicht mehr der Profit die Welt regiert, erst dann werden die Bedingungen geschaffen, damit der Einzelne ein menschenwürdiges Leben führen kann. Die vielzitierte Selbstverwirklichung kann gewiß nicht darin bestehen, daß mit der Entwicklung und

Anwendung von Hochtechnologien künftig nur noch 20 oder 10 % der Menschen einen Arbeitsplatz finden. Eine neue Gesellschaft muß unter Berücksichtigung aller technologischen und anderen Bedingungen für jedes ihrer Mitglieder einen Platz, in erster Linie einen Arbeitsplatz finden. Der Kapitalismus kann das nicht, das ist heute klarer als je zuvor. Die Möglichkeiten der kapitalistischen Gesellschaft sind dort erreicht, wo die Jagd nach Profit dem Grenzen setzt. Es sind also tiefliegende, zwingende gesellschaftliche Gründe, die es erfordern, den Weg freizukämpfen für eine gesellschaftliche Alternative, für eine sozialistische Gesellschaft, wie immer sie auch strukturiert und konkret ausgestaltet sein mag. Deshalb beurteile ich aus historischer Sicht die Dinge nicht so pessimistisch, wie dies aus verständlichen Gründen viele nach der „Wende" von 1989 taten. Die soziale Frage wird auch in Zukunft Kern der gesellschaftlichen Auseinandersetzung in allen kapitalistischen Ländern sein.

Auch jene, die ihre Kraft für das Zustandekommen der „Wende" einsetzten, die noch heute glauben oder zumindest behaupten, sie wollten damit einen verbesserten Sozialismus, eine bessere DDR bewirken, müssen heute bitteren Realitäten ins Auge sehen. Wir wollten alle einen noch besseren Sozialismus. Das Erreichte hat uns nie genügt. Aber all die kleinen „Reformer" haben den Sozialismus preisgegeben, indem sie auf den „großen" Reformer hörten, der es im Laufe von sechs Jahren fertigbrachte, seine Partei, die KPdSU, deren Generalsekretär er war, zu entwaffnen und die UdSSR in ihren Untergang zu führen.

Die Opferung der DDR auf dem Altar des von Gorbatschow so eifrig verfochtenen „europäischen Hauses" ist für mich, wie für viele andere, das Schmerzlichste in meinem Leben. Wie man heute erkennen muß, war dies nur möglich wegen der durch Tradition und Disziplin geprägten Haltung gegenüber Moskau, selbst dann, als man dort nicht mehr bereit war, den Sozialismus zu verteidigen. Und schließlich war das nur möglich, weil Teile unserer Partei an der Beseitigung des Sozialismus objektiv mitgewirkt haben, darunter sogar einige bewußte Verräter, die sich heute damit brüsten, durch ihre jahrelangen Kontakte zur BRD den Weg für die Annexion der DDR mitgebahnt zu haben.

Ein Freund verschwand

Nach der inzwischen erfolgten, wahrscheinlich nur teilweisen Offenlegung der Karten in Moskau, Washington und Bonn besteht kein Zweifel, daß der Untergang der DDR eingebettet war in den Zusammenbruch der sozialistischen Staatengemeinschaft, der sich vor dem Hintergrund einer radikalen Änderung der Weltpolitik vollzog. Sie wurde eingeleitet seitens der Partei- und Staatsführung der Sowjetunion mit den Begriffen Perestroika, Glasnost und dem „Neuen Denken", in dem Klassen und Klassenkampf keinen Platz mehr fanden, ebenso wie der durch unterschiedliche Gesellschaftssysteme objektiv vorhandene Ost-West-Gegensatz. Mehr noch: Aus den Gegnern von gestern, die der Sowjetunion gedroht hatten, sie militärisch zu enthaupten, wurden plötzlich Freunde. Bei dieser Freundschaft ist allerdings nur wenig später der eine Freund verschwunden, nämlich die UdSSR. Das vollzog und vollzieht sich keinesfalls friedlich, sondern löste tiefe Erschütterungen in der Welt aus. Es wird immer klarer, daß die großen Veränderungen in der Weltarena nur möglich wurden durch das Zusammenspiel von Kräften zwischen Moskau, Washington und Bonn, in deren Verlauf das bisher bestehende politische und militärstrategische Kräfteverhältnis beseitigt wurde.

Die in Moskau lang diskutierte Frage der Ersetzung Honeckers durch einen Mann der Perestroika, zum Beispiel durch Modrow, wie das beispielsweise von J. Kwizinski mehrfach öffentlich bekundet wurde, spielte dabei eine untergeordnete Rolle. Die Politiker der USA, die im Interesse reaktionärer politischer Kreise seit Jahrzehnten danach strebten, eine solche Situation herbeizuführen, wie sie heute ist, haben ihre Chancen genutzt.

Das von den Führern des Imperialismus, den USA, der BRD und anderen kapitalistischen Ländern jahrelang offen verkündete Ziel des Systemwechsels in den Ländern Osteuropas vollzog sich Dank einer gut funktionierenden Regie, in der die UdSSR eine Hauptrolle spielte. Wie heute eingestanden wird, betrachteten Gorbatschow, Jakowlew und Schewardnadse den politischen Bericht an den XXVII. Parteitag der KPdSU als eine „entschlossene Demontage des Systems", obwohl das damals energisch bestritten worden wäre. Aufmerksamen Beobachtern der Entwicklung in der UdSSR konnte das jedoch schon 1987/88 nicht verborgen bleiben. Jahre sind vergangen, und sichtbarer denn je ist, daß nach dem Tod Konstantin Tschernenkos im März 1985 auch die Todesstunde der UdSSR eingeleitet wurde. Die in der SU in Partei und Staat an die Spitze gelangte neue Führungsgruppe um Gorbatschow, Schewardnadse, Jakowlew und Jelzin hatte, wie man heute recht offen zugibt, bereits das Ziel vor Augen, das „System zu verändern". Und sie waren bereit, hierzu die Verbündeten der SU zu opfern. An dieser Tatsache ändert auch nichts, daß die ersten Schritte in dieser Richtung mit dem Namen des Begründers der Sowjetmacht, W. I. Lenin, und der angeblichen Treue zu ihm getarnt wurden. Bereits im Herbst 1984 haben sich Schewardnadse und Gorbatschow bei einem Spaziergang an den Ufern des Schwarzen Meeres - so schreibt Schewardnadse in seinen Erinnerungen - dahingehend verständigt, daß es erforderlich sei, das „ganze System" zu verändern. Der Schlüssel hierzu wurde schon im Jahre 1985 gefertigt. Das betraf sowohl Fragen der Änderung der Innen- als auch Außenpolitik. Anstoß auf außenpolitischem Gebiet war ein vom Apparat des ZK der KPdSU ausgearbeiteter Entwurf einer Direktive, die von der Führung abrupt verändert wurde, und zwar in Richtung einer „globaleren Betrachtung" der internationalen Politik. Praktisch wurde der Entwurf der Direktive in der Richtung einer engeren Zusammenarbeit mit den USA geändert. Niemand anders als Gorbatschow hat mir gegenüber dieses als einen entscheidenden Schritt zur Veränderung der bisher „verstockten" Außenpolitik gepriesen. Dieser Linie folgend kam es bei dem Treffen zwischen Gorbatschow und Reagan in Genf zu der bekannten Erklärung, in der sich beide Seiten dahingehend verständigten, eine atomwaffenfreie Welt anzustreben. Zweifellos eine Aufgabe von großer politischer Bedeutung. Um sie zu erreichen, durfte man selbstverständlich nicht übersehen, daß das militärstrategische Gleichgewicht in der Welt in den Händen der sozialistischen UdSSR und der imperialistischen USA lag. Diese Erklärung wurde Gorbatschow als großer Erfolg zugeschrieben. Aber was ist aus dieser Absichtserklärung geworden? Ist die Menschheit diesem Ziel auch nur einen Schritt näher gerückt? Bewegt sich bei dem amerikanischen Weltgendarmen etwas in dieser Richtung? Wenn man die Auslassungen von Gorbatschow und die von Schewardnadse über die „Gespräche in Washington" liest, kommt man zu dem Schluß, daß in der „Morgenröte der Perestroika" diese gesamte Entwicklung schon vorprogrammiert war. Die 1989/90 noch gültigen Verträge der UdSSR mit ihren Verbündeten spielten in den Verhandlungen mit den USA und der BRD keine Rolle mehr. Es ging einzig und allein um Übereinkommen der sowjetischen Führung mit diesen beiden imperialistischen Staaten. Der Übergang von der Politik der friedlichen Koexistenz von Staaten unterschiedlicher sozialer Ordnung hin zu einer globalen Politik, in der die Gegensätze der sozialen Systeme keine Rolle mehr spielten, führte letzten Endes in der sowjetischen Außenpolitik zu der Bereitschaft, in Übereinstimmung mit den Plänen der USA, das NATO-Gebiet nach der Okkupation der DDR bis zur Oder-Neiße-Grenze auszudehnen. Und das, obwohl die sowjetische Führung noch bis zum Herbst 1989 in Gesprächen mit der DDR diese als ihren strategischen Verbündeten im Zentrum Europas bezeichnete. Wie die Entwicklung zeigte, war das nicht gesagt im Interesse des Weiterbestandes des Bündnisses, sondern sollte wohl vielmehr dazu dienen, den Preis für den Verkauf der DDR an die BRD auf der entsprechenden Höhe zu halten. Angesichts der jetzt erfolgten Offenlegung der Pläne amerikanischer, sowjetischer und deutscher Geheimdienste besteht schon kein Zweifel mehr, daß Präsident Bush das von Reagan verfolgte Ziel, die SU zu enthaupten, mit politischen Mitteln erfolgreich verwirklichen konnte, da ihm die Führung der UdSSR in die Hände spielte. Gleichzeitig mit der radikalen Änderung der Außenpolitik wurden in der SU Maßnahmen eingeleitet, die eine Beschleunigung der sozial-ökonomischen Entwicklung bewirken sollten. Das Gegenteil trat leider ein. Die soziale und ökonomische Lage wurde nicht besser, sondern schlechter. Durch den Übergang zur Selbstverwaltung der Betriebe, das heißt durch den Abbau der zentralen Planung, die Beseitigung des demokratischen Zentralismus, geriet die Wirtschaft aus den Fugen. Die Begriffe Perestroika und Glasnost wurden für die Bürger der SU in wachsendem Maße das Synonym für Verschlechterung. Die Ideen des Buches „Perestroika und Glasnost für uns und die ganze Welt" hatte, wie man heute weiß, eine andere Wirkung, als viele damals annahmen. Sie führten zur Schwächung der UdSSR, zur Abschwächung der Ordnung und Disziplin in der Gesellschaft, im Staat, was dem Kapitalismus keinesfalls geschadet hat. Die Folgen des Untergang der Sowjetunion sind in ihrem Ausmaß auch heute noch nicht voll erfaßbar. Für die Imperialisten eröffnen sich zwar neue Möglichkeiten der Expansion und der Profitmaximierung, für die Menschheit jedoch Unsicherheit, Kriege, ansteigende Arbeitslosigkeit, eine Völkerwanderung von Ost nach West und vieles anders mehr.

Wer an den oben getroffenen Feststellungen über die Folgen der Perestroika in der SU zweifelt, der braucht sich nur das Protokoll der Beratung des ZK der KPdSU mit den Sekretären der Republiken, Gebiete und Kreise vom 18. Juli 1989 anzusehen, die im ZK stattfand. Da wird von den verschiedenen Diskussionsrednern verlangt, die Kommunisten und die Arbeiterklasse aufzufordern, sich entschieden für den Schutz des Sozialismus einzusetzen. Da spricht der ehemalige Ministerpräsident Ryshkow davon, daß Partei und Staat sich in einer außerordentlich katastrophalen Lage befinden. Gegen Partei und Staat würden im In- und Ausland derart wüste Anschuldigungen erhoben, daß diese in den Augen des Volkes praktisch das Vertrauen verlieren. Der ganze Verlauf der anschwellenden Ereignisse würde zeigen, daß bei faktischem Verlust des Einflusses der Partei die Dinge schon schwer unter Kontrolle zu halten seien. In der Öffentlichkeit, so erklärte er, komme es zur Abwertung der Tätigkeit der Parteikomitees und der Grundorganisationen.

Der Vertreter der KP der Ukraine legte dar, daß die vernichtende Kritik und die heftigen Angriffe gegen die Partei immer stärker werden. In vielen Medien- so ein anderer Diskussionsredner - würden die Jahre seit dem Oktober 1917 als die schrecklichsten in der Geschicht dargestellt. Unter dem Vorwand der Suche nach neuen Formen und Methoden der Arbeit würde nicht selten gefordert, alles über Bord zu werfen, was die Partei bisher geleistet hat. Die Lage sei so, daß man die Autorität der Partei schnellstens wiederherstellen müsse. Ein anderer Redner meinte, es sei bereits eine Situation entstanden, in der auf allen Gebieten - in Wirtschaft, Ideologie, Rechtsordnung - alles auf eine Zuspitzung hintreibe. Die bei der beschleunigten Umorientierung eingetretenen Ausfälle der ökonomischen Entwicklung hätten zur Folge, daß sich die Flut der Meetings und Demonstrationen bereits in Streikwellen verwandeln. Die Ereignisse der letzten Zeit, so der Moskauer Redner, machten deutlich, daß viele Parteikomitees die Situation nicht mehr unter Kontrolle haben. Das fände Ausdruck darin, daß die Losung „Alle Macht den Sowjets" durch die Losung „Sowjets ohne Kommunisten" ersetzt werde.

All das zeigt, daß zum damaligen Zeitpunkt die Zersetzung der Sowjetmacht schon weitgehend erfolgt war. Die von Gorbatschow verkündete Losung „Alle Macht den Sowjets" hatte zur Folge, die KPdSU aus der Regierungstätigkeit zu drängen. Seit Jahren, so ist aus den Materialien zu ersehen, wurden anstelle disziplinierter Arbeit überall Demonstrationen und Streiks durchgeführt, meist mit dem Ziel, den Einfluß der Zentrale zu beseitigen und durch die Selbstverwaltung zu ersetzen. Bestehende Verbindungen der Betriebe wurden unterbrochen. Salz, Seifenpulver und viele andere Dinge des täglichen Bedarfs waren plötzlich nicht mehr zu bekommen. Die Tätigkeit der Mafia wurde zu einer Macht, die nicht mehr kontrollierbar war. Die schon seit 1986 aus dem Boden schießenden, nichtoffiziellen Gruppen gaben ihre Tarnung auf, sie wurden, wie „Pamjat", zu Wegbereitern der Losung „Sowjets ohne Kommunisten". Die SU war schon 1987/88 auf vielen Gebieten nicht mehr in der Lage, das Leben in der Gesellschaft unter Kontrolle zu halten. Angst und Schrecken gingen durch die Straßen. Durch vier Jahre Perestroika und Glasnost war ein Vertrauensschwund eingetreten, der die Verleumdung der Partei erleichterte. Schrankenlos wurden sogenannte westliche Werte propagiert.

Diese Entwicklung war nur möglich, weil die sowjetische Partei- und Staatsführung im Jahre 1985 in die Hände einer Gruppe geriet, die - entgegen allen Beschlüssen bisheriger Parteitage - die SU schließlich in das Chaos führte. Alles das geschah zunächst mit dem Argument, daß diese Linke entgegen dem „bisherigen Dogmatismus" dem Leninismus am nächsten käme. In Wirklichkeit führte dieser Kurs weg von Marx und Lenin. Er stieß zunächst auf Unverständnis, dann auf Widerstand in Partei und Gesellschaft. Dies führte, wie auf der oben erwähnten Konferenz 1989 gesagt wurde, zu weiteren wüsten Angriffen und Verleumdungen gegen bewährte Kader der Partei. Die Mitglieder des ZK wurden auf jeder Sitzung mit Desinformationen gespeist. So hatte jedes ZK-Mitglied während einer Tagung die Möglichkeit, sich in einem eigens dazu hergestellten Material von der „Korruptheit und Zügellosigkeit" vieler Kader zu überzeugen. Das alles diente dazu, das ZK willfährig zu machen, ganze Schichten von Partei - und Staatsfunktionären ablösen zu können, den Weg frei zu machen für die widerstandslose Durchführung der Direktiven des „Reformzentrums" in Moskau. Diese Regie mag auch manchem SED-Funktionär bekannt vorkommen.

Die Botschafter in den sozialistischen Ländern erhielten den Auftrag, die Generalsekretäre der Bruderparteien unter vier Augen zu informieren; sie brachten dabei zum Ausdruck, daß nach dieser Sitzung des ZK die Hoffnung bestehe, eine wirkliche Erneuerung der Partei und des Sowjetstaates zu erreichen.

Das alles vollzog sich ähnlich wie die Berichterstattung über die Durchführung des Alkoholbeschlusses und der angeblich damit erzielten Verbesserung der Lage in den Betrieben, in den Familien, insbesondere für die Frauen. Dieser Beschluß wurde von Gorbatschow im Politisch-Beratendenden Ausschuß des Warschauer Paktes behandelt. Später wurde der Beschluß aber aufgrund seiner Schädlichkeit aufgehoben, doch dazu gab es keinen Bericht mehr.

Staatsgrenze der DDR bei Dömitz. Das Bild wurde von Erich Honecker in der U-Haft am 43. Geburtstag der untergegangenen Republik signiert.
Foto: Hans-Joachim Boldt

Auffallend war der rasche Wechsel der Losungen. Zunächst ging es um die „Beschleunigung der sozialökonomischen Entwicklung", dann „Alle Macht den Sowjets", verbunden mit einer neuen Wahlordnung. In Durchführung dieser Losung kamen vielerorts, so in Moskau und Leningrad, Demagogen an die Spitze der Sowjets. Die Losung „Alle Macht den Sowjets" wurde dann ausgewechselt mit der Losung „Alle Macht dem Präsidenten". Dies alles führte letzten Endes zum Zerfall der UdSSR. Als im Dezember 1991 die Fahne der SU auf dem Kreml eingezogen wurde, war dies das erschütterndste und zugleich eindeutigste Zeichen dafür, wie ein Volk hinters Licht geführt werden kann. Schließlich hatten sich die Bürger der großen Union noch kurze Zeit vorher in einem Plebiszit für den Weiterbestand der UdSSR ausgesprochen. Das zeigt, was möglich ist, wenn man das Schicksal des Volkes Demagogen und Abenteurern überläßt, die am Schluß dieser traurigen Entwicklung erklären, sie hätten sich schon immer mehr als Sozialdemokraten gefühlt, sie seien entschiedene Anhänger der Marktwirtschaft, und ihr Vorbild sei die BRD.

Dazu kann man nur sagen, hätte man diesen Abschnitt der Politik von Perestroika und Glasnost in eine frühere Zeit verlegt, hätte das vielleicht in der DDR viele davon abgehalten, zu Sprechern von Perestroika und Glasnost zu werden.

Es gab ein Zusammenspiel zwischen Gorbatschow und Jelzin nach dessen Austritt aus der Partei, schließlich aber kam es zum Zerwürfnis. Jelzins Position wurde so stark, daß er mit der Gründung des slawischen Dreibundes - Rußland, Weißrußland und die Ukraine - die Auflösung der UdSSR beschließen ließ.

Im Zuge dieser gesamten Entwicklung zerfiel der Warschauer Pakt, der, wie erst später bekannt wurde, in seiner veränderten Verteidigungsdoktrin bereits vorsah, die DDR bei einer Aggression der NATO preiszugeben. Für die NATO war dies ein Signal dafür, daß sich in Moskau und infolge davon im Warschauer Pakt große Veränderungen zugunsten der Durchsetzung der NATO-Ziele vollziehen. Der Schwenk hin zur Erwärmung der Beziehungen zu der imperialistischen Hauptmacht und zur Restauration des Kapitalismus in der SU endete mit dem Untergang der sozialistischen Staatengemeinschaft. Die Landkarte Europas und der Welt wurde verändert. Es entstand ein neues Kräfteverhältnis in der Welt.

Nichts machte das deutlicher als der Golfkrieg. In Jugoslawien tobt der Bürgerkrieg. Über Nacht entstand durch die Einmischungspolitik des Westens die Gefahr eines neuen Weltkrieges. Die Demonstrationen in der Zeit des akuten Golfkrieges zeigten, daß die Völker den Charakter dieses Krieges verstanden. Sie gingen unter der Losung „Kein Krieg für Öl" auf die Straße.

Es besteht kein Zweifel, die Welt ist aus dem Gleichgewicht geraten. Ohne die Änderung der Landkarte Europas, in dieser für die Menschheit so verhängnisvollen Zeit, wäre die nun so offen zutage tretende Dominanz der USA, der brutale Einsatz ihrer Kriegsmaschinerie zur Erreichung politischer Ziele nicht möglich gewesen. Die militärische Entlastung der USA in Europa durch die Auflösung des Warschauer Paktes hat das amerikanische Abenteuer am Golf überhaupt erst ermöglicht. Ihr Sieg, mit dem sie die führende Rolle in der Welt unterstreichen wollten, wird den Völkern noch manche Gefahren bringen; ob im Nahen Osten, in Afrika oder auf dem Balkan. Die Siegesreden nach der barbarischen Bombardierung der Zivilbevölkerung Iraks, dem Massenmord an Frauen und Kindern strotzten von Worten über die „Größe der USA", ihre Fähigkeit, „die Geschicke der Welt in ihre ordnenden Hände zu nehmen". An dieser Absicht besteht kein Zweifel. Der Drang der USA, die Weltherrschaft mit militärischen Mitteln zu erlangen, ist eine neue gewaltige Gefahr für die Menschheit. Das ist das objektive Ergebnis der „neuen Außenpolitik" des „neuen Denkens".

Das globale Denken hat die sozialistische Großmacht UdSSR in die globale Katastrophe geführt. Die ganze Tragödie der Entwicklung wurde durch die Zerschlagung der Sowjetmacht voll sichtbar. Diese Entwicklung vollzog sich in einem Tempo, das offenbar nicht einmal mehr Zeit ließ, die noch gültigen Verträge über „Freundschaft, Zusammenarbeit und gegenseitigen Beistand" zwischen der SU und der DDR außer Kraft zu setzen. Diese waren noch gültig bis zum Zeitpunkt des 2+4 - Vertrages. „Die Vereinigung kam", so Kohl in einer Erklärung, „ in einem kurzen lichten Augenblick der Weltgeschichte" zustande, „sie wäre weder vorher noch nachher möglich gewesen". Dieser Augenblick war keine Zufälligkeit, er wurde bewußt herbeigeführt.

Verhängnisvoll ist es, das, was sich heute vollzieht, nicht als das zu benennen, was es ist. Man kommt zu keiner Analyse der Ursachen der Niederlage der sozialistischen Staatengemeinschaft, oder nur zu solchen Zwecktheorien wie die vom Scheitern des „Sozialismusmodells", wenn man nicht davon ausgeht, daß es sich hierbei um den Kampf der Klassen - und zwar im Weltmaßstab - handelte.

Dem zu widersprechen ist nur jenen vorbehalten, die aus diesem oder jenem Grund nicht bereit oder nicht in der Lage sind, die Ereignisse klassenmäßig zu beurteilen. Bei aller Bedeutung der 89er Demonstrationen als Ausdruck von Unzufriedenheit wiederhole ich mit allem gebotenem Ernst, was ich bereits 1991 gesagt habe: Es war und bleibt ein Irrtum zu glauben, daß die „Wende" im Jahre 1989 von der Straße eingeleitet worden wäre. Von diesen Vorstellungen sollten alle, die sie hatten oder noch haben, getrost Abschied nehmen. Die „Wende" 1989 wurde, wie man jetzt noch deutlicher als damals erkennen kann, durch die radikale Änderung in der Weltpolitik erzwungen, die ihren Ausgangspunkt in der radikalen Änderung der Politik der sowjetischen Führung unter Gorbatschow hatte.

Die „Gorbi"-Rufe sind verhallt - an den Folgen dieser Politik werden Millionen Menschen, nicht zuletzt in der ehemaligen Sowjetunion, noch lange Zeit zu leiden haben. In der Ellenbogengesellschaft, in die wir gestoßen wurden, ist, wie die Entwicklung zeigt, kein Platz für ein stabiles soziales Netz. Die Wolfsgesetze des Kapitalismus, wie sie heute in der BRD herrschen, sind keinesfalls eine Alternative zu einer sozial gerechten Welt. So fühle ich mich durch die Ereignisse seit 1989/90 nur darin bestärkt, daß die sozialistische Idee keinesfalls tot ist. Manche nennen das realitätsfernes Denken. Sie beweisen damit nur ihr Unverständnis für historische Prozesse oder ihre verfestigten antisozialistischen oder antimarxistischen Positionen.

Das Jahr 1989

Zu Beginn des Jahres 1989 hatte wohl kaum jemand daran gedacht, welche Überraschungen dieses Jahr der Welt bringen würde und welche Tragödien. Wie in jedem Jahr wurden unter Staatsmännern der Welt Briefe ausgetauscht, die dem Frieden und dem Wohlergehen der Völker galten. Millionen wechselten Glückwünsche, die Absender und Empfänger miteinander freundschaftlich verbanden. Wie üblich in den letzten Jahren, erklangen im Freundeskreis in Berlin die Gläser um 22.00 Uhr zum sowjetischen Neujahrsfest und um Mitternacht zum deutschen. Die freundlichsten und aufrichtigsten Grüße flogen über die Grenzen von der Elbe bis zum Stillen Ozean, Wünsche für eine friedliche Zukunft der sozialistischen Welt, von der man hoffte, daß sie trotz Perestroika und Glasnost auch weiterhin einen starken Einfluß auf das Weltgeschehen im Sinne des Sozialismus und des Friedens ausüben werde.

Bevor das alte Jahr zu Ende ging, tagte in Berlin das Zentralkomitee der SED und behandelte Fragen, die Gegenwart und Zukunft der DDR in einer bedrohten, jedoch noch friedlichen Welt betrafen. Wir gingen von der Notwendigkeit einer exakten Analyse der Gesellschaft aus, um notwendige Entscheidungen in der gesellschaftlichen Struktur vorbereiten zu können. Der XII. Parteitag der SED wurde für das Jahr 1990 einberufen. Innere und äußere Fragen drängten dazu. Soweit schien alles im Lot zu sein. Das Jahr 1989 konnte beginnen.

Mit der Einberufung des XII. Parteitages der SED zum Frühjahr 1990 sollten die Tore für eine breite Diskussion, eine Volksaussprache über die weitere Gestaltung der sozialistischen Gesellschaft in der DDR, weit geöffnet werden. Zwei Fragen wurden von mir im Rechenschaftsbericht des Politbüros an das 7. Plenum des ZK besonders herausgehoben. Erstens: die Freundschaft und Zusammenarbeit zwischen der DDR und der UdSSR weiter zu stärken durch die weitere Vertiefung der in ihrer Intensität und Vielfalt beispiellosen Beziehungen. Zweitens: unser Beitrag zur

In Moskau im Herbst 1991, dritte Station nach dem Sturz
Foto: Archiv Kaiser

Lösung des Kernproblems unserer Zeit, die Sicherung des Weltfriedens. Mit meiner Rede auf dem Plenum, die kollektiv vorbereitet, im Politbüro behandelt und bestätigt worden war, wurde denen eine Antwort gegeben, die sich der Illusion hingaben, zwischen die KPdSU und die SED einen Keil treiben zu können. Die auf einem einige Wochen vorher stattgefundenen Treffen zwischen Gorbatschow und mir vereinbarte gegenseitige Unterstützung bei der Durchführung der Beschlüsse des XXVII. Parteitages der KPdSU und des XI. Parteitages der SED erwähnte ich im Interesse der Festigung der eigenen Reihen. Ich wies darauf hin, daß man sich bei der Beurteilung der Fragen der Festigung der Beziehungen nicht ablenken lassen solle von jenen, die die Geschichte der KPdSU und der Sowjetunion im bürgerlichen Sinne umschreiben möchten. Gorbatschow habe, so führte ich aus, in seiner Rede zum 70. Jahrestag der Oktoberrevolution die sozialistische Industrialisierung, die Kollektivierung der Landwirtschaft und die Kulturrevolution als Ereignisse von historischer Bedeutung für die Stärkung der Sowjetmacht bezeichnet. Es konnte ja nicht sein, daß dies auf einmal nicht mehr stimmen sollte.

Anfang Januar 1989 wurden bedeutende Beschlüsse zur Auswertung der 7. Tagung des ZK der SED im Politbüro gefaßt. Es wurden Kommissionen unter Einbeziehung von Wissenschaftlern und Praktikern berufen mit dem Auftrag, Vorschläge für die Verbesserung der Arbeit der Partei und des Staates auf den verschiedenen gesellschaftlichen Gebieten auszuarbeiten. Alles, was uns beim Voranschreiten des sozialistischen Aufbaus in der DDR hinderte, sollte über Bord geworfen werden, damit die Partei als Partei der Neuerer, als die sie sich immer verstand, ihre Aufgaben erfüllen konnte. Diese Arbeit war voll im Gange. Es gab bereits nach einem Vierteljahr gute Analysen und Vorschläge.

Gemeinsam mit den Blockparteien ergriff die SED die Initiative zur Vorbereitung der Kommunalwahlen am 6. Mai. Der Entwurf eines Aufrufes der „Nationalen Front des demokratischen Deutschland" wurde ausgearbeitet. In einer Aussprache mit dem Präsidenten der Nationalen Front verständigten wir uns über die Rolle und Bedeutung der Wahlen im Jahre 1989 und dem 40.

Jahrestag des Bestehens der DDR. Diese Wahlen sollten voll und ganz im Zeichen der breiten Entfaltung der sozialistischen Demokratie stehen. Die Menschen sollten aktiv mitentscheiden, wie es weitergehen soll. Auch der Vergleich mit der bürgerlichen Demokratie sollte am Beispiel der DDR und der BRD offen diskutiert werden. Die DDR, so hieß es im Wahlaufruf, hat keine Massenarbeitslosigkeit sondern Vollbeschäftigung, hat keine neue Armut sondern wachsenden Wohlstand, hat keine Suppenküchen sondern Essen für alle, hat keinen Bildungs- und Berufsausbildungsnotstand sondern Bildungszugang für alle.

Um ein breites Forum für die Aussprache zur Wahl und die Aufstellung von Kandidaten zu sichern, wurden Wahlkreise verkleinert. Jeder Kandidat, der sich aufstellen ließ, sollte nicht nur bekannt sein, sondern vor allem das Vertrauen der Wähler im Wohngebiet oder im Betrieb haben. Es sollte ein aufrichtiges Mitdenken und Mitmachen bei der Lösung vieler anstehender örtlicher Probleme erreicht werden. So zum Beispiel dringende Fragen der Verbesserung im Handel, der Reparaturleistungen, der Verwaltung des Wohnraumes, des Neubaus und der Renovierung - also Probleme zur Lösung der Wohnungsfrage als sozialem Problem. Die Wähler hatten über die Zusammensetzung von 7.800 örtlichen Volksvertretungen sowie über die Wahl von 203.000 Abgeordneten zu entscheiden. Auf der Grundlage des Wahlgesetzes mußten ein Drittel mehr Kandidaten aufgestellt werden als Abgeordnetensitze zu vergeben waren.

In den Wahlversammlungen und anderen Aussprachen kamen viele aktuelle Probleme zur Sprache. Die wachsende Zahl von Anträgen über die legale Ausreise aus der DDR, Disproportionen der wirtschaftlichen Entwicklung, Probleme der Zulieferindustrie, Material- und Rohstoffknappheit, mangelnde Bedarfsermittlung durch die Leichtindustrie, die leidigen Versorgungslücken, die Preispolitik, Fragen der Qualität der Produkte waren Gegenstand der Aussprachen. Insgesamt gab es eine offene Atmosphäre. Wer das anders darstellt, sagt nicht die Wahrheit. Die Wahlbeteiligung war hoch, obwohl im Gegensatz zu früheren Wahlen von den Wahlvorständen keine Aktivitäten zur Mahnung Säumiger entwickelt wurden. Die Wahlen wurden nicht von der Regierung und auch nicht von den Parteien geleitet, sondern, entsprechend dem Wahlgesetz, von der Zentralen Wahlkommission, in der alle Schichten der Bevölkerung vertreten waren. Zu keiner Zeit hatten sich das ZK der SED und die Leitungen der Blockparteien in die Wahldurchführung eingemischt. Die Wahlen wurden von den Bezirks- und Kreisausschüssen entsprechend der Direktiven des Zentralen Wahlausschusses durchgeführt - bis hin zur Prüfung der Zusammensetzung und des Einsatzes der Wahlvorstände in den Abstimmungslokalen. Die Wahlen verliefen ohne Störungen. Nach Abschluß der Wahlen wurden in den Wahllokalen die Abstimmungsergebnisse öffentlich ausgezählt.

Nach der Veröffentlichung der Wahlergebnisse durch den Wahlausschuß der Republik jedoch wurde teils versteckt, teils offen erklärt, daß die Wahlergebnisse manipuliert seien. Es begann eine Kampagne von sogenannten Bürgerinitiativen und Vertretern der Kirche über Wahlbetrug. Das hatte schon andere Untertöne. Hier ging es gegen Vertreter der gesellschaftlichen und staatlichen Autorität, die man pauschal als Wahlbetrüger verunglimpfte. Einen Gegenbeweis konnte man nicht antreten, da laut Wahlgesetz die Stimmzettel nach einer festgelegten Frist zu vernichten waren. Aber aus heutiger Sicht, nach dem Bekanntwerden gewisser Vorgänge besonders in Berlin und Dresden, stellen sich mir in diesem Zusammenhang eine Reihe sehr ernster politischer Fragen.

Zunächst: Was hätte eine zwei bis drei Prozent geringere Wahlbeteiligung und selbst ein um 10 % schlechteres Wahlergebnis am Endergebnis geändert? Man fragt sich, was das für eine Manipulation war und für wen? Was soll mit dem Gerede vom „vorauseilendem Gehorsam" kaschiert werden? Daß man den Feinden des Sozialismus in der DDR politische Munition in die Hände spielte? Diese Fragen muß man sich doch heute nach diversen Äußerungen des Herrn Schabowski stellen. Ich weiß nicht, in wessen

Auftrag die Manipulierer handelten, in meinem jedenfalls nicht. Eine nicht nur legitime, sondern auch bei allen politischen Kräften aller Seiten übliche Aufforderung ein möglichst gutes Wahlergebnis zu kämpfen, in eine Aufforderung, zur Wahlfälschung umzulügen, wird auf die Dauer nicht einmal diesen Enkeln des Freiherrn von Münchhausen gelingen. Das weiß man natürlich - trotz aller öffentlichen Hetze - auch in Bonn und in Kreisen der BRD-Justiz nur zu gut. Aber der Zweck - die Verleumdung der DDR als Unrechtsstaat - heiligt offenbar alle Mittel.

Zurück zum Schicksalsjahr 1989. Inzwischen war es Juni. Ein Plenum des ZK wurde durchgeführt. Im Mittelpunkt stand der Bericht des Politbüros an das ZK. Schwerpunkte dabei waren die Einschätzung der Massenarbeit während der Kommunalwahlen und die in Verbindung damit aufgetretenen Probleme sowie der Stand der Durchführung des Volkswirtschaftsplanes 1989.

An der Ausarbeitung dieses Berichtes, der von einem Mitglied des Politbüros gehalten wurde, war ich nicht beteiligt. Ich beschäftigte mich zur gleichen Zeit mit der Vorbereitung meiner Reise in die SU, nach Moskau und nach Magnitogorsk. Ich berühre diese Frage, weil gewisse frühere Kollegen in ihren Erklärungen so tun, als habe sich alles nur um mich gedreht, und sie hätten keinen Einfluß auf die kollektive Ausarbeitung unserer Politik gehabt.

Als ich aus der SU zurück kam, hörte ich, daß das Plenum wenig Widerhall gefunden habe, daß man in der Partei und in der Öffentlichkeit mehr erwartet hätte. Gemeint war offensichtlich, daß zu wenig Antwort gegeben wurde auf Fragen, die nach den Kommunalwahlen immer stärker in den Vordergrund rückten. Es ging um die Probleme, die wir auf dem 7. Plenum schon behandelt hatten, so zum Beispiel um die Ausreiseanträge, die Sicherung der Kontinuität der Produktion und immer wieder auftretende Lücken in der Versorgung. Übrigens wurde bei Überprüfungen festgestellt, daß im Großhandel z. B. Fleisch vorrätig war und kein Grund bestand, die Geschäfte nicht zu beliefern. Offensichtlich gab es Sabotage im Großhandel.

All diese Probleme wurden erkannt, aber es gelang uns nicht, sie so schnell zu lösen, wie das notwendig gewesen wäre. Es ist heute nicht mehr auszumachen, was Absicht war und was Unvermögen. Es hat auch keinen Sinn mehr, daüber zu philosophieren. Der Kapitalismus hat jetzt ganz andere Sorgen gebracht, Existenzangst und Zukunftssorgen.

Generalsekretär Gorbatschow, Vater von Glasnost und Perestroika, und Generalsekretär Honecker

Mitte Juni 1989 besuchte ich die UdSSR. Ich traf einen Tag nach meiner Ankunft im Kreml zuerst mit Gorbatschow zusammen, später kam Schewardnadse hinzu. Gorbatschow unterstrich erneut die Bedeutung des strategischen Bündnisses, das die SU mit der DDR verband. Diesen Standpunkt teilte ich voll und ganz. Er sah auch diesmal keine Veranlassung, über die Probleme zu sprechen, die Gegenstand der Verhandlungen in Bonn waren und in deren Verlauf man sich, wie jetzt berichtet wird, schon einig war über die weitere Entwicklung. Vielleicht war Gorbatschow schon damals - wozu er sich ja später offen bekannte - Sozialdemokrat geworden. In den folgenden Tagen meines Besuches kam es zu dem Aufenthalt im Eisenhüttenkombinat Magnitogorsk, der brüderlichen Aufnahme durch die Belegschaft, zu Begegnungen mit der Jugend und mit Veteranen, mit denen ich zum Teil 1930/31 gearbeitet hatte. Ich wurde begleitet vom Vorsitzenden des Obersten Sowjets der Russischen Föderativen Sowjetrepublik, Worotnikow.

Was mir während des Aufenthaltes auffiel: niemand sprach über Gorbatschow, Perestroika und Glasnost, dafür aber wurde viel über Mängel in der Versorgung gesprochen. Nach meiner Rückkehr aus der SU war ich nur kurze Zeit in Berlin. Es erfolgte mein Weiterflug mit der Delegation zur Tagung des Politisch-Beratenden Ausschusses in Bukarest. Am ersten Tag sprach ich, entsprechend der Tagesordnung, zu internationalen Fragen, am zweiten Tag konnte ich nicht mehr teilnehmen. Eine Gallenkolik hatte mir in der Nacht einen Strich durch die Rechnung gemacht. Man brachte mich mit dem Flugzeug nach Berlin zur Krankenhausbehandlung.

So kam es, daß ich von Anfang Juli bis 1. Oktober 1989 nicht mehr an der Arbeit des Politbüros teilnahm. Diese Zeit war die Zeit eines großen Stimmungsumschwungs in der DDR zu ungunsten für Partei und Regierung. Äußere Anzeichen waren das Europa-Picknick, organisiert von Otto von Habsburg, in dessen Verlauf den Teilnehmern die Möglichkeit gegeben wurde, über die ungarisch-österreichische Grenze in die Bundesrepublik Deutschlands zu gehen, wovon nicht wenige Gebrauch machten.

Das wurde natürlich von der Bundesregierung und von verschiedenen Stellen Ungarns, Österreichs und der BRD gefördert. Es kam zu organisierten Ansammlungen von Bürgern der DDR in den Botschaften der BRD in Budapest, Prag und Warschau. Schließlich wurden - entgegen allen Festlegungen im Warschauer Pakt - die ungarische Grenze geöffnet mit dem Ziel, der DDR, von der um diese Zeit drei Millionen Urlauber in der CSSR, in Ungarn und Bulgarien weilten, Schaden zuzufügen. Später wurde bekannt, daß Ungarn dafür einen 500 Millionen DM-Scheck von Bonn erhielt. Die von der DDR geforderte Räumung der BRD-Botschaft in Prag wurde von Genscher zu einer nationalistischen Kundgebung mißbraucht. Zur gleichen Zeit traten in der DDR Zentren in Erscheinung, die sich die Aufgabe stellten, eine „Wende" in der DDR zugunsten von Gorbatschows Politik zu erreichen. Eines der Zentren war das Deutsche Theater. Es wurde unterstützt durch die Leitung des Kulturminsteriums, dessen Vertreter auch in Potsdam gegen die Regierung der DDR auftraten. Der Stimmungsumschwung in der DDR wurde in gesteigertem Maße geschürt durch Vertreter der evangelischen Kirche. Der leitende Bischof, Herr Leich, gab nun offen Erklärungen ab für Perestroika und Glasnost in der DDR. Da keine klare Stellungnahme von uns, seitens der Partei und Regierung, keinerlei Maßnahmen gegen diese Umtriebe erfolgten, wurde in der Öffentlichkeit über diese Zeit als einer „Zeit der Sprachlosigkeit" gesprochen.

Eine im September im Politbüro durchgeführte Diskussion zur Lage in der DDR wurde mit der Festlegung abgebrochen, sie nach meiner Rückkehr weiterzuführen. Die Aussprache hierzu sollte erst nach dem 40. Jahrestag der DDR, am 10. Oktober, stattfinden. Ende September, Anfang Oktober nahm ich meine Arbeit im Politbüro wieder auf. Meine Rede zur Festveranstaltung wurde im Politbüro behandelt und bestätigt. Es gab Vorschläge zur Verbesserung, die bestätigt wurden, aber keine Vorschläge zu grundlegenden Änderungen in dieser Rede.

Nachdem die Führung der FDJ den Fackelzug zum 40. Jahrestag in eine „Gorbi - Gorbi - Jubelfeier" umfunktioniert hatte, kam es während des Staatsempfangs im Palast der Republik in der Umgebung desselben zu Tumulten und Zusammenstössen mit Leuten, die die Sicherungsposten um den Palast zu überrennen versuchten, um den Festempfang zu stören. Man wollte, wie man später erklärte, den heutigen Ehrenbürger Berlins, Gorbatschow, begrüßen. Einen von mir im September den zuständigen Stellen unterbreiteten Vorschlag, zum Schutz der Feierlichkeiten des 40. Jahrestages und der als Gäste der DDR erwarteten Staatsoberhäupter eine Bannmeile festzulegen, wurde nicht entsprochen.

In dieser Situation kam es dann am 10. und 11. Oktober zur in Aussicht genommenen Sitzung des Politbüros. Am Nachmittag des 9. Oktober ging dem eine Aussprache zwischen mir und Egon Krenz voraus. Er zog ein Papier aus der Tasche, das er auf der bevorstehenden Sitzung des Politbüros als Entwurf einer Stellungnahme des Politbüros zur gegenwärtigen Situation vorlegen wollte. Gleichzeitig übergab er mir ein Material der Führung der FDJ und des Instituts für Jugendforschung, in dem als Kernpunkt gefordert wurde, im Interesse der „Erneuerung der DDR" die älteren Funktionsträger von der Zentrale bis hin zu den Kreisen abzulösen und sie durch Kader aus der FDJ zu ersetzen. Ich verwies Egon Krenz auf die Zweckmäßigkeit, eine Stellungnahme zur gegenwärtigen Situation erst nach der Aussprache im Politbüro auszuarbeiten, damit man alle Gesichtspunkte berücksichtigen könnte, die die Genossen in der Aussprache machen würden. Im übrigen würde ich den übergebenen Entwurf für eine „Wende" in der Partei und im Staat für falsch halten. Denn es ging ja im Kern bereits um politische Forderungen, die das sozialistische Staatsgefüge betrafen. Aber offensichtlich war die Erklärung bereits mit einem bestimmten Kreis von Genossen im Politbüro und mit einigen Leuten in Moskau abgestimmt.

Am folgenden Tag fand eine allgemeine Aussprache statt. Die Lage wurde ernst eingeschätzt, und es wurde als notwendig erachtet, dies auch in einer Erklärung festzuhalten, damit Partei und Bevölkerung wissen, daß in dieser Situation die entscheidende Aufgabe darin besteht, die Arbeiter- und Bauernmacht zu verteidigen. Dieser Standpunkt wurde von mir vertreten. Ich erklärte mein Nichteinverständnis mit dem vorgelegten Entwurf der Wendeerklärung, da sie nur zu einer Irritierung der Partei und der Volksmassen führen könnte.

Das Politbüro war zwar geneigt, einige redaktionelle Änderungen vorzunehmen, schenkte aber meinen Bemerkungen über die Schädlichkeit der Einleitung dieser „Wendepolitik" kein Gehör. Offensichtlich war schon der Gedanke reif, auf der nächsten Sitzung den Antrag für die Entbindung von meinen Funktionen einzubringen. Wie es dann auch geschah. Willi Stoph stellte den Antrag, mich von allen Funktionen zu entbinden. Im Verlauf der dazu geführten Diskussion erklärte ich meine Bereitschaft zum Rücktritt. Das alles verlief sehr exakt, weil, wie sich später herausstellte, alle Schritte in dieser Richtung mit Gorbatschow abgestimmt waren. Im Zusammenhang mit meiner Erkrankung Anfang Juli hatte die westliche Presse die DDR bereits als führungslos dargestellt.

Der Vorschlag für eine „Wende" in Richtung der Gorbatschowschen Politik fiel in eine Situation, in der durch die Irritierung der Volksmassen und die Unentschlossenheit der Führung der DDR schließlich eine Lage entstand, die in eine Richtung der völligen Aufgabe der DDR eskalierte.

Die Wendekonzeption, die von Gorbatschow mit Krenz, Modrow, Tisch, Markus Wolf diskutiert worden war, war genau eine solche Fehlkonstruktion wie Perestroika und Glasnost selbst. Die „Erneuerung der DDR" erfolgte sehr rasch in Richtung Anschluß an die kapitalisitsche BRD. Als der in Aussicht genommene Ministerpräsident der DDR, Hans Modrow, entsprechend den Empfehlungen Gorbatschows über eine bessere DDR nachdachte, erklärte Gorbatschow selbst bereits öffentlich, die Einheit Deutschlands sei eine Sache der Deutschen selbst.

Die Erklärung zur „Wende" war praktisch nur der Auftakt für das, was nun Zug um Zug folgte: die Aufgabe der Rolle der Partei, der Rücktritt des Politbüros und des Zentralkomitees, der geschlossene Rücktritt der Regierung der DDR, die Direktive zur Absetzung aller 1. Bezirks- und Kreissekretäre, die Auflösung von Staatsorganen, die Auflösung der Kampfgruppen der Arbeiterklasse und vieles mehr.

Die neue Führung der SED / PDS wartete mit maßlosen Verleumdungen der führenden Persönlichkeiten, einschließlich des Vorsitzenden des Staatsrates, auf. Die Massenmedien entwickelten eine Verleumdungskampagne nie dagewesenen Ausmaßes, die von dem ehemaligen Mitglied des Politbüros der SED, Schabowski, geleitet wurde. Zu einem Höhepunkt gestaltete sich die von einer Gruppe von Kulturschaffenden mit Unterstützung der Leitung der Berliner Parteiorganisation organisierte Kundgebung am 4. November auf dem Alexanderplatz. Auf dieser Kundgebung sprach unter anderen der langjährige stellvertretende Minister für Staatssicherheit, Markus Wolf, der vor den Versammelten erklärte, man könne die alte Garde getrost einsperren, was dann auf Grund von Aufträgen an die Staatsanwaltschaft durch Modrow und Krenz ja auch geschah. Da hilft kein Wenn und Aber, die ersten Verhaftungen und damit die Kriminalisierung von SED-Funktionären fallen in deren Amtsperiode. Mag man heute zu ihnen stehen wie man will.

Die Dinge spitzten sich so zu, daß Ende Januar 1990 meine vorläufige Verhaftung in der Klinik der Charité erfolgte - und dies nach einer schweren Operation, der Entfernung eines Tumors an der Niere. Das Berliner Stadtgericht lehnte, trotz der wütenden Angriffe der Staatsanwälte, die Bestätigung des Haftbefehls ab.

Wenn man sich heute diese Vorgänge durchdenkt und die späteren Veröffentlichungen hinzunimmt, so ist ganz klar, daß die Enthauptung der Führung der SED und der DDR nur möglich wurde aufgrund einer längeren konspirativen Tätigkeit einzelner Mitglieder des Politbüros und von Mitarbeitern des Apparates des ZK sowie leitender Mitarbeiter des Ministeriums für Staatssicherheit. Maßgeblich für die Kapitulation des Politbüros, von dem übrigens im Verlauf der Vernehmungen durch die Staatsanwaltschaft der DDR Hermann Axen, Heinz Keßler, Willi Stoph, Günter Kleiber, Erich Mielke standhaft blieben, war der Druck, den Moskau auf den Zeitpunkt der „Wende" ausübte. Es hat sich gezeigt, daß die unerschütterliche Treue der Mitglieder der SED und des Staates zur SU mißbraucht wurde, um diese Kapitulation herbeizuführen. Mit Hans Modrow als Vorsitzendem des Ministerrates und Gregor Gysi als Vorsitzendem der PDS wurde jene Führungsgruppe installiert, die schon lange vor der Wendezeit agierte, und in der Gysi und Markus Wolf eine führende Rolle einnahmen.

Am Vorabend der 10. Tagung des ZK unterrichtete mich Egon Krenz, daß Gorbatschow mit ihm gesprochen habe, und daß er seine Rede noch weiter verschärfen müsse. Ich sagte ihm: „Wenn du das für nötig hältst; bitte, das ist deine Sache." Erst nach Ablauf der 10. Tagung des ZK wurde mir klar, daß die von der Moskauer Führung geforderte Verschärfung letztlich dazu führte, die bisherige Politik zu verteufeln und mit ihr die führenden Funktionäre der SED, soweit sie im Politbüro eine Position einnahmen, die nicht mehr der Moskaus entsprach. Es handelte sich dabei um die Genossen Hermann Axen, Heinz Keßler und Günter Kleiber. Interessant ist in diesem Zusammenhang die Rolle Werner Krolikowskis, der nach seinen eigenen Erklärungen, die erst 1991 bekannt wurden, über ein Jahrzehnt für den KGB arbeitete und laufend Berichte nach Moskau schickte. In seinem Buch ist auch zu lesen, daß durch einen Anstoß von Krenz und Gysi mit Unterstützung von Markus Wolf Anzeigen gegen führende Genossen in Gang gesetzt wurden.

Der Sonderparteitag der SED/PDS Anfang Dezember 1989 wurde maßgeblich vom Mitglied des Ausschusses, Markus Wolf, vorbereitet. Auf dem Parteitag ließ man bisherige Mitglieder des Politbüros und des ZK der SED nicht zu Wort kommen. Es zeigt sich: Der Rücktritt des Politbüros war ein Fehler. Die DDR wurde führungslos, die Schaffung der PDS führte zu einer Partei, die nicht nur nicht führte, sondern auch nicht mehr orientierte. Rückblickend möchte ich sagen, daß aufgrund des Druckes Gorbatschows die Mitglieder des Politbüros wohl keinen anderen Ausweg sahen, als den Veränderungen zuzustimmen, nicht wissend, daß sie selbst zum Rücktritt veranlaßt werden würden und einige von ihnen unter komplizierten Bedingungen in Haft kamen. Das ist wohl die schmerzlichste Erfahrung dieser Genossen.

Und wenn später die PDS in ihrem Beschlußentwurf zum Parteitag einen Passus hatte „Über die Verbrechen der SED", so kann man dem zustimmen, wenn man es auf die Inhaftierung der Mitglieder des Politbüros, alter erfahrener Widerstandskämpfer gegen den Faschismus, von Bezirks- und Kreissekretären der Partei und von Mitarbeitern des Staatsapparates bezieht. Die Kriminalisierung aus den eigenen Reihen führte zu einer weitgehenden Entsolidarisierung, die es den reaktionären Kräften der BRD erleichterte, ihren umfassenden Rachefeldzug gegen Kommunisten und andere Linke zu führen.

Der Rachefeldzug

Es wird die in Anbetracht des Rechtsruckes in Deutschland besorgte Weltöffentlichkeit interessieren: Das folgende Zitat stammt nicht aus der Feder eines der zahlreichen in der BRD offen agierenden Naziführers. Es ist die Zusammenfassung des Hauptinhaltes des ersten Forums des Bundesministers für Justiz, des jetzigen Außenministers Kinkel, am 9. Juli 1991 in Bonn. Dort heißt es: „Was die sogenannte DDR und ihre Regierung betrifft, so handelt es sich dort nicht einmal um einen eigenständigen Staat. Diese sogenannte DDR ist niemals staatsrechtlich anerkannt worden. Es gab ein einheitliches Deutschland, von dem ein gewisser Teil von einer Verbrecherbande besetzt war. Es war jedoch aus bestimmten Gründen nicht möglich, gegen diese Verbrecher vorzugehen, aber das ändert nichts daran, daß es ein einheitliches Deutschland war, das selbstverständlich ein einheitliches Recht dort galt und auf die Verbrecher wartete." Diese vom politischen, historischen, völkerrechtlichen und moralischen Standpunkt aus nur als ungeheuerlich zu bezeichnenden Ausfälle gegen die DDR stammen nicht aus der Zeit des kalten Krieges seitens der BRD, die damals ein deutsches Reich in den Grenzen von 1937 anstrebte, sondern um eine von einem Bonner Minister (der übrigens nie in den Bundestag gewählt, sondern von seiner Unternehmerpartei auf diesen Posten befördert wurde) zu verantwortende Erklärung im Jahr 1991. Alle Welt, alle Mitgliedstaaten der UNO, der die DDR angehörte, wissen doch schließlich, daß in einer Vielzahl völkerrechtlicher Verträge die Anerkennung der DDR als souveräner, gleichberechtigter Staat festgeschrieben worden war. Sollte das Herrn Kinkel in seiner Tätigkeit als Geheimdienstchef entgangen sein?

Im Moskauer Vertrag, ganz zu schweigen vom Grundlagenvertrag über die Beziehungen der DDR zur BRD, wurde festgelegt, daß die DDR als Staat über die gleiche Qualität verfügt wie die Bundesrepublik. Hier heißt es, daß auch die Grenzen zwischen der BRD und der DDR die gleiche Qualität besitzen wie die zwischen anderen Staaten. Der Moskauer Vertrag und der Grundlagenvertrag, in dem die beiden deutschen Regierungen sich ihre Unabhängigkeit und Souveränität in ihren inneren und äußeren Angelegenheiten bescheinigten, wurden vom Bundestag ratifiziert. Ungeachtet dessen ging man zur Rachejustiz über, indem der jetzt laufende Prozeß eröffnet wurde. Noch mögen einige Blauäugige davon ausgehen, daß es ja hier nur einige „ganz oben" trifft. Schon bald werden die Bürger der DDR zu spüren bekommen, daß es sich hierbei um einen Musterprozeß gegen alle handelt, die für den Aufbau des Sozialismus in der DDR auf der Grundlage ihrer Gesetze mitgearbeitet haben. Die ganze Richtung, die in dem oben erwähnten Zitat zum Ausdruck kommt, ist eine Weichenstellung für Massenverfolgung. Wenn an der Spitze der DDR „Anstifter zum Totschlag" standen, muß dieser Staat folglich ein Unrechtsstaat gewesen sein, und alle, die ihn mitgetragen haben oder ihm auch nur dienten, sind schuldig. Der Sozialismus, die Linken, die ihn errichten wollten, und vor allem jene, die das noch immer wollen, sind kriminell. Wer heute noch nicht begreift, daß sich diese Kampfansage keineswegs nur gegen die Angeklagten richtet, sondern gegen alle, die für eine Alternative zu der kapitalistischen Gesellschaft der BRD eingetreten sind oder weiterhin eintreten, könnte schon bald ein böses Erwachen erleben.

Die Kriminalisierung des DDR-Staates ist zugleich ein sozialer Bannspruch gegen die Masse der DDR-Bürger. Wer am Aufbau eines „Unrechtsstaates" mitgearbeitet hat, ob als Arbeiter, Bauer, Lehrer oder Künstler, der muß eben hinnehmen, wenn er wegen „Staatsnähe" aus Verwaltungen, Schulen, Labors, Theatern, Operationssälen usw. verjagt und in das Millionenheer der Arbeitslosigkeit entlassen wird. Die These vom „Unrechtsstaat" läßt sich für alles mißbrauchen, für den massiven Sozialabbau ebenso wie für die Verfolgung aller Linken und demokratischen Kräfte. Ein so typischer Vertreter mittelalterlicher kirchlicher Inquisition wie der Pfarrer Gauck hat die Macht, ein ganzes Volk in „Täter" und „Opfer" einzuteilen.

Am 12. November 1992 beginnt im Berliner Landgericht der Prozeß.
Vor dem Portal protestieren Freunde und Genossen, links am Transparent
Karl-Heinz Kaiser, ein Vertrauter der Familie Honecker

Foto: Christian Bach

Hat die UNO-Menschenrechtskommission zu dieser Massenverfolgung, die zum Staatsterror ausartet, kein Wort zu sagen? Glauben die Kohl und Kinkel, gegen diesen politischen Unterdrückungsfeldzug wird sich auf Dauer kein Widerstand organisieren? Oder ist dann die offene faschistische Diktatur schon ins Auge gefaßt? Während mich alle diese Fragen in der Moabiter Zelle bewegen, muß ich mich, soweit das meine Kräfte erlauben, auf den eigentlichen Prozeßverlauf konzentrieren. Die Staatsanwaltschaft der BRD versucht, mit ihrer Anklageschrift im Berliner Kommunistenprozeß gegen mich, Heinz Keßler, Heinz Streletz und das Mitglied des Verteidigungsrates Hans Albrecht, die Tätigkeit des Nationalen Verteidigungsrates der DDR aus Zeit und Raum zu lösen.

Die massiven militärischen Gruppierungen des Warschauer Paktes und der NATO mit ihren tief gestaffelten Waffensystemen im Zentrum Europas erforderten auf beiden Seiten hohe Wachsamkeit. Schon allein deshalb, damit nicht aus dem Zusammentreffen ungünstiger Zufälle ein Konflikt ausgelöst, der zugleich der Beginn eines dritten Weltkrieges sein konnte. Man vergleiche die entsprechenden Rapporte des Oberkommandos der NATO mit denen des Warschauer Paktes, und man wird verstehen, warum das so war. Allzu oft drohte sich in den vergangenen 35 Jahren das Gewitter eines atomaren Infernos über Europa zu entladen, in dessen Folge die Erde der Menschheit kaum mehr ein Überlebensmöglichkeit gegeben hätte. Dank einer aktiven Politik der Vernunft und des guten Willens leisteten die Organe der DDR einen großen Beitrag zur Abwendung dieser Gefahr. Auch ihrem Wirken im Bündnis des Warschauer Paktes verdanken nicht nur die Bürger der DDR, sondern auch die Bürger der BRD ihre friedlichen Tage. Wie lange, das steht jetzt nicht mehr so fest, nachdem in Großdeutschland der Drang nach dem Einsatz deutscher Truppen in der Welt übermächtig wird und selbst die Führung der SPD mithilft, ein Hemmnis nach dem anderen beiseite zu räumen.

Erste Station nach dem Sturz, Krankenhausaufenthalt und zweitägiger U-Haft: Lobethal bei Bernau, Februar/März 1990

Foto: Christina Kurby

Da Berlin in der deutschen Politik eine große Rolle spielt, erscheint es mir historisch gerecht, einmal darauf aufmerksam zu machen, daß Westberlin von der Friedenspolitik des Warschauer Paktes nicht wenig profitierte. Dem von den drei Westmächten USA, England und Frankreich besetzten Westberlin kam der Moskauer Vertrag zwischen der Bundesrepublik Deutschland und der Union der sozialisitschen Sowjetrepubliken, der Warschauer Vertrag, der Prager Vertrag, das Viermächte-Abkommen zu Berlin vom 3. September 1971 sowie der Grundlagenvertrag zwischen der DDR und der BRD zugute. Diese Schritte der vier Großmächte, der DDR und der BRD sowie der anderen Vertragsstaaten waren entscheidende Schritte, um Europa und die Welt aus einer Periode der Konfrontation in eine Periode der Zusammenarbeit zu führen. Nicht vergessen werden darf, daß die Unterzeichnung dieser Verträge erfolgte bei gleichzeitigem Bestehen der Sicherungsmaßnahmen vom 13. August 1961.

Mit den in den Jahren 1971/72 in Kraft getretenen Vertragssystemen war der Weg frei zur Konferenz von Helsinki. Am Beginn dieses Weges standen Leonid Breschnew und Willi Brandt. Störaktionen dagegen kamen in allen Ländern aus der rechten Ecke. Selbst der damalige Präsident der USA, Henry Ford, hatte, wie er mir in einem unserer Gespräche in Helsinki sagte, Schwierigkeiten auf diesem Weg. Wenn man sich die Ereignisse vergegenwärtigt, muß man heute sagen, daß die Berlin-Krise durch den Beschluß des Warschauer Paktes vom 5. August 1961 eingedämmt wurde. Ohne diese Lösung wäre es in Europa nicht heller, sondern dunkler gworden. Ein bis dahin unbekannter Flächenbrand hätte sich durch Grenzkonflikte an der Grenze zwischen der DDR und der BRD, zwischen der DDR und Westberlin entwickeln können. Der Beschluß des Warschauer Paktes, die Staatsgrenze der DDR zu Berlin-West unter eine zuverlässige Kontrolle zu nehmen, war eine Entscheidung, die zu einem Umdenken in der Weltpolitik führte. Ausdruck dafür war das europäische Vertragssystem, das klarstellte, daß Frieden nur duch Zusammenarbeit von Staaten unterschiedlicher sozialer Ordnung gesichert werden kann.

Den Maßnahmen vom August 1961 waren große Auseinandersetzungen zwischen der UdSSR und den USA vorausgegangen. Es ging in den Jahren 1958 bis 1961 um die Realisierung der Vorschläge des sowjetischen Regierungschefs Nikita Chrustschow für den Abschluß eines Friedensvertrages mit Deutschland, und wenn dies nicht möglich sein würde, um die Umwandlung von Westberlin in eine freie Stadt, und das noch im Jahre 1961. Dies alles rief aufgrund des negativen Echos der Westmächte eine große Nervosität hervor, nicht nur in den Kabinetten, sondern auch in den Generalstäben. Es kam zum Treffen zwischen N. S. Chrustschow und Kennedy in Wien. Alles stand auf des Messers Schneide, zumal dieses Treffen zwischen den Vertretern der beiden Supermächte kein Ergebnis brachte.

So steuerte die Welt auf die Entscheidung zu, die am 5. August 1961 vom Warschauer Pakt auf seiner Sitzung im

Kreml getroffen wurde. Der ehemalige Außenminister A. Gromyko schreibt hierzu in seinen Erinnerungen sinngemäß: Nachdem die Westmächte keine Bereitschaft gezeigt hatten, mit der SU die deutsche Frage zu lösen, weil Adenauer die Herrschaft über die BRD offenbar lieber gewesen sei als ein vereintes Deutschland, und die Westmächte die Friedensvorschläge der UdSSR mit weiterer Aufrüstung beantworteten, hielt es die sowjetische Führung für notwendig, die Grenze der DDR zu Westberlin und zur Bundesrepublik Deutschland zuverlässig zu sichern, um die sozialistische Gemeinschaft vor weiteren Schäden zu schützen. Das, so A. Gromyko, geschah in der Nacht vom 12. zum 13. August entsprechend dem Vorschlag der SU in Übereinstimmung mit dem Beschluß vom 5. August 1961. Die Maßnahmen wurden durchgeführt unter dem Befehl des Marschalls der SU, Konjew, der zur stärkeren Sicherung der Westgrenze gegenüber Aggressionsabsichten des Westens im September 1961 dem DDR-Verteidigungsminister Heinz Hoffmann auch den Befehl gab, diese durch das Anlegen weiterer Minenfelder zu sichern.

Alles das vollzog sich entsprechend dem bis zum Jahre 2005 geltenden Bündnisvertrag zwischen der UdSSR und der DDR und den vom Oberkommando des Warschauer Paktes festgelegten Operativplänen. Dabei möchte ich klarstellen, daß in Auswirkung des zweiten Weltkrieges getroffene Festlegungen der Aufteilung Deutschlands in vier Zonen, die Unterstellung der Gebiete östlich der Oder und Neiße unter die Staatshoheit Polens - die Grenze zwischen der DDR und der BRD sowie der DDR und Westberlins stets zur „Verantwortung für Deutschland als Ganzes" zählte, die von der UdSSR gemeinsam mit den anderen Siegermächten getragen wurde. Die DDR hat in diesem Rahmen ihre Bündnisverpflichtungen erfüllt, ebenso wie die BRD die ihren in der NATO.

Kohl und die Gespräche mit Bonn

Mit dem Abgang Helmut Schmidts als Bundeskanzler und dem Amtsantritt Kohls entstand eine neue Situation in den deutsch-deutschen Beziehungen. Schließlich war es die CDU unter Führung von Kohl, die alle Schritte unterbinden wollte, die zu einer Normalisierung der Beziehungen zwischen der BRD und der DDR führen sollten. Ich denke an Willy Brandt, Helmut Schmidt, Herbert Wehner und Egon Bahr, die das Eis brachen und mithalfen, Voraussetzungen für den Abschluß des Grundlagenvertrages zwischen der DDR und der BRD und die Aufnahme der DDR und der BRD als gleichberechtigte Mitglieder der UNO zu schaffen. Diese Schritte waren eine „Wende" in der Politik Europas von der Konfrontation zur Zusammenarbeit, wobei die Zusammenarbeit auch weiterhin von Konfontation begleitet wurde. Die CDU Kohls und die CSU von Strauß standen zur Politik der Normalisierung in schärfster Opposition. Es kam zum unterwarteten Rücktritt Willy Brandts als Kanzler, ausgelöst durch die Guillaume-Affäre, ein nicht entschuldbarer Fehler der Aufklärungsorgane der DDR.

Erst mit der Konferenz von Helsinki eröffnete sich - auch durch meine Begegnung mit Helmut Schmidt - der Weg zur Zusammenarbeit mit der Regierung der BRD, die zum Besuch Helmut Schmidts in der DDR führte. Der Besuch verlief positiv, obwohl er zum Abschluß durch die überraschende Erklärung des Kriegszustandes in Polen durch W. Jaruzelski gestört wurde.

Dann, einige Zeit später, als sich die Dinge zwischen der DDR und der BRD wieder zu entwickeln begannen, kam es zum plötzlichen Rücktritt Kanzler Schmidts und zum Bruch der sozialliberalen Koalition. Helmut Schmidt rief mich vorher an, um mich über seine Absicht zu informieren. Ich habe ihm mein Bedauern zu seinem bevorstehenden Abgang als Kanzler ausgesprochen und für die bisherige gute Zusammenarbeit gedankt.

Und nun - Kanzler Kohl. Niemand von uns wußte, wie es in den Beziehungen zwischen der BRD und der DDR weitergehen würde. Der Mann, der jahrelang die Opposition im Bonner Bundestag führte, der gegen jegliche Verbesserung der Beziehungen zur DDR auftrat, war nun Kanzler. Da sich Kohl in seiner Regierungserklärung für die weitere Duchführung der Ostverträge aussprach, zeigte sich hier ein Lichtblick für die weitere Entwicklung der Beziehungen zwischen beiden deutschen Staaten. Das war eine wichtige Frage in der damaligen Zeit, in der es darum ging, die Konfrontation abzubauen und die Zusammenarbeit zwischen Staaten unterschiedlicher sozialer Ordnung zu fördern. Normale Beziehungen zwischen den beiden deutschen Staaten, dem sozialistischen und dem kapitalistischen, zum Wohle des Friedens und ihrer Bürger zu entwickeln, das war für uns ein vorrangiges Ziel.

Eines Tages klingelte bei mir das Telefon, das zum letzten Mal von Kanzler H. Schmidt benutzt wurde. Es kam die Anfrage, ob und wann ich bereit sei, mit Kanzler H. Kohl zu sprechen. Natürlich war dazu bereit. Der Telefonkontakt zwischen mir und Kohl begann. Es ging dabei um die Weiterführung der Beziehungen zwischen der DDR und der BRD nach dem Regierungswechsel in Bonn und um Vorschläge beider Seiten über mögliche Begegnungen. Alles, was besprochen wurde, ist den vorliegenden Protokollen zu entnehmen.

Ein trauriger Umstand, die Beisetzung K. Tschernenkos, machte eine Begegnung möglich. Das Treffen fand am 12. März 1985 in einem Gästehaus in den Lenin-Bergen in Moskau statt. Dieser Begegnung, die in einer aufgeschlossenen Atmosphäre verlief, kam besondere Bedeutung zu, da in ihrem Verlauf grundsätzliche Festlegungen getroffen wurden. Kanzler Kohl war offensichtlich bestrebt, eine gute Atmosphäre für meinen in Aussicht genommenen Besuch in der BRD zu schaffen, der dann 1987 stattfand. Es wurden Fragen der Friedenssicherung behandelt, alles auf der Grundlage der Existenz zweier souveräner deutscher Staaten, der Wahrung ihrer territorialen Unversehrtheit und Unabhängigkeit. Zwischen dem außenpolitischen Mitarbeiter Kohl, Teltschik, und meinem Staatssekretär, Hermann, wurde die abschließende Erklärung vorbereitet. Wir bekräftigten darin unsere Entschlossenheit, dafür einzutreten, daß von deutschem Boden in Zukunft nur noch Frieden ausgehen darf.

Kohl und ich unterhielten uns in der Zwischenzeit über die deutsche Widerstandsbewegung gegen Hitler, über die Geschwister Scholl und andere. Wichtigstes Thema war mein offizieller Besuch in der BRD. Wir einigten uns auf den Termin. Es war für mich schon ein Gebot der Redlichkeit, den Besuch von Kanzler Schmidt in der DDR zu erwidern. Selbstverständlich auch wegen der Notwendigkeit, die Beziehungen zwischen der BRD und der DDR so weit wie möglich zu verbessern. Im Ergebnis dieser Begegnung wurde bekanntlich auch der Reiseverkehr zwischen der DDR und der BRD und Berlin-West erweitert. Es gab später noch Aussprachen zwischen Persönlichkeiten der SPD und mir. Die Regierungen beider Länder bestätigten den Termin für meinen offiziellen Besuch.

In diesem Zusammenhang soll folgendes erwähnt werden: Mein Besuch in der BRD - nach Absprachen mit dem Parteivorstand der CDU und der SPD - sollte bereits 1984 stattfinden. Da erschien in der Prawda ein scharfer Artikel unter der Überschrift „Auf falschem Wege". Er richtete sich - so wurde es auch in der Weltöffentlichkeit verstanden - gegen den Besuch. Ich rief den damaligen Generalsekretär Tschernenko in dessen Urlaub an. Wir vereinbarten ein Treffen in Moskau, das im Kreml stattfand. Von Seiten der DDR nahmen die Genossen Axen, Hager, Honecker und Mielke teil, von sowjetischer Seite Tschernenko, Gorbatschow, Ustinow, Tschebrikow, Rusakow und Gritschenko. In einer umfassen Begründung stellte ich klar, daß dieser Artikel eine Verleumdung der DDR sei. Es sprachen alle Anwesenden. Den Abschluß der sowjetischen Seite machte Gorbatschow. Er begründete, warum der Besuch nicht stattfinden solle. Ich antwortete, daß wir diese

Frage jetzt nicht entscheiden könnten, und die Entscheidung in Berlin fallen würde. Die Ergebnisse dieses Treffens sind bekannt. Der BRD-Besuch fand damals nicht statt, sondern erst drei Jahre später.

Der Empfang in Bonn im September 1987 war freundlich. Zum ersten Mal erklang die Staatshymne der DDR in Bonn; der Staatsflagge der DDR wurde die ihr zukommende Ehre erwiesen. Im Gegensatz zu Verlauf und Inhalt unserer bisherigen zweiseitigen Gespräche unter vier Augen waren allerdings die Reden von Kohl auf den offiziellen Empfängen grob gestrickt. Bekanntlich erwiderte ich dies auf einem der offiziellen Empfänge mit den in meiner Rede eingeflochtenen Worten: „Sozialismus und Kapitalismus lassen sich ebensowenig vereinen wie Feuer und Wasser."

Dennoch möchte ich rückblickend sagen, die Verhandlungen verliefen sachlich. Sie fanden auch in den Medien der BDR eine gute Aufnahme. Aber die Aussprachen zeigten, daß das Moskauer Gerede über die Beendigung der Zweistaatlichkeit doch ein bestimmtes Echo gefunden hatte. Wie die Gespräche im einzelnen verliefen, ist den angefügten Protokollen zu entnehmen. Mag jeder sich seine Meinung selbst bilden.

Noch eine kleine Nachbemerkung, die für viele vielleicht interessant ist. Kanzler Kohl besuchte 1988 inoffiziell die DDR von Weimar bis Dresden. Die Presse hat Wort gehalten und nichts darüber berichtet.

Zur friedlichen Koexistenz

Heute wird viel Zeit und Papier darauf verwandt nachzuweisen, daß die Politik der friedlichen Koexistenz von Staaten unterschiedlicher Gesellschaftsordnungen die Todesstunde der UdSSR und der Staaten des Warschauer Paktes einleitete. Davon kann selbstverständlich keine Rede sein. Zur Politik der friedlichen Koexistenz gab es seit der Oktoberrevolution keine Alternative. Etwas anderes ist, daß der Begriff selbst erst später in das politische und wissenschaftliche Leben eingeführt wurde. Bekanntlich hat Indien mit der Formulierung der fünf Punkte der friedlichen Koexistenz, die auf der Bandung-Konferenz beschlossen wurden, den Begriff in die Diplomatie eingeführt. Aber schon früher, unmittelbar nach dem Sieg der Oktoberrevolution 1917, stand für die Bolschewiki die Frage, wie es bei einer weiteren Existenz von Staaten unterschiedlicher sozialer Ordnung, kapitalistischer und sozialistischer, weitergehen soll. Lenin, der starke Zweifel hegte, ob im Falle des Ausbleibens der sozialistischen Revolution in Deutschland und anderen Ländern Sowjetrußland Bestand und der Sozialismus eine Zukunft haben werde, legte nach eingehendem Studium dar, wie man die Sowjetmacht bei Fortbestehen kapitalistischer Länder im Westen sichern könnte.

Ein Kristallisationspunkt in dieser Frage war die Auseinandersetzung im ZK der russischen Partei über die Friedensverhandlungen von Brest-Litowsk. Es ist bekannt, daß Lenin im Interesse der Festigung der Macht der Sowjets für einen sofortigen Friedensvertrag eintrat, während der Verhandlungsführer Trotzki dafür war, daß bei Aufrechterhaltung der expansionistischen Haltung der kaiserlichen deutschen Regierung die Verhandlungen nicht weiter geführt werden sollten. Die Unterstützung der Haltung Trotzkis in dieser Frage durch das ZK führte zu einem großen Geländeverlust, zur Auslieferung großer Teile der Ukraine und des Kaukasus an die wilhelminischen Eroberer. Diese Entwicklung wurde letzten Endes ge-

Zweite Station nach dem Sturz: das sowjetische Militärhospital Beelitz, April 1990 bis März 1991. Foto: Christina Kurby

stoppt durch die Drohung Lenins, aus dem ZK der Partei auszutreten, wenn die Verhandlungen über einen Friedensvertrag mit dem kaiserlichen Deutschland nicht sofort weitergeführt würden. Zwar ging Lenin nicht davon aus, daß das friedliche Nebeneinander von Staaten verschiedener Ordnung ungetrübt und störfrei verlaufen würde. Aber für ihn war klar - und diesen Standpunkt vertrat er bis zu seinem Tode im Jahre 1924 - daß ein friedliches Nebeneinander unter Berücksichtigung der Gegensätze möglich sei. Dies wurde durch verschiedene Entwicklungen, insbesondere durch den Vertrag von Rapallo, bestätigt.

Schon bei meinem Aufenthalt in Moskau und in anderen Gebieten der SU 1930/31 gelangte ich zu der festen Überzeugung, daß es für die sowjetische Partei- und Staatsführung nichts Heiligeres gab, als den Frieden für das sozialistische Aufbauwerk zu erhalten, und sie es daher auch ablehnte, die Revolution zu exportieren. Das führe ich nur an, um zu unterstreichen, daß die später von Chrustschow formulierte Politik der friedlichen Koexistenz schon seit langem Grundelement der Außenpolitik war Tschitscherin ebenso wie später Litwinow betrachteten den Kampf um den Frieden und die friedliche Zusammenarbeit zwischen Staaten unterschiedlicher Gesellschaftsordnungen als Hauptinhalt der sowjetischen Außenpolitik. Es besteht kein Zweifel, daß dies auch die Politik der sowjetischen Führung unter Stalin war. Das war eine Grundlage für den Aufstieg der SU in der 75jährigen Existenz des Sowjetstaates.

Es ist bekannt, daß die DDR sich seit ihrer Gründung in ihrer Außenpolitik von den gleichen Prinzipien leiten ließ. Eine andere Politik als die des friedlichen Nebeneinanders von Staaten unterschiedlicher Gesellschaftsordnung wäre einfach nicht möglich gewesen. Als Ergebnis des Zweiten Weltkrieges und der Nachkriegsentwicklung war der DDR seit ihrer Gründung ein bestimmter Platz in Europa zugewiesen. Sie mußte sich seit ihrem Bestehen gegenüber der Alleinvertretungsanmaßung der BRD, ihren ständigen Angriffen gegen die innere

Ordnung der DDR, behaupten. Das konnte sie mit Erfolg, solange die SU bereit war, diese Politik mitzutragen. Die DDR war berechenbar in ihrer Politik und Bündnistreue. Der Anspruch der BRD auf Deutschland in den Grenzen von 1937 nährte über Jahrzehnte den Revanchismus und trug so laufend zur Konfrontation bei. Wenn heute über europäische Fragen verhandelt wird, so sitzt ungeachtet ihres Untergangs die DDR mit am Tisch. Die erfolgte Anerkennung der Oder-Neiße-Grenze wäre ohne die Politik der DDR, die zum Görlitzer Abkommen, zur Oder-Neiße-Friedensgrenze führte, nicht möglich gewesen. Ja, sogar die Grenze zwischen der BRD und Polen in der Ostsee wäre nicht möglich gewesen ohne den entsprechenden Vertrag der DDR und der Volksrepublik Polen. Polen hätte allen Grund, sowohl der Innen- als auch der Außenpolitik der DDR seine Achtung zu erweisen. Auch uns Kommunisten fiel es nach 1945 nicht leicht anzuerkennen, daß Hitler mit seinem Krieg, seinem Raub- und Mordfeldzug die Gebiete jenseits der Oder und Neiße verspielt hatte. Auch wir mußten bei unserer Stellungnahme dazu mit dem Unverständnis der Wähler, darunter nahezu 4,3 Millionen Umsiedlern, rechnen.

Die DDR war durch ihr Bündnis mit der SU, mit Polen und der CSSR eingebunden in den Warschauer Vertrag. Das war von großer Bedeutung für die Verteidigung des Friedens. Die DDR ist stets bestrebt gewesen, ihre Aufgabe als Teilnehmerstaat des Warschauer Paktes zu erfüllen. Sie verstand sich, im Zentrum Europas gelegen, als strategischer Verbündeter der UdSSR, und sie hat alles getan, um den sowjetischen Streitkräften und ihren Angehörigen eine zweite Heimat zu sein.

Über die DDR

Die Tragödie der DDR ist besonders groß, denn sie war nebst der CSSR das am besten entwickelte sozialistische Land, eine reale Alternative zum imperialistischen System. Die Frauen und Männer der ersten Stunde, die Erbauer des Sozialismus in der DDR, haben zu ihrer Zeit vieles geschaffen, was im Gedächtnis des Volkes bleiben, was in die Zukunft wirken wird. Jetzt nach der Einverleibung in die BRD vermissen nicht wenige das, was ihnen an der DDR besonders lieb und teuer war: die soziale Sicherheit im Sozialismus.

Es bestehen bei allen Fehlern und Mängeln, die dem Sozialismus noch anhafteten, keinerlei Veranlassung und keinerlei Recht, die von den Werktätigen erbrachten Leistungen zu verteufeln. Schließlich konnten wir den Sozialismus nicht an diesen oder jenen Vorstellungen modellieren und alle Erfahrungen der SU in den Wind schlagen. Das wäre wohl nicht nur unmöglich, sondern auch nicht richtig gewesen. Denn die ersten Schritte, die wir auf diesem Weg machten, haben wir von den Ländern gelernt, die den Sozialismus bereits erbauten. Nicht wenige Werktätige der DDR waren von einem gewissen Stolz erfüllt, daß sie von „unserem Betrieb" sprechen konnten. Das war ein Schritt nach vorn, ein Schritt von Bedeutung, der in wachsendem Maße das Leben bestimmte und es zugleich mit einer Vielfalt von Problemen ausfüllte. Da ging es um den Betriebskollektivvertrag, den Wohnungsbau, um bezahlbare Ferienplätze für alle. Da mußte den Kindern der Arbeiter und Bauern der Weg frei gemacht werden zu den Universitäten. Es mußte buchstäblich die gesamte Gesellschaft umgekrempelt werden, die uns die Kapitalisten und Junker, die uns der Faschismus und der Krieg hinterlassen hatten. Ob das alles richtig gemacht wurde - wer weiß? Aber neue Kader für Industrie und Landwirtschaft waren 1945 nicht zur Stelle. Die Frage, wer Buna oder Zeiss leiten konnte, wurde erst später, als sie herangewachsen waren, für manche Betriebe erst 1958, entschieden. Hier früher, dort später. Eines aber steht fest, die 2,3 Millionen Mitglieder der SED, die über 500.000 Mitglieder der Parteien, die mit ihnen im demokratischen Block verbunden waren, brauchen wahrlich nicht ihren Nacken zu beugen vor den neuen Herren. Die DDR war 1989 ein moderner Industrie- und Agrarstaat mit einem ausgebauten sozialen Netz. Und obwohl dies heute der Vergangenheit anheim fallen soll, die Existenz der DDR ist aus der Geschichte nicht wegzudenken. Keine noch so wüste antisozialistische Hetze kann sie aus der Geschichte verschwinden lassen.

Auf „richterlichen Beschluß" wurde am 30. September 1992 dem Antrag von Hans-Joachim Boldt stattgegeben, daß Erich Honecker für eine geplante Ausstellung verschiedene Fotos signierte. Honecker gab dem Ansinnen nach, unterzeichnete jedoch nicht - wie gewünscht - am 3. Oktober, dem Tag der Deutschen Einheit. Der Vorsitzende Richter Bräutigam wurde wenig später auch wegen dieser Signierstunde allerdings abgelöst.

Foto: Hans-Joachim Boldt

Die DDR war das Ergebnis des Zweiten Weltkrieges und der Nachkriegsentwicklung. Am 8. Mai 1945 hatten wir noch keine Vorstellungen von ihr. Wir stellten gemeinsam die Frage, wie wir weiterleben sollten.

Der Krieg war ja erst in den Trümmern Berlins zu Ende. Es wurde alles noch verwirrter, als die Alliierten, die den Sieg errungen hatten, sich entzweiten. Es entstanden, ohne den Willen des Volkes zu befragen, zwei und nicht ein deutscher Staat. Daran hatte vorher keiner von uns gedacht. Die westlichen Alliierten legten ihre Zonen zusammen, es entstand eine Bi-Zone, dann eine Tri-Zone. Eine separate Währungsreform wurde durchgeführt, und schließlich erfolgte dann die Gründung der BRD, danach wurde die DDR gegründet. In dieser wahrlich komplizierten Lage wirkten W. Pieck, O. Grotewohl und W. Ulbricht gemeinsam mit O. Nuschke, W. Külz und J. Dieckmann, um dem Volk, das nun in der DDR lebte - es waren 17 Millionen, davon 4,3 Millionen Umsiedler - ein besseres Leben zu ermöglichen. Die SED wurde hierbei unterstützt durch die Parteien, die im Bürgertum verankert waren. Auf Initiative des Antifaschistischen Blocks der demokratischen Parteien wurde die DDR gegründet durch die von ihnen angeregte breite Volksbewegung „Für Einheit und gerechten Frieden". Auf den Trümmern des Zweiten Weltkrieges entstand und entwickelte sich die DDR zu einem angesehenen Staat, der weltweite diplomatische Beziehungen unterhielt und aktiv in der UNO mitarbeitete.

Man kann die Politik der DDR weder in positiver noch in negativer Hinsicht abgekoppelt betrachten von dem Geschehen in Europa und in der Welt. Es ist keine Überbewertung der DDR, sondern eine Tatsache, daß die DDR in einer sich immer stärker zuspitzenden Weltlage, der atomaren Gefahren der 70er Jahre, zu denen gehörte, die die Initiative für eine „Wende" zur Entspannung in Europa ergriff. Die DDR war von der Stationierung und Gegenstationierung der Raketen stark betroffen. Hatten wir doch zwei Milliarden Mark dafür auszugeben. Wie sich später Erfolgssuchende in Warendorf überzeugen konnten, wurden nicht nur Einrichtungen für den Einsatz der Technik im Ernstfall gebaut, sondern auch Wohnhäuser, Schulen, Kindergärten und Restaurants für die Angehörigen der sowjetischen Raketenstreitkräfte.

Antrittsbesuch des soeben gewählten Generalsekretärs beim Oberkommando der Sowjetischen Streitkräfte in Deutschland (GSSD) in Wünsdorf, 1976   Foto: Ernst-Ludwig Bach

Eines darf man nicht übersehen - und das gilt für die gesamten 40 Jahre: Vieles wurde durch die eigenen Leistungen des Volkes geschaffen; aber dies war erst möglich durch die Existenz und Hilfe der UdSSR. L. J. Breschnew hatte vollkommen recht, als er mir am 28. Juli 1970 im Krankenhaus in Moskau, wo ich ihn aufgrund seiner Einladung besuchte, sagte: „Die DDR kann ohne uns, ohne die SU, ihre Macht und ihre Stärke, nicht existieren. Ohne uns gibt es keine DDR. Die Existenz der DDR entspricht unseren Interessen, den Interessen aller sozialistischen Staaten. Sie ist das Ergebnis unseres Sieges über Hitlerdeutschland. Deutschland gibt es nicht mehr, das ist gut so. Es gibt die sozialistische DDR und die kapitalistische Bundesrepublik." Zum Schmerz von Millionen Männern, Frauen und Kindern sollte sich später nur zu deutlich bestätigen, daß es ohne SU keine DDR gab. Wer die Nachkriegsgeschichte kennt, den gemeinsamen Kampf derer, die ehrlich für die Durchführung des Potsdamer Abkommens eintraten, wer um das Hineinschlittern Europas in den kalten Krieg weiß, der weiß auch, daß die DDR weder etwas „Künstliches" noch „Unnatürliches" war. Die DDR wurde für Jahrzehnte ein Land, in dem der Sozialismus eine Heimstätte hatte, für das Volk erlebbar, für die Welt sichtbar. Eines steht fest, wir haben in der Tat den Sozialismus in unserer Heimat verloren. Im Nachhinein stellt sich heraus, daß nicht wenige Persönlichkeiten im Westen bereits lange bevor die „Wende" stattfand, die Chance für die Beseitigung der DDR sahen, die mit Perestroika und Glasnost gegeben war. Es ensteht die Frage, warum dies in der DDR nicht rechtzeitig und in seiner ganzen Tragweite erkannt und demgemäß gehandelt wurde?

Warum der Eifer, mit dem ein großer Kreis Intellektueller für Perestroika und Glasnost in der DDR eintrat - und das noch zu einem Zeitpunkt, als der Stern der Erneuerung in der SU bereits verblaßt war? Wie dem auch sei, nachdem nun das Ergebnis des großen Irrtums offen liegt, kommt es darauf an, aus der ganzen Katastrophe die Lehren zu ziehen. Eine der wichtigsten ist wohl: Wir haben die Gefahr des Nationalismus unterschätzt, der dann 1989/90 die DDR überrollte. Wir haben die Probleme unterschätzt, die sich ergaben aus dem Aufbau des Sozialismus in einem gespaltenen Land, in dem von vielen Fernsehsendern und Rundfunkstationen auf die Haltung der Menschen eingewirkt wurde. Unterschätzt haben wir die Wirkung des Ost-West-Gefälles auf wirtschaftlichem Gebiet und die Rolle des Konsums. Wir haben die Gefahren unterschätzt, die daraus entstanden, daß die BRD innerhalb der NATO in Europa als die stärkste wirtschaftliche und militärische Macht wirkte. Wir wußten um diese Gefahren. Es wurden große wirtschaftliche, politische, ideologische Anstrengungen unternommen zur Stärkung der DDR auf allen Gebieten. Aber das reichte offensichtlich nicht aus. Auf allen Gebieten gab es Defizite in unserer Politik. Alles in allem hätten wir unserer guten Sache noch besser dienen können und müssen. Dabei muß man natürlich berücksichtigen, daß die Errichtung der neuen Gesellschaft ungeheuer viele neue Fragen aufwarf. Nicht alle Fragen wurden rechtzeitig und richtig aufgegriffen und beantwortet. Wobei sich bei der Gestaltung der sozialistischen Gesellschaft sehr hemmend auswirkte, daß im gesamten sozialistischen Lager jene Fragen nicht zielstrebig genug in Angriff genommen wurden, die sich aus der raschen Entwicklung der Hochtechnologien in einigen wenigen fortgeschrittenen kapitalistischen Ländern ergaben. Ganz zu schweigen von den Fragen, die sich oft durch Störungen im Export und Import für die Entwicklung der Volkswirtschaft der DDR ergaben. Dazu zählten besonders solche Probleme wie der Re-Export sowjetischer Steinkohle aus Polen. Der Import aus der SU von Eisen und Stahl erfolgte nicht entsprechend den festgelegten Normen und vieles andere. Hinzu kamen unsere eigenen ungelösten wirtschaftlichen Probleme. Es gab vernünftige Ausarbeitungen wie sie zu lösen wären, aber es wurde gezögert, konkrete Schritte einzuleiten. Das alles wirkte sich auf die Produktion aus. Die Decke, die wir zum Verteilen hatten, war zu kurz. Die wirtschaftliche Kooperation und Spezialisierung waren in der westlichen Welt weit fortgeschritten, aber der RGW funktionierte nicht, schon gar nicht in bezug auf die neuen Fragen, die mit der wissenschaftlich-technischen Revolution zusammenhingen. Die Probleme verschärften sich mit der besonders nach 1985 aufgetretenen Schwächung der sozialistischen Wirtschaft. Wir haben es schwer verkraftet, als die Reduzierung der Erdöllieferungen nicht rückgängig gemacht wurde und die Lieferungen solcher Rohstoffe reduziert wurden, die wir zuvor schon immer im Werte von zwei Milliarden Valuta-Mark von der SU bezogen. Im Jahre 1981 wandte ich mich auf Vorschlag der Staatlichen Plankommission der DDR an das Politbüro der

KPdSU mit dem ernsthaften Hinweis, daß die einseitige Reduzierung der Erdöllieferungen von 19 auf 17 Millionen Tonnen die Gefahr in sich berge, die DDR zu erschüttern, zumal Hand in Hand damit die Einstellung der Getreidelieferungen durch die SU in Höhe von 3 bis 4 Millionen Tonnen erfolgte, die uns zwang, Getreide im Westen zu kaufen.

Eine weitere Frage ist jene nach der Entwicklung der Demokratie. Es war ein Fehler, daß wir die auf dem 7. Plenum 1988 dazu aufgeworfenen Fragen nicht zügig in Angriff nahmen, wie die stärkere Einbeziehung der Menschen in die unmittelbare Leitung der Gesellschaft, des Betriebes, des Wohngebietes. So war die Schaffung von Betriebsräten und vieles andere mehr in der Diskussion. Heute jedoch so zu tun, als hätte es im Sozialismus keine Demokratie gegeben, oder gar zu behaupten, die bürgerliche Demokratie sei der sozialistischen Demokratie überlegen, entspricht nicht der Wahrheit und nicht den heute für alle sichtbaren Realitäten der kapitalistischen Gesellschaft. Es ist notwendig, den Nebelschleier von dem modernistischen klassenneutralen Gerede über Demokratie wegzuziehen. Es kann nicht in Abrede gestellt werden, daß nur dort wirkliche Demokratisierung möglich ist, wo die Menschen, die die Werte schaffen, Eigentümer der wichtigsten Produktionsmittel sind, wo ihnen Grund und Boden gehören. Bürgerliche Demokratie, wo sie funktioniert, ist immer nur das, was die arbeitenden Menschen dem Kapital an Freiräumen durch Kampf abgewinnen konnten. Dort, wo das Kapital die Macht hat, ist das Volk entmündigt. Daran ändern auch die bestehenden demokratischen Strukturen und Mechanismen nichts. Sie spielen immer dann und dort keine Rolle mehr, wo Profit- und Klasseninteressen berührt werden. Die Rederei über das entmündigte Volk im Sozialismus entbehrt jeder Grundlage. Wo das Volk Eigentümer der Produktionsmittel ist, gibt es keine wie immer geartete Ausbeutung, keine ökonomischen Zwänge, die zur Entmündigung führen. Reichten nun unsere demokatischen Strukturen aus, was war zu verbessern, was zu vervollkommnen? Es besteht kein Zweifel, unsere Demokratie funktionierte in vieler Hinsicht ungenügend. Auf verschiedenen Ebenen war sie unvollkommen entwickelt. Die Einbeziehung der Menschen in Entscheidungsfragen, die Mitverantwortung, das Eigentümerbewußtsein waren nicht genügend ausgeprägt. Auch an diese Probleme gingen wir von der Position heran, das Vorhandene weiter auszugestalten, sprachen wir von Wahrung der Kontinuität und notwendiger Erneuerung. Wir waren nie gegen Umgestaltung, gegen neue Wege, wenn sie dazu führten, den sozialistischen Aufbau vorwärts zu bringen. Diese Begriffe findet man in vielen Dokumenten unserer Partei und des Staates. Wir waren aber gegen eine solche Erneuerung, die heute in der SU nach schmerzhaften Erfahrungen als Aufgabe des Sozialismus betrachtet werden muß. Entgegen allen anders lautenden Behauptungen sei hier unterstrichen, daß die DDR anfangs den Kurs der KPdSU, wie er ursprünglich beschlossen wurde, unterstützt hat. Wie wohl in keinem anderen sozialistischen Land wurden in der DDR die Materialien der KPdSU über die Umgestaltung veröffentlicht. Aber ich bestreite nicht, und ich bekenne mich heute erst recht dazu, daß es nicht richtig und sogar gefährlich gewesen wäre, die Umgestaltung der SU, die aus den Besonderheiten der sowjetischen historischen und aktuellen Entwicklungsbedingungen herrührten, auf die DDR zu übertragen.

Ins Gewicht fielen Mängel unserer ideologischen Arbeit. Wir haben viel getan, aber angesichts der neuen Fragen, die das Leben täglich stellte, reichte die Qualität derselben offensichtlich nicht aus. Das wurde auf der Beratung des ZK der SED mit den Sekretären der Kreisleitungen am 12. Februar 1988 offen ausgesprochen. Was waren das für neue Probleme? Hier möchte ich nur massive gegenerische Einwirkungen nennen, die von Helsinki ausgehende Menschenrechtskampagne, deren Wirkung offensichtlich unterschätzt wurde. Falsch war unser Zurückweichen. Anstatt in die Offensive zu gehen, haben wir Freiräume gelassen. Nicht wir haben die elementaren Menschenrechte eingeklagt; wir haben zugelassen, daß unter der Flagge der Freiheit Rechte eingeklagt wurden, die die Imperialisten in ihren Ländern mit Füssen treten. Unsere Konzeption war in Theorie und Praxis zu schwach, und manches unter den Bedingungen der DDR auch schwer machbar. Ich denke hier nur an die Erweiterung des Reiseverkehrs.

Gab es Schematismus in der ideologischen Arbeit? Ja, den gab es. Erschwerend für die ideologische Arbeit unter der Jugend kam hinzu, daß die Entstellung der Geschichte des Sozialismus, die Hervorhebung der Schwächen und Fehler durch die, die den Anspruch erhoben, fehlerfreie Kommunisten zu sein und schließlich der Partei den Rücken kehrten, natürlich zersetzend wirkte. So ging vielen der Glaube an sozialistische Ideale verloren. Die Aufdeckung der Schwächen und Fehler, das war eine notwendige Seite, um deutlich zu machen, was heute und morgen besser zu machen ist. Es waren Lehren zu ziehen. Aber was wirkte so desorientierend? Es wurde über Medien, aber auch über die Literatur und mit Mitteln der dramatischen Kunst eine grenzenlose Abrechnung mit der Geschichte des Sozialismus geführt. Er sollte als Weg des Betruges und der Verbrechen erscheinen. Daran beteiligte sich übrigens später auch der Vorsitzende der PDS, Herr Gysi, indem er die SED als reaktionäre Partei und den Sozialismus als Feudalismus bezeichnete. Es wurden Zweifel gesät, an Idealen gerüttelt. Was hatte doch die KPD und später die SED für eine gigantische Arbeit geleistet, um den Deutschen die Größe des Aufbauwerkes der Sowjetmenschen, die Geschichte des ersten sozialistischen Staates in der Welt, nahe zu bringen! Ein Volk wurde buchstäblich von Feinden der SU zu Freunden der Sowjetunion umerzogen. Es war historisch und politisch bedingt, daß die deutschen Kommunisten und Antifaschisten keinen Spaltbreit zuließen, an der weltgeschichtlichen Rolle der SU zu deuteln, ohne die Periode Stalins, die in einer bestimmten Phase so schmerzlich war, zu verschweigen. Uns wurde vorgeworfen, wir hätten die Rolle der SU idealisiert. Möglich, aber hatten wir das Recht, angesichts der ständigen intensiven westlichen Propaganda gegen die SU diese auch noch in den Dreck zu ziehen? Sie war für uns Bannerträger des Sozialismus. Hatte man denn vergessen, daß noch Reagan die SU als Reich des Bösen bezeichnete, das man enthaupten müsse? Die SED, die Mehrheit des Volkes, ganze Generationen waren im Geiste des unerschütterlichen Vertrauens zur SU erzogen. Sie mußten nun zum zweiten Mal - 1956 und dann 1985 bis 1990 - verdauen, was nun nicht mehr vom Gegner kam. Alles wurde plötzlich umbewertet. Alles auf dem dornenreichen Weg des Sozialismus bis hin zum Sieg über den Faschismus erfuhr eine Neubewertung. Es war auch keine Geschichtsbetrachtung, in deren Lichte die Entwicklung eine von Fehlern begleitete Geschichte war. Nein, es wurde alles in Frage gestellt, was bisher richtig schien, die Oktoberrevolution eingeschlossen. Wie konnte, wie mußte sich unsere Partei dem stellen? Was hätte eine Konfrontation mit einer in der SU offen geduldeten Politik bewirkt? Die Isolierung der DDR? Hätten das die Menschen verstanden?

Erich Honecker 1953 auf der Trauerfeier für Stalin. Rechts neben ihm: Willi Stoph. Bildschirmfoto. Christina Kurby

Wir waren doch für positive Veränderungen der Politik in der SU. 1985 begrüßten wir es, daß die SU ein neues sozialpolitisches Programm in Angriff nahm, damit es dem Volk besser gehen sollte. Wir bezweifelten allerdings, daß dies mit der Beschleunigung der sozialökonomischen Entwicklung zu bewerkstelligen sei. Alles andere, was sich in der SU im politischen Leben vollzog, betrachteten wir als innere Angelegenheiten der SU, die sich von uns schwer einschätzen ließen. Es stimmt, daß ich zunehmend die Gefahr sah, die von gewissen Fehleinschätzungen des Imperialismus ausgehen würden und bereits ausgingen. Deshalb warnte ich. Offensichtlich waren aber, wie sich zeigte, nicht alle in unserer Führung überzeugt von der sich daraus ergebenden Zersetzung der DDR. Diese war weiter gediehen, als ich es selbst einschätzte, die Partei nicht ausgenommen. Heute daraus ein negatives Verhältnis zur SU zu konstatieren, wird durch die später eintretenden Ereignisse widerlegt.

Es wird gefragt, welche Rolle die Opposition in diesem Prozeß spielte. Es dürfte nicht unbekannt sein, daß es eine weitgehende Zusammenarbeit mit verschiedenen Strömungen, mit diversen Kräften in der Gesellschaft, auch mit Kirchenkreisen gab. Es gab mehr als manche heute glauben machen möchten. Das Streben nach einem breiten Bündnis vernünftig und realistisch denkender Menschen entsprach unserer Dialogpolitik. Es gab schließlich nicht nur interne Gespräche, sondern in der Öffentlichkeit weithin bekannte Aktionen, Konferenzen und Treffen, die wir partnerschaftlich mit Kirchen, pazifistischen und anderen Organisationen mitgetragen haben. Ich erinnere zum Beispiel an den Olof-Palme-Marsch, der in den Reihen unserer Partei nicht nur Zustimmung fand. Es gab in diesen Kreisen Menschen, die es subjektiv ehrlich meinten, die aber von uns oft politisch negativ beurteilt wurden. Das trug nicht selten dazu bei, sie in eine falsche Richtung zu drängen. Aber es war und ist auch nicht immer leicht, dies zu vermeiden. Nehmen wir in diesem Zusammenhang die Rolle der Kirchen. Die evangelische Kirche begann 1985 im Zeichen von Perestroika und Glasnost, die Gotteshäuser in Parteihäuser zu verwandeln. Die Leitung der evangelischen Kirche in der DDR zwang Herrn Bischof Gienke zum Rücktritt, weil er den Vorsitzenden des Staatsrates zur Einweihung des auch mit staatlicher Hilfe restaurierten Greifswalder Doms einlud.

Während der Novembertage 1989 gab es kaum eine Demonstration, die nicht von Pfarrern geführt wurde. Nach der „Wende" gab es nur wenige entscheidende Funktionen, die nicht mit Pfarrern besetzt worden wären. Aber auch im Verhalten der Pfarrer und der Kirchenleitungen gab es Unterschiede. Nicht wenige gab es, die ehrlich für die DDR, für die Kirche im Sozialismus eintraten. Es ist eine Vereinfachung, die gesamte Opposition als Andersdenkende zu bezeichnen. Der Kern der Opposition war gegen den Sozialismus gerichtet. Das durfte man nicht übersehen. Es gab Feinde des sozialistischen Staates, die die Beseitigung des Systems wollten. Als was sonst kann man die Kräfte, die schließlich zur Wiedererrichtung des politischen und ökonomischen Systems des Kapitalismus im Gewande der bürgerlichen Demokratie hinwirkten, sonst bezeichnen? Man kann es drehen und wenden wie man will, es war ein Kampf um die Macht, um die Zurückeroberung der vor vierzig Jahren verlorenen Macht der Bourgeoisie. Nicht um den Sturz einer „persönlichen" Macht, den Sturz der „Herrschaft des Politbüros" ging es, sondern um die Enteignung der volkseigenen Betriebe, die Liquidierung der landwirtschaftlichen Produktionsgenossenschaften, die Rückführung von Bauernland in Junkerhand, um die Beseitigung des sozialistischen Eigentums. Es ging um die Liquidierung der DDR, deshalb auch um die Beseitigung von wissenschaftlichen Einrichtungen, Gesundheitseinrichtungen, um die Liquidierung all dessen, was mit dem Staat DDR verbunden war. Die Kapitalisten holten sich ihre Betriebe zurück; es ging schlicht und einfach um die Wiedererrichtung der Macht des Kapitals. In allen sozialistischen Ländern vollzog sich, das kann heute niemand mehr leugnen, nach einer internationalen Regie, die Konterrevolution. Alle marxistischen Parteien in diesen Ländern wurden nach dem gleichen Drehbuch zerschlagen. Sie wurden auf dem Altar des „Neuen Denkens" geopfert. Es war ein verhängnisvoller Irrtum anzunehmen, daß mit dem „Neuen Denken" die Unterschiedlichkeit der Gesellschaftssysteme aufhören würde zu existieren.

Ich sehe eine Ursache für Irrtümer, eine Ursache für den Verlust der Identität vieler Menschen mit dem Sozialismus nicht zuletzt darin, daß in den letzten Jahren die Geschichte des Sozialismus verzerrt dargestellt wurde, mehr noch, daß die Unvollkommenheit einer historisch noch jungen Gesellschaftsordnung mit ihren Widersprüchen nicht allseitig dargestellt wurde. Irrtümer und Fehler, die auf dem Weg in eine neue Gesellschaftsordnung gemacht wurden, sind auf eine Art und Weise behandelt worden, die die Errungenschaften und Ideale des Sozialismus als Alternative der kapitalistischen Ausbeutergesellschaft überhaupt in Frage stellte. Unsere Schwäche bestand darin, daß wir offensichtlich nicht vermochten, unsere sozialistischen Ideale in jeder Hinsicht für den Einzelnen erlebbar zu machen. Wir haben nie bestritten, daß der Sozialismus sich noch in einem unvollkommenen Stadium befindet und auch objektiv dem Erstrebenswerten noch Grenzen gesetzt waren, daß aber der Sozialismus über unerschöpfliche Potenzen seiner Weiterentwicklung verfügt. Die Frage, wie der heute so viel beschworene demokratische Sozialismus aussehen könnte, bleibt unbeantwortet. Wie man diesen auch immer definieren mag, die entschiedene Abgrenzung vom Kommunismus ist schließlich nicht nur die Verneinung kommunistischer Ideale, sondern die Verneinung der Veränderung der Eigentumsverhältnisse überhaupt. Die Ausbeutung des Menschen durch den Menschen abzuschaffen, erfordert jedoch unabdingbar die Beseitigung des Privateigentums an den entscheidenden Produktionsmitteln. Das ist die Vorraussetzung dafür, die Produktion mit hoher Effektivität für die Gesellschaft und den Einzelnen zu leiten, Mitbestimmung und Verantwortung der Arbeiter und Bauern, der Intelligenz, der

Frauen und Jugend, aller Bürger umfassend im täglichen Leben zu verwirklichen, Leistungsprinzip und soziale Sicherheit zu gewährleisten, das geistige Leben zu entwickeln und Achtung vor dem Anderen und sich selbst als Werte zu schützen. Es bleibt eine unumstößliche Wahrheit: Sozialismus ist dort, wo Frieden, das Recht auf Arbeit, Solidarität, wo die entscheidenden Menschenrechte garantiert sind, denn sonst ist alles Gerede über die freie Entfaltung der Individualität des Menschen Schall und Rauch.

Oft wird mir die Frage gestellt: Gab es Erfahrungsaustausch der sozialistischen Länder über solche Grundfragen der Politik? Ja, den gab es auf allen Ebenen und in verschiedenen gesellschaftlichen Bereichen. Es gab einen fruchtbaren Erfahrungsaustausch, auch Meinungsstreit, es gab Zusammenarbeit. Es wurde über vieles gesprochen, aber die Frage nach dem Pluralismus in der Gesellschaft, die so viele Probleme aufwarf, wurde nicht ausdiskutiert, wie so viele andere Fragen von Bedeutung auch. Es wurde, wie gesagt, über alles gesprochen, aber während die NATO-Staaten Beschlüsse faßten, ihr einheitliches Vorgehen auf verschiedenen Gebieten abstimmten, galt bei uns seit 1986: Jeder solle seine Politik machen, obwohl dieses Prinzip nicht eingehalten wurde, wo es im Interesse der Führungsmacht lag. Das Prinzip war sicherlich richtig, es durfte allerdings nicht jene Prinzipien verletzen, die in den Verträgen über Freundschaft, Zusammenarbeit und gegenseitigen Beistand festgeschrieben waren. Es ist besonders bedauerlich, daß auf dem Höhepunkt der politischen Krise 1989, auf der Beratung in Bukarest, nicht offen gesprochen und besprochen wurde, wie wir gemeinsam vorgehen wollen und müssen. Eine von verschiedenen Generalsekretären geforderte erneute Beratung im Oktober 1989 in Berlin kam nicht mehr zustande. Natürlich stellt sich die Frage, ob wir die Entwicklung hätten verhindern können.

Die Aufbauleistungen der DDR und ihre Zerschlagung

Millionen Werktätige haben in 40 Jahren, buchstäblich auf den Trümmern des Zweiten Weltkrieges, eine neue Industrie in der DDR aufgebaut. Sie haben trotz mehrmaliger Demontagen ihrer Betriebe für Reparationen diese wieder aufgebaut, beispielsweise das Stahlwerk Brandenburg. Sie haben schließlich ganze Industriezweige geschaffen, die es vordem auf dem Territorium der DDR nicht gab. Es ist nicht von uns allein, sondern von internationalen Gremien errechnet worden, daß die DDR in die Reihe der zehn entwickelten Industriestaaten aufrückte. Obwohl das zweite Eisenbahngleis fehlte, das bis zum Jahre 1989 immer noch nicht vollständig wiederhergestellt war, hat die Deutsche Reichsbahn der stark entwickelten Industrie ein leistungsfähiges Transportwesen zur Verfügung gestellt. Ohne dies wäre der Auf- und Ausbau der Industrie nicht möglich gewesen. Wichtige Zentren der Chemie, des Anlagenbaus, des Maschinen- und Fahrzeugbaus waren bis zum Jahre 1958, was heute nicht mehr beachtet wird, in sowjetischem Besitz. Die 26 sowjetischen Aktiengesellschaften, in denen die Großbetriebe zusammengefaßt wurden, haben für die durch die deutsche Aggession wirtschaftlich empfindlich geschwächte SU gearbeitet. Das gleiche gilt für die deutsch-sowjetische Aktiengesellschaft Wismut, die bis 1989 sowohl was die Anlagen als auch die Produktion und den Wohnungsbau betrifft zum überwiegenden Teil durch die DDR finanziert wurde.

Mit diesen Bemerkungen sollen keinesfalls die Leistungen herabgesetzt werden, die die SU erbrachte, durch die sich die DDR überhaupt erst entwickeln konnte. Die Lebensgrundlage der DDR war in allen Phasen nur durch das enge Zusammenwirken mit der UdSSR gegeben. Wenn man aber diese Tatsachen und verschiedene andere Dinge in Betracht zieht, so kann man diese Leistungen der Arbeiter und Angestellten, der Angehörigen der wissenschaftlich-technischen Intelligenz nicht hoch genug würdigen. Die DDR konnte sich bei ihrer Gründung auf keine eigene Industrie- und Rohstoffbasis stützen. Durch die Errichtung der Zonengrenzen wurde der einheitliche deutsche Wirtschaftskörper, soweit noch vorhanden, zerrissen. Es gab praktisch eine Blockade nicht nur gegen die frühere sowjetische Besatzungszone, sondern später weiter gegen die DDR.

Die Bürger der DDR waren mindestens so fleißig wie die in Westdeutschland. Ihre Leistungen schufen die Grundlage dafür, daß das Recht auf Arbeit, das Recht auf Bildung, das Recht auf Erholung verwirklicht werden konnte und eine wirklich soziale Gesellschaft geschaffen wurde. Jedenfalls war die DDR dank des Fleißes der Arbeiter, Bauern und Wissenschaftler, der aktiven Tätigkeit der Regierung der DDR als einziges sozialistisches Land in der Lage, das Ernährungsproblem für ihre Bürger zu lösen. Dank der guten Zusammenarbeit zwischen Industrie und Landwirtschaft und der Wissenschaft wurden seit 1981 pro Jahr über 11 Millionen Tonnen Getreide und andere landwirtschaftliche Erzeugnisse produziert. Das Genossenschaftswesen setzte dem Fleiß und Können der Bäuerinnen und Bauern keine Grenzen. Sie hatten ein gutes Einkommen und eine gute Perspektive, die jedoch 1989 gewaltsam zerschlagen wurde. Dazu gehörte das Überrollen der früheren DDR durch Einkaufszentren des Westens, die mit westlichen Erzeugnissen den Markt überschwemmten. Die eigenen Produkte, wie Kartoffeln und Obst, wurden dem Verderben preisgegeben. Im Zuge der Einführung der bundesdeutschen Gesetze und der Agrarpolitik der EG wurden die landwirtschaftlichen Produktionsgenossenschaften zerschlagen, so daß gegenwärtig von den vormals 800.000 in der Landwirtschaft Beschäftigten nur noch 200.000 eine Beschäftigung haben.

Nie darf man außer acht lassen, daß die Grundlagen für den Aufstieg der DDR bis 1989 die Rohstoffbezüge aus der UdSSR waren. Ob dies jene Politiker und Theoretiker, die der Meinung sind, die DDR hätte eine selbständige Position im Rahmen der sozialistischen Gemeinschaft einnehmen müssen, zur Kenntnis nehmen wollen oder nicht: Die DDR konnte nicht ohne das feste Bündnis mit der UdSSR existieren. Realpolitikern ist klar, daß die DDR keine anderen Wege gehen konnte als die der Bündnispartner.

Nehmen wir als Beispiel für diese Grundwahrheit nur die Rohstoff- und Materiallieferungen der SU für die Jahre 1981/ 85. Die UdSSR lieferte in dieser Zeit 95 Millionen Tonnen Erdöl, 32 Milliarden Kubikmeter Erdgas, 21 Millionen Tonnen Steinkohle, 8,5 Millionen Tonnen Eisenerz, 4,8 Millionen Tonnen Roheisen, 211.500 Tonnen Kupfer, 65.000 Tonnen Aluminium, 7,7 Millionen Festmeter Faserholz, 257.000 Tonnen Zellstoff und 440.000 Tonnen Baumwolle sowie andere wichtige Produkte. Dies soll nur verdeutlichen, daß bei der Neuschreibung der Geschichte niemand übersehen kann und darf, daß angesichts eines umfassenden Wirtschaftsboykotts seitens der BRD und der westlichen Alliierten die UdSSR die Garantie für die Aufbauarbeit in der DDR und ihre stete Aufwärtsentwicklung gab. Ohne dies Hilfe hätte es auch die fähigste Arbeiterklasse, die fleißigsten Bauern und die klügste Intelligenz nicht vermocht, aus der DDR ein so starkes Industrie- und Agrarland zu schaffen, wie sie es 1989 noch war.

Nun wird die Volkswirtschaft der DDR nachträglich diskreditiert. Das macht es scheinbar leichter, die DDR zu einem Entwicklungsland herabzustufen. Die Wahrheit ist, man nimmt die Wirtschaft der DDR nur insoweit in Anspruch, als sie nicht der völligen Auslastung der Betriebe im Westen Deutschlands Schaden zufügt. Heute ist für jeden offensichtlich, die Chemiebetriebe in der DDR wurden weitgehend geschleift, weil in der Chemie in Westdeutschland Überkapazität vorhanden war Die Textilindustrie der DDR wurde zerschlagen, weil die Textilindustrie in Westdeutschland Kapazitäten abbauen mußte. Das gleiche trifft zu für die Stahl- und Metallbetriebe, die Betriebe der Elektrotechnik - Elektronik, für die Werften und andere Industriezweige und Betriebe.

Die Deindustrialisierung der DDR ist ein Verbrechen an allen fleißigen Menschen, die in jahrzehntelanger Arbeit im führeren Mitteldeutschland eine neue Industrie aufbauten. Die Deindustrialisierung ist eine Kulturschande; legt sie doch das Arbeitsleben als Grundlage der Kultur überhaupt lahm. Um es noch einmal zu betonen: Die Chemiewerke in der DDR wurden nicht zerschlagen, weil Chemie stinkt. Auch die Chemiewerke im Westen und anderswo stinken. Nein, die Zerschlagung erfolgte aus reinen Konkurrenzgründen.

Ebenso dumm, einfach würdelos ist es zu versuchen, die kulturellen Leistungen der DDR aus der deutschen Geschichte zu streichen. Ich denke dabei nicht nur an solche grundlegenden, umwälzenden Leistungen, wie sie das Bildungswesen der DDR nach der Zerschlagung des Hitlerfaschismus hervorgebracht hat, an den systematischen Aufbau der Kinderkrippen und Kindergärten und andere Kindereinrichtungen, an den Aufbau und die Entwicklung einer modernen allgemeinbildenden polytechnischen Oberschule, die allen Kindern des Volkes den Weg in das Leben ebnete, an das umsichtig aufgebaute Berufsausbildungssystem mit der Sicherheit, nach der Berufsausbildung einen Arbeitsplatz zu erhalten, an den Ausbau des Hochschulwesens und des Gesundheitswesens, an das Wirken verschiedener Akademien. Das waren und bleiben große Leistungen im Dienst der Kultur, was in aller Welt anerkannt wurde. Auf die Dauer lassen sich Tatsachen nicht leugnen. Auch nicht, daß eine große Zahl von Kulturstätten von Tausenden neu aufgebaut, von Zehntausenden aus dem In- und Ausland in der DDR besucht wurden und heute weiter besucht werden. Wenn man von diesen Stätten spricht, so denkt man nicht nur an jene, die vor 20 oder 30 Jahren neu aufgebaut oder wiedererbaut wurden, sondern auch an die, die kurze Zeit nach der Befreiung von Kriegszerstörungen geheilt und ihren Besuchern geöffnet wurden. Ich denke dabei an den Aufbau einiger Theater in Berlin sowie an das Nationalmuseum, an das Nationaltheater in Weimar und den Zwinger in

Dresden. Zu erinnern ist an den Wiederaufbau der Deutschen Staatsoper, das Deutsche Theater, die Kammerspiele, das Schauspielhaus am Gendarmenmarkt, an den Französischen Dom, den Palast der Republik, das Pionierhaus in der Wuhlheide, das Sport- und Freizeitzentrum, an den Neuaufbau der Dresdener Semperoper und des Leipziger Gewandhauses. Viele kleinere Kulturstätten, die der Akademie der Künste zugehörten, entstanden, z. B. das Otto-Nagel-Haus, das Arnold-Zweig-Haus, das Brecht-Haus, das Ernst-Busch-Haus und viele andere Stätten deutschen Kultur- und Geisteslebens wie etwa in Weimar.

Zum Zeitpunkt der Entwicklung der Beziehungen zwischen der DDR und der BRD haben nicht wenig offizielle Persönlichkeiten der BRD, die heute noch Rang und Namen haben, erklärt, daß sie beeindruckt seien davon, in welcher Weise die DDR Kulturstätten wieder hergestellt oder neu aufgebaut habe. Damals sagten sie, dies sei beispielhaft für die BRD. Heute hört man das anders oder gar nicht. Doch die Leistungen der DDR sprechen schließlich für sich selbst.

Selbst im chilenischen Exil vor aufdringlichen Kamerateams nicht sicher: Erich Honecker im Garten seiner Tochter Sonja, Sommer 1993
Bildschirmfoto: Christina Kurby

Die Lage in Deutschland heute

Ende 1989 bis Mitte 1990 vollzog sich das, was man jetzt, zwei Jahre später, ganz allgemein als die Annexion der DDR durch die BRD bezeichnet. Was sich gegenwärtig in der früheren DDR abspielt, hat entgegen allen Behauptungen seitens regierender Stellen der BRD, nicht die ehemalige Führung der DDR, sondern die BRD zu veranworten.

Bereits im Jahre 1987 habe ich anläßlich meines Besuches in der BRD versucht, den Vereinigungseifer der Bundesregierung zu dämpfen. Unter anderem durch den Hinweis, daß die Vereinigung von Sozialismus und Kapitalismus ebenso wenig möglich ist wie die von Feuer und Wasser. Das stand nicht im Manuskript meiner Rede zum Empfang des Bundeskanzlers. Angesichts seiner überraschenden provokativen Ausfälle gegen die DDR, die völlig anders waren als die internen Gespräche, hielt ich es für notwendig, das zu sagen. Die Entwicklung seit den Herbsttagen 1989 hat meine Auffassung bestätigt, daß sich zwei gegensätzliche Gesellschaftsordnungen nicht vereinigen lassen.

Wie hoch waren doch die Erwartungen, wie hoch die Emotionen geschürt zum Zeitpunkt, als die Mauer fiel. Die Einheit ist jetzt da, jedoch die Nation gespalten. Bis heute gibt es keine einheitlichen Lebens- und Arbeitsbedingungen, die Kluft zwischen arm und reich tritt klarer denn je hervor. Trotz allem großdeutschen Gehabe, es würde nach dem Anschluß allen besser gehen, keinem schlechter, ist das Gegenteil eingetreten. Das war in der Tat Wahlbetrug. Massiv hatte sich die Bundesregierung in die Angelegenheiten der DDR eingemischt.

Man stelle sich vor, Kanzler Kohl hätte den wahlberechtigen Bürgern offen erklärt, daß es im Falle eines Wahlsieges der CDU - laut Schätzungen des Rates der Weisen - vier bis fünf Millionen Arbeitslose geben würde, daß die Mieten auf das drei- bis zehnfache steigen würden, daß ein großer Teil der sozialen Sicherheit, die gewährleistet war, liquidiert werden würde. Was wäre wohl dann für die CDU herausgekommen? Mit der Zeit wurde immer klarer, daß die Treuhand keine treuhänderische Verwaltung der Betriebe, sondern eine Gesellschaft zur Verschleuderung des Volksvermögens ist, die den kapitalistischen Konzernen die ehemaligen volkseigenen Betriebe zu Billigpreisen in „treue Hände" überführte. Die Hintermänner der Treuhand privatisieren im Interesse ihrer Profite. Betriebsstillegungen, radikale Beseitigung von Industriestandorten und Massenentlassungen waren die Folge skrupelloser Profitgier und Politik.

In Gestalt der von der Modrow-Regierung geschaffenen Treuhand erfuhren die DDR-Bürger wahrlich, was Kommandowirtschaft bedeutet. Die Herren in der Treuhand wußten, was sie taten. Es ging nicht um die Entflechtung großer Kombinate, diesem Kernstück der ehemaligen Volkswirtschaft der DDR, sondern um die Zerschlagung der Betriebe und Kombinate, um die Ausschaltung von Konkurrenten. So zu tun, als hätte der Sozialismus die Verstaatlichung von Industriezweigen, die staatliche Regulierung der Wirtschaft erfunden, ist ein für Naive erdachtes Märchen. Kein seriöser Kapitalist glaubt das. Staatliche Betriebe, staatliche Lenkung der Wirtschaft, gibt es in der BRD und in allen kapitalistischen Ländern. Schon zu Zeiten Wilhelms II. waren die Reichsbahn und der Ruhrbergbau staatlich.

Die Abwicklung der volkseigenen Betriebe der DDR wurde zu einem großen einträglichen Geschäft für die Kapitalisten. Ihre Gewinne stiegen zur gleichen Zeit, da man ein Jammergeschrei darüber ertönen ließ, was man alles in die DDR hineinstecken müsse. Mit der Vermehrung der Arbeitslosigkeit hoffen sie, die Ausbeutung derer, die sich noch in Arbeit befinden, verstärken zu können. Die Arbeitslosen werden auf die Löhne drücken. Wenn irgendetwas durch die Okkupation der DDR bestätigt wurde, so ist es die Tatsache, daß in der Marktwirtschaft, die nichts anderes ist als kapitalistische Profitwirtschaft, große Teile der Arbeiter und Angestellten, Bauern, aber auch der Geistesschaffenden ins Abseits gestellt werden. Dies kann auch nicht von jenen bestritten werden, die jetzt den Versuch unternehmen, daß ganze Übel, das sie selbst verursacht haben, der „maroden" DDR-Wirtschaft anzulasten.

Was steht hinter der Hetze gegen die untergegangene DDR, die offenbar nicht schnell genug verschwindet? Warum wurde die gesamte SED, ihre Führung, die Regierung mit Dreck besudelt, warum wurde ein Hexenjagd auf alle Mitarbeiter des Partei- und Staatsapparates, auf die Staatssicherheit, auf die Soldaten und Offiziere der NVA, der Grenztruppen, auf Lehrer, Ärzte, Wissenschaftler, Journalisten und Künstler veranstaltet? Das hat doch die Misere in Ost-Deutschland nur verschärft. Hunderttausende Familien mit ihren Kindern wurden ins Unglück gestürzt. Die Zukunftsaussichten sind alles andere als rosig. Die Arbeitslosigkeit wird nicht verschwinden. Zu den Arbeitslosen im Westen sind die im Osten Deutschlands hinzugekommen. Noch lange wird es nicht gleichen Lohn für gleiche Arbeit geben. In den Ostgebieten werden weiterhin 60 - 70 % des Lohnes gezahlt, der in den alten Bundesländern vorläufig noch gültig ist. Das ist Profitmaximierung, macht die Aktienpakete der wahren Herren Deutschlands noch profitbringender.

Die Arbeitslosigkeit ist für alle eine Tragödie. Niemand in der DDR kannte sie. Sie wird Frauen und Männer und die Jugend in die Zukunft begleiten, jedenfalls so lange, wie es Kapitalismus in Deutschland gibt.

Die Äußerungen einiger führender Persönlichkeiten der PDS, die bürgerliche Demokratie sei das bisher fortschrittlichste System, gereicht diesen nicht gerade zur Ehre, ebenso wenig ihre Hilfestellung bei der Zerschlagung des „stalinistischen Systems" in der DDR, dessen Politik sie als reaktionär bezeichnen. Sie übersehen geflissentlich, daß es in der „stalinistischen" DDR keine Arbeitslosigkeit, keine soziale Unsicherheit, keine Zukunftsängste gab. Da hilft kein Leugnen: Unter der Flagge des Kampfes gegen den „Stalinismus" wurde der Kampf gegen den Sozialismus geführt, so wie ehemals der Kampf gegen den

Kommunismus unter der Flagge des Kampfes gegen den Bolschewismus geführt wurde. So neu ist also das Ganze nicht. Da hilft keine Beschönigung: Die Zerschlagung der sozialisitschen DDR hat eine Misere heraufbeschworen. Die Sorgen der Familien der über 4 Millionen Arbeitslosen sind Grund genug zum Nachdenken.

Auch ein Gysi sollte das tun, der auf dem Sonderparteitag der SED/PDS in seinem Schlußwort die SED-Führung verleumdete und erklärte, das wichtigste Ergebnis dieses Parteitages sei die Zerschlagung des Stalinismus gewesen. Es gilt heute als modern, aufrechte Kommunisten als „Stalinisten" abzustempeln. Der „Stalinist" Dimitroff hat aber unter dem Beifall der Weltöffentlichkeit den Bolschewistenfresser Göring im Kampf um die Wahrheit besiegt. Das hat uns Widerstandskämpfer an Rhein und Ruhr, in Essen, Dortmund, Oberhausen, Moers, Düsseldorf und anderswo im Kampf gegen die Hitlerbarbarei ermuntert.

So wie die Lüge im Reichstagsbrandprozeß wird eines Tages auch die Lüge über die „stalinistische DDR" platzen. Die Ursache für die Tragödie, die über das Volk der DDR fast über Nacht hereingebrochen ist, wird ans Tageslicht kommen. Die Behauptung einiger „Erneuerer", die DDR wäre geblieben, wenn sich die SED-Führung sofort der Perestroika der Sowjetführung angeschlossen hätte, wurde inzwischen durch die traurige Tatsache widerlegt, daß die SU selbst durch die Perestroika-Politik untergegangen ist. Perestroika und Glasnost haben, wie schon 1988 zu erkennen war, zur Zerschlagung der SU geführt und damit zur Beseitigung des Sozialismus.

War es denn so schwer vorauszusehen, daß mit dem Anschluß der DDR an die BRD entsprechend Artikel 23 des Grundgesetzes nicht nur die Volkswirtschaft der DDR zum Erliegen kommt, sondern daß dies zugleich die Rückkehr zum Kapitalismus bedeutet? Wer hat da wen betrogen? Diejenigen, die seit Jahrzehnten vor dieser Gefahr warnten, oder jene, die dieses traurige Ergebnis erzielten?

Ja, man muß heute klar feststellen, auch wenn es ein großer Teil manipulierter Bürger noch nicht wahrhaben will: Die Erneuerer von 1989/90 wurden objektiv, ob sie es wollten oder nicht, zu Handlangern der Konterrevolution. Jeder, der sich davon betroffen fühlt, muß das mit sich ausmachen.

Belogen und betrogen wurde das Volk von denen, die aktiv an der Zerschlagung der Grundlagen des Arbeiter- und Bauernstaates mitwirkten.

In der BRD kannte man die Stärken und Schwächen unserer Volkswirtschaft sehr genau. Seit Bestehen der Handelsbeziehung zwischen der DDR und der BRD wurde diese durch die BRD mehrmals abrupt unterbrochen, zumindest stark behindert. Die BRD knebelte auch die Wirtschaftsbeziehungen der DDR zu anderen westlichen Staaten. Oder will man die Hallstein-Doktrin vergessen machen? Man wußte, daß der Außenhandel der DDR zu 70 % mit der SU und den anderen sozialistischen Ländern am stärksten entwickelt war, und daß beim Wegfall dieses Handels die Wirtschaft der DDR zusammenbrechen mußte. Allein der Handelsumsatz mit der UdSSR, der noch dazu zu 40 - 60 % spezialisiert war, hatte im Jahre 1988 einen Umfang von 66,4 Milliarden Valuta-Mark. Die DDR hatte keine Schulden an die UdSSR, die SU war jedoch 1990 in Zahlungsrückstand zur DDR im Umfang von 27 Milliarden Valuta-Mark.

Die BRD wird es, wie sich jetzt zeigt, recht schwer haben, einen solchen umfangreichen Außenhandel mit den Republiken der ehemaligen SU zu entwickeln. Jetzt muß zum Beispiel, laut Ammendorfer Mitteilungen, Rußland für einen Eisenbahnwaggon fünf mal mehr zahlen als früher an die DDR. Diese Faktoren wirken sich auf fast alle Industriezweige aus. Das Gefasel der Kohl und Waigel und der Achtgroschenjungen in diversen Medien über die „marode" Wirtschaft der DDR wird wohl auch widerlegt duch die Tatsache, daß die DDR einen jährlichen Handelsumsatz mit der BRD von 15 Milliarden DM hatte. Hinzu kommt der Außenhandelsumsatz mit den anderen sozialistischen Ländern. Hierzu nur einige Fakten:

SU	1970 von	15,4 Mrd.	auf 66,4 Mrd. 1998
VRP	1970 von	2,4 Mrd.	auf 12,2 Mrd. 1988
ČSSR	1970 von	3,7 Mrd.	auf 14,6 Mrd. 1988
VRU	1970 von	2,0 Mrd.	auf 9,9 Mrd. 1988

Dieser große Umfang, zu dem noch der Handel mit den kapitalisitschen Ländern sowie mit den Ländern der Dritten Welt hinzukam, konnte sich nur auf der Grundlage einer gesunden Volkswirtschaft mit einem entsprechenden Angebot der Produkte von Industrie und Landwirtschaft vollziehen. Auf dem Gebiet der Petrolchemie verfügte die DDR über moderne Anlagen. Sie wurden von Firmen der BRD, Finnlands, Österreichs, Frankreichs und Japans schlüsselfertig geliefert. Das Konverter-Stahlwerk in Eisenhüttenstadt war das modernste Europas. Die Erdölspaltung in Schwedt lag bei 70%. Da die DDR bekanntlich mit Ausnahme von Kali und Braunkohle über keine ins Gewicht fallenden Rohstoffe verfügte, mußten diese importiert werden. Die Versorgung mit Lebensmitteln erfolgte in den letzten zehn Jahren durch die eigene Landwirtschaft, und wir exportierten im letzten Jahrzehnt Fleisch, Butter und Kartoffeln. Was soll also die Diskreditierung der von den Werktätigen vollbrachten Leistungen? Nur durch deren schöpferisch angestrengte Arbeit, durch das in diesem Land entwickelte geistige Potential konnten sich die Lebensbedingungen verbessern.

Die DDR hatte von allen sozialistischen Ländern den höchsten Lebensstandard. Auch wenn man in den Medien der BRD nur Bilder von schlimmen Häuserfassaden zeigt, so bleibt, daß in der DDR in den letzten 20 Jahren ihres Bestehens 3,7 Millionen Wohnungen neu gebaut und modernisiert wurden und so eine große Anzahl von Familien eine menschenwürdige Wohnung erhalten hat. Allein in Berlin wurden jährlich 30.000, in Karl-Marx-Stadt 26.000 und im Bezirk Dresden 22.000 Wohnungen neu gebaut bzw. modernisiert. Die Wohnfläche je Einwohner erhöhte sich von 1949 von 12 Quadratmetern auf 27 Quadratmeter. Parallel zu diesen Anstrengungen gelang es nicht, den Verfall einer beträchtlichen Zahl von Wohnungen aufzuhalten.

Wenn wir auch nicht alles erreichen konnten, was wir wollten, so rechtfertigt das nicht, mit dem Schlagwort „Mißwirtschaft" die Lebensleistung von Millionen einfach aus der Geschichte zu streichen. Man muß wohl auch in das Gedächtnis zurückrufen, daß zu Ende des vom deutschen Imperialismus angezettelten Zweiten Weltkrieges, insbesondere durch den Bombenkrieg, 40% aller Industrieanlagen und 70% aller Energieanlagen auf dem Boden der ehemaligen DDR zerstört waren.

Was den Umweltschutz betrifft, so erhielt er insbesondere in den Ballungsgebieten der chemischen Industrie nicht genügend Mittel, was zu ernsten Belastungen führte. Um zu einer ausgewogenen Beurteilung der ökonomischen Entwicklung zu kommen, muß man alle Faktoren berücksichtigen einschließlich der Tatsache, daß die DDR die Hauptlast der Reparationen für ganz Deutschland trug.

Nun vermerken einige Leute kritisch, wir hätten über unsere Verhältnisse gelebt. Export und Import waren in der Tat seit längerem nicht ausgeglichen. Aber die Leute, die es genau wissen müßten, vergessen zu schreiben, was wir über unsere Verhältnisse exportierten, um zum Beispiel die Probleme im Zusammenhang mit der Erhöhung der Rohstoffpreise zu beherrschen. So mußten nach der Explosion der Erdölpreise 172 Rubel statt bislang 14 Rubel pro Tonne bezahlt werden. Wir haben allein durch die Preiserhöhung bei Erdöl und Erdgas in den Jahren von 1975 bis 1985 die entstandenen Mehrkosten von 145 Milliarden DM durch Warenlieferungen bezahlen müssen. Man könnte noch viele Fakten unserer Wirtschaft- und Sozialpolitik nennen. Wir hatten trotz der im Verhältnis zur BRD weit schwierigeren Anfangsjahre nicht alles, jedoch vieles geschaffen. Die Bürger der DDR haben gezeigt, daß sie in der Lage sind, eine fortschrittliche Gesellschaft zu gestalten.

Die Entwicklung in Deutschland zeigt, daß die soziale Frage nach wie vor die Kernfrage gesellschaftlicher Auseinandersetzungen bleibt. Die Jahre seit der Annexion bestätigen dies. Am Wesen der auf das „Ich" bezogenen kapitalistischen Gesellschaft hat sich nichts geändert, vieles von der „Wir"-bezogenen Gesellschaft der DDR wird täglich mehr vermißt. Die gepriesene neue Freiheit ist befreit von jeglicher Sicherheit. Von Geborgenheit kann schon gar keine Rede mehr sein. Hoyerswerda, Rostock-Lichtenhagen, Mölln und Solingen sind mehr als eine Mahnung. Die explodierte Kiminalität verunsichert alle. Das Leben ist härter geworden. Die Rezession mit all ihrer Existenzbedrohung - nichts davon kannten die Bürger der DDR.

Die Massenarbeitslosigkeit, für Bürger der DDR früher ein Fremdwort, grassiert in einem Umfang, wie dies seit der Wirtschaftskrise in den dreißiger Jahren nicht mehr der Fall war. Real 6 Millionen Arbeitslose - das ist das Gesicht, mit dem sich der Kapitalismus heute in Deutschland präsentiert. Heute muß sich sicher mancher eingestehen, an dieses Los nicht gedacht zu haben, als das Lied von der „Wende" gesungen wurde. Keinem wird es schlechter gehen, diese Worte des „Kanzlers aller Deutschen" klingen noch vielen in den Ohren. Sie haben keine Erfüllung gefunden. Für Millionen trat das Gegenteil ein. Muß man sich heute fragen, warum es in der DDR möglich war, den Menschen Arbeit und Brot, eine bezahlbare Wohnung, jedem Bildung und Ausbildung zu sichern?

In der DDR gab es 9,5 Millionen Arbeitsplätze. Jetzt ist die Hälfte weggewalzt im Zuge der Deindustrialisierung. Sie wurden Opfer des Profits, der reichlich in die Taschen des Großkapitals floß. Infolge dieser Barbarei sind zu viele von Armut und Not betroffen. Oft sind Vater und Mutter arbeitslos. Man könnte unendlich viele Beispiele von Menschenschicksalen anführen, die einst in der Werftindustrie, dem Maschinen- und Fahrzeugbau, der Textilindustrie, der Chemie, der Stahlindustrie, der metallverarbeitenden Industrie, dem Kalibergbau, der Elektroindustrie, im wissenschaftlichen Gerätebau, in der Forschung, in Technik und Kultur, im Gesundheitswesen und in der Volksbildung aufopferungsvoll gearbeitet haben. Es wäre zu erinnern an die 3,4 Millionen Menschen, die sich noch 1988 im Ostseebezirk, und die weiteren Millionen, die sich in anderen Gebieten erholen konnten, an die Kinder, die sich in Betriebsferien- und Pionierlagern, in der Pionierrepublik am Werbellinsee, im Pionierpark „Ernst-Thälmann" und anderen Einrichtungen tummeln konnten, oder auch an die Berliner, die sich im Freizeit- und Erholungszentrum im Arbeiterbezirk Friedrichshain erholen.

Viele wissen heute aus eigener Erfahrung, daß sich die auf das Ich, auf die D-Mark, immer und immer wieder auf Geld bezogene Gesellschaft schlimmer erweist als Politiker und Professoren der DDR es früher nachgewiesen haben. Natürlich konnten sie nicht die Wiederherstellung der Ausbeutergesellschaft auf dem gesamten Territorium Deutschlands voraussagen und die Folgen davon ausmalen; sie konnten nicht voraussagen wie die alten Eigentumsverhältnisse in Industrie und Landwirtschaft wieder hergestellt werden. Wer wäre denn auf die Idee gekommen, daß ein Betrieb mit einem Anlagevermögen von 800 Millionen bis zu einer Milliarde Mark für eine DM verschachert würde? In alle Bereiche zieht sie ein, die „freie" Marktwirtschaft. Das in über 40 Jahren Erreichte an sozialen Errungenschaften muß weg.

Was in der DDR war, spricht für eine Gesellschaft, die angetreten ist, die elementaren Menschenrechte im Leben und nicht nur auf dem Papier zu verwirklichen.

Heute wäre es jedoch nicht real, sich die Aufgabe zu stellen, die DDR zurückholen zu wollen. Real ist es, sich das Ziel zu setzen, in dem größeren Deutschland soviel wie möglich von der DDR zu erhalten, in das große Deutschland soviel wie möglich von den sozialen Rechten einzubringen. Nun müssen die Lebensfragen unter den neuen Lebensbedingungen gelöst werden. Das größere, reichere Deutschland hat viele Potenzen. Gegenwärtig wird es von der Krise geschüttelt, wie auch die Mehrheit der kapitalistischen Länder. Ohne aktives Eintreten, ohne Kampf für die Erhaltung und Erweiterung der Rechte der arbeitenden Menschen geht es nicht. Vor allem gilt es zu verhindern, daß der Weg von Solingen nach Auschwitz führt.

Während des Gerichtsverfahrens im Berliner Landgericht protestieren auch andere vor dem Justizgebäude

Foto: Christian Bach

Schlußbemerkungen

Rund um den ökologisch schon arg lädierten Erdball stellen sich Menschen die Frage, was sie im 2. Jahrtausend erwartet. Eine schlüssige Antwort darauf kann wohl niemand geben. Aber einige Grundwahrheiten kann man getrost aussprechen: Die Welt bleibt nicht, wie sie gegenwärtig ist. Die Gegensätze zwischen den heute Mächtigen und Unterdrückten werden sich weiter verschärfen und damit auch der Kampf zwischen den Klassen. Und das unabhängig davon, ob sich heute linke Theoretiker und Politiker davor scheuen, das Wort Klassenkampf und andere Begriffe der marxistischen Theorie, die inhaltlich klar definiert sind, zu gebrauchen oder zu ersetzen durch pseudowissenschaftliche Gesundbeterei des Kapitalismus.

Vergeblich wird man sich bemühen, die Namen Karl Marx und Friedrich Engels, die Namen der Väter des wissenschaftlichen Sozialimus zu verbannen.

Ob man will oder nicht - in der kapitalistischen Welt wirken jene Gesetze, die Friedrich Engels in seinem Buch „Der Ursprung der Familie, des Privateigentums und des Staates" aufdeckte, und die Marx in seinem Gesamtwerk wissenschaftlich begründete. Die gegenwärtig zur Schau getragene Selbstsicherheit der Sieger wird weichen. Das kapitalistische Deutschland hat die DDR noch längst nicht verdaut. Die Bürger der DDR haben ihre Erfahrungen des Lebens ohne westdeutsche Millionäre, Konzerne und Junker.

Gewiß, nachdem die BRD die DDR verschluckt hat, zeigt sie immer klarer, was sie darunter versteht, eine größere Verantwortung in der Welt übernehmen zu wollen. Es besteht kein Zweifel, das Bestreben nach Dominanz enthält viele Unbekannte und Gefahren nicht nur für Deutschland, sondern für die Welt. Man kann jedoch auch seine Kräfte überschätzen. Welche Widersprüche wird die Entwicklung in Europa mit sich bringen, welche Rolle wird zum Beispiel Frankreich spielen? Wird sich die Grand Nation von der Umarmung Deutschlands erdrücken lassen? Auch die USA gefährden den Frieden durch ihr Weltherrschaftstreben auf das Äußerste. Aber auch der anmaßende amerikanische Weltgendarm wird die Welt nicht in Ordnung bringen. Die nationalen und sozialen Probleme und Konflikte, die einer Lösung harren, werden die Bäume der Herrschenden in den USA nicht in den Himmel wachsen lassen.

Welche Rolle will und wird das imperialistische Deutschland im Bündnis mit dem „Führungspartner" spielen? Betrachtet man die verschiedenen Regionen der Welt, so entsteht die Frage, welcher Ausweg wird gefunden? Die Entwicklung der arabischen Welt mit ihrer Vielfalt und voller Widersprüche; wie ist es um die Gegenwart und Zukunft Lateinamerikas bestellt? Wird es der Hinterhof der USA auf Dauer bleiben wollen? Wie geht es auf dem afrikanischen Kontinent weiter? Welche Rolle wird Japan spielen? Wie wird sich die Entwicklung zwischen Oder und dem Atlantik vollziehen? Wie die Entwicklung in der ehemaligen UdSSR oder in den anderen ehemals sozialistischen Ländern Europas werden sich die Völker dort noch weiter in das Elend treiben lassen?

Es ist wohl keine Übertreibung zu sagen, der Kapitalismus hat sich in einem riesigen Knäuel von Widersprüchen verheddert, die zu einer Lösung drängen. Mit dem Kinderglauben, „der Markt wird es schon richten", wird keines der Probleme der Menschheit gelöst, deshalb werden unausweislich neue gesellschaftliche Kräfte auf den Plan treten, die neue gesellschaftliche Verhältnisse erstreiten und gestalten werden. Entweder die Menschheit wird vom Kapitalismus in den Abgrund geführt - oder sie überwindet den Kapitalismus. Letzteres ist wohl wahrscheinlicher und realer, denn die Völker wollen leben.

Trotz aller Schwierigkeiten und Gefahren, trotz der augenblicklich düsteren Lage, bin und bleibe ich zuversichtlich. Dem Sozialismus wird die Zukunft gehören.

Interview

Im Sommer 1991 hatte ich in Moskau die Absicht, auf Fragen von Korrespondenten zu antworten, die damals aktuell waren. Von einem Abdruck sah ich dann ab, weil die Ereignisse Antworten auf eine Reihe anderer Fragen dringlicher machten. Jetzt scheint es mir richtig, die Antworten auf die seinerzeit gestellten Fragen in dieses Buch einzufügen und Auskunft zu geben über meine Haltung zu bestimmten Ereignissen, die noch heute im Leben der BRD aktuell sind.

Seit über 60 Jahren treten Sie für die Verwirklichung der Ideen des Sozialismus auf deutschem Boden ein. Sie stehen jetzt vor den Trümmern ihres Lebenszieles. Was ist gescheitert? Der Sozialismus, die DDR oder der Mensch E. Honecker?

Das ist ein ganzer Komplex von Fragen. Lassen Sie mich zunächst darauf eingehen, was diese Ereignisse für mich persönlich bedeuten. Sie sind mehr als eine politische Enttäuschung, es ist die schmerzlichste Erfahrung in meinem Leben. Handelt es sich doch um die größte weltpolitische Niederlage der Arbeiterbewegung seit ihrer Existenz. Deshalb geht es hier nicht um mich, meine persönlichen Gefühle. Sie spielen in einer Zeit, die buchstäblich die ganze Welt in Atem hält, nur eine untergeordnete Rolle. Angesichts dieser weltpolitischen Turbolenzen teile ich meine Empfindungen mit unzählig vielen Menschen, nicht nur hier in Europa, sondern auch in anderen Erdteilen, darunter ganz besonders in den Ländern der Dritten Welt. Es geht um alle, die für eine neue, sozial gerechtere Ordnung kämpfen, für eine Ordnung, die Frieden hervorbringt und nicht den Drang nach Expansion und Aggression, unabhängig davon, ob dieses expansive Streben vorwiegend mit ökonomischen oder mit militärischen Mitteln realisiert wird.

Ich habe großes Verständnis für die Gefühle all jener, die sich nicht damit abfinden wollen und können, 40 Jahre in der DDR oder siebeneinhalb Jahrzehnte in der UdSSR umsonst gearbeitet zu haben.

Was wir in der DDR und in den anderen Ländern Osteuropas entwickelt haben, wird fortleben in den Kämpfen der Zukunft. Ich denke dabei insbesondere daran, daß die Menschen 40 Jahre in Frieden erlebt haben, alle haben wir für dieses Ziel gearbeitet. Ich denke aber auch an all die sozialen Errungenschaften, für deren Verteidigung die Menschen jetzt in vielfältigen Formen kämpfen.

Trotz des vorläufigen Scheiterns des Versuchs der Errichtung einer sozialistischen Gesellschaft, trotz der gegenwärtigen politischen Verwirrung wird der Wille zur Errichtung einer gerechten, friedlichen Welt nicht zu brechen sein.

Damit komme ich zum zweiten Teil der Frage: Ist die DDR oder der Sozialismus gescheitert?

Die DDR ist gescheitet. Eingebettet in den Strom der Perestroika ist sie untergegangen. Das war wohl von der Führungsgruppe der Perestroika, eingeschlossen „Glasnost", einkalkuliert, jedoch von mir und vielen anderen nicht rechtzeitig klar erkannt worden. Natürlich hätten wir unserer guten Sache noch besser dienen können und müssen. Die Errichtung einer neuen Gesellschaftsordnung wirft ständig ungeheuer viele neue Fragen auf. Nicht alle haben wir rechtzeitig erkannt oder nicht richtig in Angriff genommen. Zu spät wurden zum Beispiel im gesamten sozialistischen Lager die Herausforderungen durchschaut, die uns aus der wissenschaftlich-technischen Revolution erwuchsen. Die Vorschläge Walter Ulbrichts zur Lösung vieler damit verbundener Probleme in der sozialisitschen Gemeinschaft fanden keine Zustimmung in der UdSSR.

Auch solche Fragen wie das durch Reklamefeldzüge und diverse andere Methoden verstärkt auftretende Konsumdenken fanden nicht rechtzeitig unsere gebührende Aufmerksamkeit. Verständlicher Ärger über Mangelwaren, ich denke an das leidige Problem der Ersatzteile, die Engpässe in der Zulieferindustrie, an aktuell auftretenden Versorgungsfragen, die den Alltag erschweren. Nicht zuletzt hatte der Wunsch vor allem der jüngeren Generation, die Welt kennenzulernen, eine erhebliche Sprengkraft. Nicht alles, aber vieles wäre bei größerer Konsequenz lösbar gewesen.

Es steht völlig außer Frage, daß wir in den 40 Jahren nicht nur Erfolge erzielt haben, sondern daß eine beträchtliche Zahl von Bürgern die DDR nicht mehr bewußt als ihr Vaterland verstand. Aber es ist auch eine der infamen Legenden der jetzigen Sieger, so zu tun, als hätten wir nur Fehler gemacht, und der Sozialismus habe nur aus Mängeln bestanden. Außerdem stellt sich doch die Frage, ob das wirklich die einzigen, die entscheidenden Faktoren für unsere Niederlage waren Niemand hat wohl das Recht zu behaupten, der Kapitalismus hätte keine Fehler. Ich brauche sie nicht detailliert zu nennen, da immer mehr Bürger der ehemals sozialistischen Länder jetzt im Kapitalismus leben.

Hier geht es doch um tiefer liegende Prozesse, die nicht allein die BRD oder deren damalige Führung betreffen. Außerdem beurteile ich die Dinge aus historischer Sicht nicht so pessimistisch, wie das nach dem Schock des letzten Jahres von vielen gesehen wird.

Sehen Sie, alle Fragen, die das Leben der Menschen erst lebenswert macht, gruppieren sich primär um solche Werte wie soziale Sicherheit. Aber dafür ist in der Ellenbogengesellschaft, in die wir verstoßen wurden, kein Platz. Die Wolfsgesetze des Manchester-Kapitalismus, die nun in der ehemaligen DDR herrschen, stellen doch wohl keine Alternative zu einer sozial gerechten Gesellschaft dar. Deshalb bin ich davon überzeugt, daß die Entwicklung nicht an einem Schlußpunkt angelangt und die sozialistische Idee nicht tot ist.

Trotz der jetzigen Niederlage sind viele Gleichgesinnte von der Gewißheit erfüllt, daß die Ablösung der kapitalitischen Gesellschaft durch eine wie auch immer konkret ausgestaltete sozialistische Gesellschaft unvermeidlich ist, weil sich Gesetzmäßigkeiten der Geschichte nicht auf die Dauer außer Kraft setzen lassen.

Ich weiß, daß ich das nicht mehr erleben werde, und vielleicht sind Sie von dieser Antwort überrascht. Aber man darf die Situation, in der wir uns befinden, nicht verkennen. Nationalistische Exzesse, eine beispiellose antikommunistische Hexenjagd, die aufsteigende neofaschistische Gefahr, nicht zuletzt auch der Verrat an unserer Sache dürfen den Blick nicht trüben für das, was sich gegenwärtig auf deutschem Boden, in Europa und der Welt vollzieht. Wir befinden uns in einer Periode, in der wie zu keinem Zeitpunkt nach dem zweiten Weltkrieg die Welt am Kreuzweg zwischen Krieg und Frieden steht. Das ist die harte Wahrheit, sie nicht zu sehen wäre tödlich.

Das ist eine recht ernste Warnung und eine sehr weitgehende Behauptung. Da die Frage Krieg und Frieden alle Menschen bewegt, möchte ich Sie bitten, Ihre Meinung näher zu begründen.

Die Ereignisse in Mittel- und Osteuropa, der schon heute sichtbare Zerfall der SU haben das Gleichgewicht der Kräfte zerstört. Die Erruptionen in Mittel- und Osteuropa sind zu groß, die hier vollzogenen Veränderungen zu tiefgreifend. Sie können in der Welt von heute nicht losgelöst betrachtet werden von der gesamten internationalen Politik. Das Beben geht weiter, die Erde kommt vorläufig nicht zur Ruhe. Nicht zu übersehen sind die Krisengebiete, z. B. die akute Gefahr eines militärischen Konflikts auf dem Balkan, im Nahen Osten, die zu einer Initialzündung werden können. Aber auch solche Krisenherde in Asien und Lateinamerika, der Hunger und die Armut in der Dritten Welt bergen Sprengstoff. und nicht zuletzt muß man sehen: Ganz Deutschland ist Bestandteil der NATO, die Bundeswehr steht an der Oder, der Warschauer Vertrag ist tot, wohin kann diese Entwicklung führen? Zum Guten? Es fällt mir schwer, dies zu glauben.

Wie sehen Sie die Rolle des jetzt vereinten Deutschlands in diesem Zusammenhang?

Der politische, ökonomische und militärische Machtzuwachs der BRD ist keineswegs nur eine innerdeutsche Angelegenheit. Er berührt das gesamte bisherige Gefüge des internationalen Macht- und Interessenausgleichs. Als aktiver Kämpfer gegen

Faschismus und Krieg möchte ich mit allem gebotenen Ernst davor warnen, die Verketzerung und Verfolgung linker Kräfte bei gleichzeitig unverhüllter Begünstigung neonazistischer Parteien und Gruppen als rein deutsche Angelegenheit zu betrachten. Unterschiedliche neofaschistische Kräfte werden unter den Schutz der Polizei gestellt, Kommunisten dagegen werden in Goebbelscher Manier als Pack bezeichnet, mit dem man aufräumen müsse. Durchsuchungen der Parteizentralen oppositioneller Parteien und Bombenanschläge während des Wahlkampfes, alles das gibt es - ist das die neue, gepriesene Demokratie, ist das der bis zum Erbrechen strapazierte Inbegriff von Rechtsstaatlichkeit? Rechts, ja ganz rechts geht es lang. Schon ertönen die nur allzu bekannten Rufe „Deutschland, erwache" und „Ausländer raus". Der Antisemitismus nimmt krasse Formen an. Offen wird von revanchistischen Kräften sogar im Bundestag die Oder-Neiße-Grenze in Frage gestellt, und genau an dieser Grenze steht heute die Bundeswehr. Muß das nicht in Ost und West zu Zweifeln am friedfertigen Kurs Großdeutschlands führen? Ich hätte Verständnis, wenn das bei den Völkern Mißtrauen hervorrufen würde.

Die älteren Zeitgenossen unter uns wissen nur zu gut, wie verheerend sich eine ähnliche Entwicklung Anfang der dreißiger Jahre zunächst auf die Völker der Nachbarländer und schließlich auf die ganze Welt ausgewirkt hat. Und wenn heute so undifferenziert vom Willen der Mehrheit die Rede ist, scheint auch folgende Frage berechtigt zu sein: Sind nicht im Klima einer chauvinistischen Euphorie auch Millionen Deutsche mit begeisterten Heilrufen den braunen Rattenfängern in den Krieg gefolgt? Wenn die Stimmen der Vernunft und Warnung, die ja hier und da bereits zu hören sind, erstickt werden, dann kann die totale Manipulation der Meinung mit der Macht der Medien auch in eine totale Katastrophe führen. Das ist doch eine gemeinsame Erfahrung der Völker und Politiker unserer Generation.

All das wissen doch z. B. Willy Brandt oder Andreas Papandreou und Francois Mitterrand genau so gut wie ich. Das alles wissen die Völker der Sowjetunion und Polens, das weiß man auch in England und Frankreich.

Wenn man von der heutigen Politik des nunmehr stärksten kapitalistischen Staates Europas spricht, dann sollte man nicht übersehen: der Kampf um die Neuaufteilung der Einflußsphären zwischen den stärksten Mächten ist nach der erheblichen Schwächung des Sozialismus als weltpolitischem Korrektiv bereits in vollem Gange. Dabei setzt man angesichts der Untauglichkeit militärischer Mittel im Atomzeitalter vor allem auf die ökonomische Karte, aber die militärische wird nicht aus der Hand gegeben, wie die uneingeschränkte Forsetzung der qualitativen Aufrüstung und die aufgeblähten Militärbudgets zeigen.

Vor diesem Hintergrund zeigt sich noch deutlicher, welche Rolle die Existenz der DDR für den Frieden in Europa in den letzten 40 Jahren gespielt hat. Ihre Gründung war doch keine Zufälligkeit der Geschichte oder eine Laune dieser oder jener Machthaber. Die DDR ist nach der Spaltung Deutschlands durch die Westmächte und die Adenauer-Regierung in einer konkreten welthistorischen Situation entstanden. Auch ihre Okkupation durch die Bundesrepublik ist Ausdruck und Ergebnis einer konkreten weltpolitischen Konstellation.

Die DDR also eine politische Gesetzmäßigkeit? Wie erklären Sie dann ihren Untergang?

Es handelt sich um langfristig angestrebte Veränderungen auf der Weltbühne. Die jetzigen Ereignisse bezeugen dies. Wir erhielten schon 1987 gewisse Informationen aus Washington, aus dem Weißen Haus. Wir konnten und wollten solchen Warnungen nicht glauben, sie nicht zur Grundlage unserer Politik machen. Dies, obwohl unser Botschafter in Moskau schon im Jahr 1987 feststellte, daß sowjetische Persönlichkeiten in den verschiedenen Medien „die Überwindung der deutschen Zweistaatlichkeit" als „politische Tagesaufgabe", als eine Voraussetzung zur „Herausbildung des Europäischen Hauses" betrachten. Dies konnte nach Lage der Dinge nur durch die Liquidierung der DDR erreicht werden.

Der Zug, auf dessen Gleis die DDR gestellt wurde, ging in die Richtung des Verkaufs der DDR an die BRD ab. 80 Milliarden D-Mark war der Preis. Er wurde beschleunigt durch den Zusammenbruch der sozialistischen Ordnung in den Ländern Ost- und Südeuropas, die im Ergebnis des zweiten Weltkrieges und der Nachkriegsentwicklung entstanden waren und eine große positive Rolle in der Weltpolitik spielten. Sie waren jedenfalls mehr als eine bloße „Fußnote der Geschichte".

Die Rechnung ist aufgegangen, der Fahrplan in das Europäische Haus ist fertig. Wenn es zu keinen Schienenbrüchen kommt, wird der Zug nach dem Willen der BRD in einem deutschen Europa ankommen. Ob es nun zu einem deutschen Europa oder zu einem europäischen Deutschland kommen wird, ist im Endeffekt gleich. Ein solches Gebilde hat, wie zwei Weltkriege gezeigt haben, eine eigene Dynamik. Ich meine, heute zeigt sich anhand der praktischen Ergebnisse, wie falsch es war, mit dem durchaus notwendigen „Neuen Denken" eine totale Umbewertung aller Werte des Sozialismus bis zu seiner Vernichtung vorzunehmen. In jedem Land stehen die Revolutionäre vor der bohrenden Frage, ob alles vergebens oder falsch war, was wir in den letzten 75 Jahren getan haben. Heute stellt man die Dinge so dar, daß die Vernichtung des Stalinismus das Entscheidende für die Zukunft des Sozialismus ist, aber bislang hat all das keineswegs zur Mobilisierung der sozialistischen Bewegung, sondern nur zu ihrer Lähmung geführt. Man kann eben den vorhandenen Kampf der Klassen nicht wegzaubern. Im Ergebnis der Politik der „Wende", im Ergebnis „freier und gleicher" Wahlen ist eine Lage entstanden, die offensichtlich viele durchaus nicht wollten. Es bleibt nur zu hoffen, daß dieser Prozeß des Zurückdrängens aller linken und Fortschrittskräfte gestoppt werden kann.

Einige Ihrer früheren Genossen aus dem Politbüro haben in der westlichen Presse ausführlich zu dem Procedere des Machtwechsels Stellung genommen, häufig in einer für Sie nicht gerade schmeichelhaften Wortwahl. Möchten Sie diese Zeit und die Vorgänge selber kommentieren?

Nun, die Sache war für die Wendepolitiker nicht schmeichelhaft. Im Leben gibt es Licht und Schatten. In jeder politischen Führung gibt es neben Übereinstimmung auch Meinungsverschiedenheiten, Diskussionen oder auch mehr oder weniger scharfe Auseinandersetzungen. Derartige Dinge aus subjektiver Sicht in die Öffentlichkeit zu tragen, überlasse ich anderen. Ich für meinen Teil halte es mit der Wahrheit, und diese tritt ja immer klarer zutage.

In Ihrem Wirken als Staatsoberhaupt der DDR sind Sie in vielen Teilen der Welt vielen Staatsoberhäuptern begegnet. Ihr Wirken für den Frieden ist anerkannt worden. Was waren aus Ihrer Sicht Höhepunkte? Was halten Sie für besonders erwähnenswert?

Ich möchte keinen Besuch, keine Begegnung, kein Gespräch hervorheben; denn alle hatten zu ihrer Zeit Gewicht. Daran ändern auch die Ergebnisse des Pariser Gipfels nichts. Denn es ist wohl kein allzugroßes politisches Entgegenkommen der NATO-Staaten, die Absicht zu erklären, einen besiegten oder bis zur Handlungsunfähigkeit geschwächten Gegner nicht als erster anzugreifen.

Es ging aber immer um drei wesentliche Dinge:
Erstens um die Wahrnehmung der Mitverantwortung für die Bewahrung des Weltfriedens für die heute und künftig lebenden Generationen.

Nationales Anliegen der DDR war stets: Nie mehr Krieg von deutschem Boden! Die DDR verkörperte deutsche Friedenspolitik ohne Wenn und Aber, und dies in allen Phasen der mitunter gefährlich zugespitzten Ost-West-Beziehungen. Das wurde von unseren Partnern in aller Welt anerkannt und gewürdigt.

Zweitens ging es um eine tätige Solidarität mit allen um ihre nationale und soziale Befreiung ringenden Völkern und Staaten und *drittens* um gleichberechtigte und gegenseitig vorteilhafte Zusammenarbeit für die Lösung globaler Menschheitsfragen sowie für ein besseren Leben aller Völker.

Dies waren die prinzipiellen Kriterien der Außenpolitik der DDR, die überall in der Welt geschätzt wurden.

Multilateral verdienen jene drei Tage im Sommer 1975 hervorgehoben zu werden, die in der Unterzeichnung der Schlußakte von Helsinki durch 35 Staats- und Regierungschefs Europas, der USA und Kanadas gipfelten. Ich nannte damals die Schlußakte von Helsinki einen Kodex der friedlichen Koexistenz für unseren Kontinent. Dabei sollte man heute nicht vergessen, daß damals die Sowjetunion, die DDR und die sozialisitschen Länder Europas einen großen Beitrag zum Zustandekommen und Ergebnis der Helsinki-Konferenz leisteten. Schließlich trägt das Dokument auch die Unterschriften von Breshnew, Tito, Gierek, Honecker, Kadar, Shiwkow und Ceaucescu. Diese genau so wie die von Ford, Moro, Schmidt, Palme, Jörgenson, Trudeau, Casseroli sowie des Gastgebers Kekkonen.

Damals vor reichlich 15 Jahren wurde der Grundstein für jene Prozesse gelegt, von denen heute viele hoffen, daß sie wirklich zur Überwindung der Spaltung unseres Kontinents führen werden, nicht nur in politisch-militärischer, sondern auch in ökonomisch-sozialer Hinsicht. Letzteres ist entscheidend: denn eine lang anhaltende Spaltung unseres Kontinents in arme östliche und reiche westliche Staaten und Völker müßte zu neuerlichen Spannungen und Konflikten führen.

Was das angesichts der rasch weiter wachsenden Unterschiede in den Zukunftschancen des sogenannten Nordens und Südens bedeutet, ist schon jetzt vorauszusehen.

Es gab den Vorschlag Stalins zur Einheit Deutschland. Wie groß waren zu diesem Zeitpunkt die Möglichkeiten einer eigenen nationalen Politik der DDR?

Sie meinen die Noten der Sowjetregierung vom März 1952, die auch einen Entwurf für einen Friedensvertrag mit Deutschland enthielten? Nationale Politik der DDR zu diesem Zeitpunkt ging bekanntlich von der Notwendigkeit und Möglichkeit der Wiedervereinigung aus. Nicht die Sowjetunion und nicht die politischen Kräfte in der DDR hatten Deutschland gespalten. Das taten damals jene, die ihre Herrschaft lieber im halben Deutschland ganz, als im ganzen Deutschland vom Volk demokratisch kontrolliert ausüben wollten. Ein Deutschland - dieses kommunistischer Weltanschauung entspringende nationale Konzept der SED und der KPdSU ließ sich auf Grund des von den Westmächten unterstützten antinationalen Kurses der Kreise um Konrad Adenauer nicht verwirklichen.

Unser nationales Einheitskonzept fiel aus heutiger Sicht dem von den Westmächten entfesselten kalten Krieg und der damit verbundenen Spaltung und des Kurses auf militärische Hochrüstung Europas für einen dritten Weltkrieg zum Opfer. Viele ehemalige DDR-Bürger der Nachkriegsgeneration werden sich daran erinnern, wie sie von Tür zu Tür gelaufen sind, um Unterschriften für das Volksbegehren für Einheit und gerechten Frieden zu sammeln. Aber dem Begehren des Volkes wurde nicht entsprochen. Die Politiker der gleichen Richtung wie jene, die damals auf dem Petersberg die Spaltung vollzogen haben, halten heute tränentreibende Reden über das Unrecht der Spaltung. So werden Meinungen manipuliert, besonders der jüngeren Generation, die diese Entwicklungen der Kriegs- und Nachkriegszeit nicht miterlebt haben. Bis zum Jahre 1959 gab es von uns, von der SU und den Staaten des Warschauer Paktes, Vorschläge zur Vereinigung beider deutscher Staaten zu einem demokratischen Deutschland. Wenn schon von Aufarbeitung der Geschichte so viel gesprochen wird, weshalb wird dieses Thema ausgeklammert?

Sie werden zusammen mit Walter Ulbricht für den Bau der Mauer und der Grenzanlagen verantwortlich gemacht. Gab es damals Weisungen der Sowjetunion oder Empfehlungen des Warschauer Vertrages?

Dazu habe ich mich bereits ausführlich geäußert. Man muß zur Kenntnis nehmen, daß der notwendig gewordenen Aktion zum Schutz der Staatsgrenze der DDR eine Beratung des Warschauer Paktes vorangegangen war. Sie fand vom 3. bis 5. August 1961 in Moskau statt und faßte auf Vorschlag N. S. Chrustschows die entsprechenden Beschlüsse. Das konnte bei einer so weitreichenden Entscheidung auch gar nicht anders sein, denn hier ging es nicht um die Interessen der DDR allein, sondern, wie es im Beschluß heißt, um die Sicherheit aller damals im Warschauer Vertrag zusammengeschlossenen Staaten.

Die damaligen Entscheidungen beruhten auf einer gemeinsamen Analyse der zugespitzten und gefährlichen Lage, die schließlich zu gemeinsamen Schlußfolgerungen führte. Wer will heute bereits schlüssig und verantwortungsbewußt sagen, wie Europa und die Welt ohne den 13. August 1961 heute aussehen würden?

In Ihrer Zeit als Staatsratsvorsitzender ist es der DDR gelungen, weltweit als souveräner Staat anerkannt zu werden. In einer für das Ost-West-Verhältnis sehr schwierigen Zeit haben Sie sich auch gegenüber der Sowjetunion in einer relativ unabhängigen Außenpolitik profilieren können. Sie haben von Raketen als „Teufelszeug" gesprochen. Wie groß war Ihr Spielraum gegenüber Moskau?

Ich hatte es schon anklingen lassen: Europa wurde während der Zeit des Kalten Krieges zum Pulverfaß der Welt. Nirgendwo gab und gibt es so viele gut ausgebildete und bestens bewaffnete Truppen, so viele Arsenale mit modernster konventioneller Rüstung, die in ihrer Wirkung durchaus Massenvernichtungswaffen gleichkommen, und schon Ende der siebziger Jahre gab es eine überaus gefährliche Konzentration atomarer Waffen auf unserem Kontinent.

Jeder vernünftige und verantwortungsbewußte Politiker konnte also nur eine Sorge haben: Der Waffenberg darf nicht mehr wachsen, im Gegenteil, er muß abgebaut werden, will man nicht die Existenz der Menschheit aufs Spiel setzen. Gegenüber dieser Logik der Lebenssicherung gab es keinerlei Spielraum. Das hatten die einen etwas früher, die anderen etwas später erkannt.

Wir in der DDR lagen immer in einer äußerst sensiblen Zone weltpolitischer Ereignisse und spürten die mit der Fortdauer der Konfrontations- und Hochrüstungspolitik verbundenen Gefahren vielleicht deshalb immer etwas eher. Entsprechend verhielten wir uns gegenüber unseren Verbündeten und Freunden in Ost und West. Ob das immer alle und zu jeder Zeit gern gesehen haben, war für uns damals und heute nicht entscheidend. Entscheidend war und ist, daß sich letztlich die Vernunft in einer für die Menschheit so wichtigen Frage durchsetzte. Auf den Anteil der DDR und der SED, daran glaube ich, können die Bürger der DDR, die Mitglieder der SED, die Aktivisten der Friedensbewegung auch heute noch stolz sein.

Die Teilung Deutschlands war das Ergebnis des zweiten Weltkrieges. Beide deutsche Staaten wurden Frontstaaten zweier konkurrierender Systeme. Die Mehrheit der Deutschen hat die Teilung nie akzeptiert. Gab es für Sie eine Verantwortung gegenüber dem ganzen Deutschland, und inwieweit nahm die Sowjetunion darauf Einfluß?

Als Kommunist war ich zeitlebens Patriot meines Vaterlandes und zugleich Internationalist, denn das eine schließt das andere nicht aus, sondern bedingt es. Das hatte und hat nichts mit Nationalismus und chauvinistischer Überhebung zu tun. Letzteres hat mit wahrer Liebe zu seinem Vaterland nichts gemein.

In der sogenannten deutschen Frage hieß das für mich, immer eine solche Haltung einzunehmen und solche Entscheidungen zu treffen, die im wohlverstandenen Interesse des deutschen Volkes lagen. Wir hatten doch in faschistischen Kerkern und in den Zeiten der Emigration nicht von einer Deutschen Demokratischen Republikgeträumt, sondern von einem einheitlichen, von Grund auf demokratisch erneuerten Deutschland, in dem das werktätige Volk das Sagen haben sollte. Die Spaltung Deutschlands war weder unser Ziel noch unser Werk. Darauf kann nicht oft genug hingewiesen werden.

Und nationale Politik war es schließlich auch, daß nach der Gründung der BRD, vom Willen der Werktätigen getragen, die DDR gegründet wurde. Das mag widerspruchsvoll klingen. Aber es war im objektiven Interesse aller Deutschen, alles für die Stärkung und Sicherung jenes Staates zu tun, der zur Alternative zum erneut imperialistische deutsche Macht verkörpernden deutschen Staat im Westen unseres Vaterlandes werden sollte. Nationale Politik war es schließlich auch, den Weg zu einem vertraglich und gleichberechtigt geregelten Miteinander beider deutscher Staaten zu gehen. Auf diesen Weg mußten wir nicht gedrängt werden, wir haben ihn vielmehr entscheidend mitgebahnt.

Will man aber einzelne politische Entscheidungen der Vergangenheit richtig verstehen, darf nicht außer acht gelassen werden, daß vom ersten Tag ihrer Existenz an die BRD die DDR schlucken wollte und nicht etwa umgekehrt. Offen wird ja heute ausgesprochen, daß diese Rechnung aufgegangen ist.

Wer also heute der SED bzw. der DDR die Hauptverantwortung für die deutsche Teilung zuweisen möchte, verdreht die Geschichte. Und, was die Sowjetunion angeht, so hat sie bis 1985-89 die nationalen Entscheidungen der DDR respektiert. Das läßt sich Fakt für Fakt, Phase für Phase belegen und überprüfen.

Der Entschluß der ungarischen Regierung, die Grenzen für DDR-Bürger zu öffnen, wurde entscheidend für die kommenden Ereignisse. Haben Sie damals versucht, mit Hilfe der Sowjetunion Einfluß auf die ungarische Regierung auzuüben, um diese Entscheidung zu verhindern?

Nein, solche Versuche gab es nicht. Was in diesen Fragen zu besprechen war, wurde von den zuständigen Stellen der DDR und Ungarns direkt besprochen. Allerdings wurde auch mir jetzt bekannt, welche geheimen Absprachen zwischen der BRD und ungarischen Politikern bestanden, einschließlich der 500 Millionen DM, die Ungarn erhielt.

In Moskau gibt Honecker einem deutschen Fernsehteam ein Interview, bevor er in die chilenische Botschaft flüchtet

Foto: Archiv Kaiser

Es gab viele Debatten und viel Spekulationen um einen angeblichen Schießbefehl für die NVA und Volkspolizeieinheiten in Leipzig. Herr Krenz rühmt sich, die „chinesische Lösung", also ein Blutbad, verhindert zu haben. Haben Sie für Leipzig einen Schießbefehl erteilt?

Davon kann keine Rede sein. Dazu habe ich mich bereits am 1. Dezember 1989 in der schon erwähnten Stellungnahme erklärt. Ich zitiere, weil diese Stellungnahme dem damaligen Zentralkomitee der SED vorenthalten wurde. „In der Befürchtung, daß es zu gewaltsamen Ausschreitungen kommen könnte, wurden Sicherheitsmaßnahmen, wie sie in solchen Fällen von jedem Staat üblich sind, getroffen. Der von Genossen Krenz nur vorbereitete und von mir unterzeichnete Befehl untersagte ausdrücklich die Anwendung von Schußwaffen."

Am 3. Dezember 1992 hält Honecker im Verfahren gegen ihn sein Schlußwort. Wie immer gibt es Gedränge bei den Presseleuten.
Foto: Christian Bach

Wie Sie wissen, wird in verschiedenen Medien behauptet, Sie hätten Ihren Lebenslauf gefälscht, Ihre Genossen an die Gestapo verraten und sich auf diese Weise mit einer Lebenslüge Ihre Karriere erkauft. Was sagen Sie zum Inhalt des „roten Koffer", den Mielke als Druckmittel gegen Sie in der Hand haben soll?

Ich wende mich gegen den ungeheuerlichen Versuch, meine antifaschistische Haltung, meinen antifaschistischen Kampf und damit den aller meiner Kameraden zu verunglimpfen.

Dazu darf man nicht schweigen. Ein Jahr ist seit der „Wende" vergangen. Sie wurde von rechts begleitet mit der ungeheuerlichen Gleichsetzung von Faschismus und Sozialismus, was eine grobe Entstellung der Geschichte ist, mit der Verleumdung, die DDR sei kein antifaschistischer Staat gewesen. Was war dann der Staat Globkes?

Jetzt will man die alten Antifaschisten vom „Sockel" stürzen, auf den sie sich nie gestellt haben. Sie haben gearbeitet, damit dieses Deutschland ein antifaschistisches Deutschland werden und bleiben sollte.

Ich kenne meine Haltung in der Hölle der Gestapo, im Prinz-Albrecht-Palais, in der Kaserne der SS-Leibstandarte „Adolf Hitler" in Berlin-Lichterfelde, vor dem II. Senat des Volksgerichtshofes, und ich kenne meine Akten. Sie sind in meinem Besitz. Es gibt kein Geheimnis „roter Koffer". Meine Akten konnte und kann jeder einsehen. Ich kenne meine Haltung in der zehnjährigen Haft im Zuchthaus in Brandenburg-Görden und im Himmelfahrtskommando in Berlin.

Zu acht wurden wir verhaftet, die Bezirksleitung des KJVD Berlin. Nur drei kamen vor den Volksgerichtshof zur Verurteilung, die Studentin aus Prag kam frei. Einige meiner Mithäftlinge leben noch, man sollte sie für glaubwürdiger halten als die fragwürdigen Analysen von Leuten, die mit Auftrag, von wem auch immer, oder weil sie heute dafür bezahlt werden, das Leben Erich Honeckers „durchleuchten", um die Fälschungen bei einem Prozeß publikumswirksam zu verwenden.

Es gibt keinen geheimnisvollen „roten Koffer", Unterlagen über den Prozeß gegen Bruno Baum und andere betreffend. Diese Akten sind mir und anderen bekannt. Ich habe sie bereits für mein Buch „Aus meinem Leben" mit verwandt. Diese Autobiographie brauchte ich nicht zu ändern, und auch nicht meine Kaderakte im ehemaligen ZK der SED.

Zu welchen Themen und Ereignissen möchten Sie sich noch äußern?

Das sind zwei für mich wesentliche Komplexe: erstens die Legende von der 40jährigen Mißwirtschaft und zweitens die Vorwürfe hinsichtlich eines angeblichen Amtsmißbrauches zur persönlichen Bereicherung. Fangen wir beim letzteren an: Ich besitze weder auf Schweizer Banken noch auf anderen Banken des Auslandes private Konten, auch keine Konten, über die ich privat verfügen konnte und kann. Ich besitze ein Sparkonto mit 184.000 Mark auf der Sparkasse Berlin zu Zeiten der DDR.

Im Exil in Chile   Bildschirmfoto: Christina Kurby

Und nun zur sogenannten Mißwirtschaft: Natürlich haben wir nicht alles erreicht, was zur Verbesserung der Lebensverhältnisse der Menschen nach modernen Maßstäben erforderlich wäre. Aber es ist keinesfalls gerechtfertigt, mit dem Argument von der Mißwirtschaft und mit der Behauptung, die DDR hätte einen Trümmerhaufen hinterlassen, die Lebensleistungen von Millionen Werktätigen aus der Geschichte streichen zu wollen. Richtig ist, daß sie im Ergebnis des vom deutschen Imperialismus entfesselten zweiten Weltkrieges einen Trümmerhaufen übernommen haben:
- 45 % der Industrieanlagen,
- 70 % aller Energieanlagen,
- 40 % aller landwirtschaftlichen Maschinen,
auf dem Boden der ehemaligen DDR waren zerstört oder schwer beschädigt.

Dieser Trümmerhaufen wurde durch fleißige und harte Arbeit des Volkes nicht nur beseitigt, sondern es wurde Neues aufgebaut.

Der Grundmittelbestand allein in den produzierenden Bereichen der Volkswirtschaft erhöhte sich - nach damaligen Preisen und in damaliger Mark gerechnet - von 228 Miliarden Mark im Jahr 1949 auf 11.202 Milliarden Mark im Jahre 1988.

Das ist mehr als das Fünffache.

Während 1949 für 3,8 Milliarden Mark in die Volkswirtschaft investiert wurde, waren es 1988 77 Milliarden Mark. - Aus einem ökonomischen Torso nach der Spaltung entstand eine weitgehend entwickelte Volkswirtschaft, die zu einem geachteten Wirtschaftspartner vieler Länder wurde.

Der Außenhandelsumsatz erhöhte sich von 2,7 Milliarden Mark 1949 auf 177 Milliarden Valutamark 1988, davon fast 49 Milliarden mit den kapitalistischen Industrieländern.- Oder nehmen wir den Wohnungsbau: 1949 waren 5,1 Millionen Wohnungen vorhanden, auf 1.000 Einwohner entfielen 270 Wohnungen. 1989 waren über 7 Millionen Wohnungen vorhanden, auf 1.000 Einwohner entfielen 422 Wohnungen. 1949 betrug die Wohnfläche je Einwohner 12 Quadratmeter, 1989 betrug die Wohnfläche je Einwohner 27 Quadratmeter. Trotzdem konnte das Erreichte noch nicht zufriedenstellen.

Zwar wurden im Zeitraum 1971 bis 1989 3,7 Millionen Wohnungen neu gebaut bzw. modernisiert. Zugleich gelang es nicht, den Verfall einer großen Zahl von Wohnungen aufzuhalten. Auch gelang es nicht, die DDR-Volkwirtschaft durchgehend auf einen modernen Standard zu heben. Neben modernen Anlagen gab es viel Improvisation und auch stark veraltete Betriebe. Der Anteil veralteter Grundfonds blieb zu hoch. Das wirkte sich insgesamt hemmend aus.

Für Umweltschutz waren nicht genügend Mittel da, was besonders in den Ballungsgebieten der chemischen Industrie zu ernsten Belastungen führte. So gab es Positives und Negatives.

Aber um zu einer ausgewogenen Beurteilung der ökonomischen Entwicklung zu gelangen, gilt es, alle Faktoren umfassend zu berücksichtigen. Für die wirtschaftliche Entwicklung gab es für die ehemalige DDR mindestens drei Handicaps:
- Die DDR trug die Hauptlast der Reparationen für ganz Deutschland. Es waren 80 bis 90 Prozent. Die reale Summe wird auf rund 400 bis 500 Milliarden Mark geschätzt, um nicht die größten, dafür von westlichen Experten bereits genannten Summen anzuführen.
- Die DDR wurde von den Rohstoffpreiserhöhungen schwer getroffen und verlor dadurch Nationaleinkommen in der Größenordnung von weit über 245 Milliarden Mark. In diesem Zusammenhang muß ich auch erwähnen, daß wir vor der Notwendigkeit standen, die durch die Preiserhöhung von Erdöl und Gas in den Jahren 1975 bis 1985 entstandenen Kosten von 145 Milliarden Mark zum großen Teil durch Warenlieferungen an die SU aufzufangen.

- Die DDR konte nur in unzureichendem Maße an der weltweiten internationalen Arbeitsteilung teilhaben. Trotz verhältnismäßig großer Anstrengungen, z. B. auf dem Gebiet der Elektronik, des Maschinenbaus, der Chemie, gelang es ihr nicht eine durchgängig weltmarktfähige Produktion aufzubauen. COCOM war das größte Hindernis.

- Die DDR war mit ihren Forschritten wie mit ihren Hemmnissen auf das engste mit dem RGW und seinen Möglichkeiten verflochten. Insgesamt reichte das Potential des RGW nicht aus, um mit der internationalen Entwicklung Schritt zu halten.

Der Maßstab für die DDR war, ob wir es wollten oder nicht, immer die Bundesrepublik.

Das war ein ungleiches Rennen. Ich hatte bereits Ende der siebziger Jahre darauf verwiesen, daß der Rückstand in der Arbeitsproduktivität zu hoch war. Es gelang nicht, ihn aufzuholen, da wir von den entscheidenden wissenschaftlich-technischen Entwicklungen abgeschnitten waren und die hohen Allgemeinkosten in den Betrieben dies nicht zuließen.

Unser Ziel war stets, die Wirtschaft in den Dienst der Verbesserung des materiellen und kulturellen Lebensniveaus des Volkes zu stellen. Ich war und ich bin auch heute noch fest davon überzeugt, daß das zum Sozialismus gehört, und ich wollte diesen Weg unbedingt beibehalten.

Auf diesem Weg hat es Erfolge gegeben. Sie sind nicht zu leugnen, aber die Erwartungen der Menschen wuchsen schneller als die materiellen Möglichkeiten. Dem konnten wir nicht entsprechen.

Ein Hauptmotiv war die Überlegung, daß soziale Spannungen in der DDR zum damaligen Zeitpunkt, als der Kalte Krieg noch in seiner Blütezeit stand, soziale Instabilitäten zu nicht voraussehbaren polititschen Folgen nicht nur für die DDR selbst, sondern für den Frieden in Europa geführt hätten.

Dennoch muß man sagen, daß das starre Festhalten am eingefahrenen Kurs dazu beitrug, daß teilweise Sorglosigkeit Einzug hielt, an vielen Stellen immer noch geglaubt wurde, man könne mit Mitteln bedenkenlos umspringen, und daß zu wenig für die produktive Akkumulation getan wurde. Es wurde mehr verbraucht als produziert, insbesondere durch die hohen Ausgaben für Verteidigung und Sicherheit.

Dennoch bestätigten nicht wenige westliche Wirtschaftsfachleute und Theoretiker, daß die DDR-Wirtschaft insgesamt

Die Bleibe der Honeckers im sowjetischen Militärhospital in Beelitz vom April 1990 bis zum März 1991.

Foto: Christina Kurby

gesehen leistungsfähig war. Sie hatte einen großen Markt im RGW mit rund 66 % ihres Außenhandels und mit rund 30 % in den kapitalistischen Industrieländern. Westliche Unternehmen handelten nicht nur gern mit uns, sondern legten auch ihr Kapital an, in manchen Jahren mehr als eine Milliarde, indem sie gegen langfristige Kredite Anlagen verkauften und auf dem Boden der DDR errichteten. Offenbar hatten sie damals Vertrauen in den Rückfluß des Geldes trotz oder wegen der Planwirtschaft. Die DDR ist auch stets ihren Verpflichtungen nachgekommen. Sie war auf dem internationalen Markt kreditwürdig. Verständlich ist allerdings, daß alle, die seit Jahrhunderten an der Marktwirtschaft verdienen, ein alternatives Wirtschaftssystem nicht wollen.

Protokolle

Staatsbesuch 1987 in der BRD

Niederschrift

über das Gespräch unter vier Augen zwischen dem
Generalsekretär des ZK der SED und Vorsitzenden
des Staatsrates der DDR, Erich Honecker,
und dem Bundespräsidenten der BRD,
Richard von Weizsäcker,
am 2. September 1987 in Bonn

R. v. Weizsäcker brachte seine Freude zum Ausdruck, E. Honecker in der Villa Hammerschmidt willkommen heißen zu können. Bei seiner Amtsübernahme im Sommer 1984 habe er auf den baldigen Besuch E. Honeckers gehofft, allerdings habe sich das Haus damals im Umbau befunden.

Er freue sich, sagte R. v. Weizsäcker, daß E. Honecker der Einladung des Bundeskanzlers zum Besuch der BRD gefolgt sei. Seinen Gesprächen mit H. Kohl und vielen Bundesbürgern, die er treffen werde, wolle er natürlich nicht vorgreifen, aber losgelöst von den Vereinbarungen, die zu unterschreiben sein werden, liege ihm daran, sich in ernsthafter Weise über das auszusprechen, was beide Seiten beschäftigt, ob es bilaterale oder internationale Fragen seien.

E. Honecker äußerte seine Freude, nach dem seinerzeitigen Gespräch im Berliner Schloß Niederschönhausen erneut mit R. v. Weizsäcker zusammenzutreffen, wobei er für alle Unterstützung danke, die R. v. Weizsäcker dem Zustandekommen der heutigen Begegnung habe zuteil werden lassen. Vieles, worüber man damals gesprochen habe, sei bereits Wirklichkeit geworden oder werde es mehr und mehr. Es bestünden gute Voraussetzungen, die Beziehungen zwischen der DDR und der BRD zu normalisieren und fruchtbringend zusammenzuwirken. Von den Beziehungen zwischen beiden deutschen Staaten hänge für die Gestaltung der Atmosphäre in Europa viel ab. Hierbei stimme er H. Kohl zu, der gesagt habe, beide deutsche Staaten seien nicht der Nabel der Welt, sondern ein Teil der Welt, jedoch ein wichtiger. Vieles sei erreicht worden. Für das Wesentlichste halte er, die große Chance zu nutzen, die sich gegenwärtig im Zusammenhang mit dem in Aussicht stehenden Abkommen der Sowjetunion und der USA über die Mittelstreckenwaffen ergebe. Diese Chance dürfte nicht versäumt werden.

Er wisse, daß die UdSSR und M. Gorbatschow fest entschlossen seien, zu einem Ergebnis zu gelangen. Auch gehe er vom Interesse R. Reagans aus, noch in diesem Jahr ein Abkommen abzuschließen und sich mit M. Gorbatschow in den USA zu treffen. Psychologisch hätte dies weltweit positive Auswirkungen. Es wäre die erste Vereinbarung über Abrüstung, und ihr könnten andere folgen. Gegenüber H. Kohl habe er sich erfreut über dessen Erklärung geäußert, daß ein solches Abkommen über die Beseitigung der Mittelstreckenwaffen nicht an den Pershing-1a-Raketen der Bundeswehr scheitern solle. Aus dem Abkommen ergebe sich das Herangehen an alle anderen Fragen, nicht beschränkt auf die militärischen.

R. v. Weizsäcker sagte, für ihn sei es gewissermaßen schon ein Steckenpferd festzustellen, daß aus der Geschichte kein Beispiel bekannt sei, wonach Abrüstung zu Frieden führt, wohl aber könne friedliche Zusammenarbeit zur Abrüstung führen. Isolierte Anstrengungen um Waffen allein seien nicht fähig, eine menschenwürdigere Atmosphäre zu schaffen. Hinsichtlich der Abrüstungsproblematik seien zuerst die großen Mächte gefragt, die jeder der beiden deutschen Staaten in seinem jeweiligen Bündnis nicht konterkarieren, sondern fordern und fördern solle, begleitet durch das Finden eigener Wege. Hier meine er, was die Schlußakte von Helsinki angehe, in erster Linie deren Korb 2. Dies gelte für die beiden deutschen Staaten ebenso wie für die anderen und berühre nicht nur die Sicherheitsfrage, deren substantielles Gewicht er durchaus nicht verkenne.

Gleich E. Honecker vertrete er die Auffassung, es sei psychologisch von großer Bedeutung, daß erstmals Waffen wirklich beseitigt werden sollen. Was die Pershing-1a der BRD betreffe, so habe er auch bei seinem Besuch in Moskau darauf hingewiesen, angesichts der Riesenwaffenarsenale in der Welt könne niemand ihre periphere Bedeutung verkennen. Wer die Abrüstung wolle, werde nicht behaupten, sie stehe oder falle mit den Pershing-1a. Das gelte auch für die BRD. Die Ankündigung H. Kohls, auf die Pershing-1a verzichten zu wollen, sei in der Sache überzeugend und wirkungsreich, im großen und ganzen sei sie so auch verstanden worden.

Sicherheitspolitisch seien nicht die Mittelstreckenraketen mit längeren Reichweiten für die BRD die größere Schwierigkeit. Wenn der jetzt beabsichtigte Abrüstungsschritt der einzige bliebe und die Raketen mit einer Reichweite unter 500 km erhalten würden, dann würde das verletzbare Engagement der Großmächte reduziert, aber das Risiko der Bündnispartner, die einander direkt gegenüberstehen, erhöht. Das böte keinen Sinn.

Er habe sich immer gegen ein numerisches Gleichgewicht gewandt und sei für die beiderseits zugestandene Fähigkeit eingetreten, über Sicherheit zu verfügen. Seit Jahrzehnten würden Modelle für waffenfreie Zonen entworfen, über die es viel Streit gegeben habe, insbesondere ideologischen. Er bevorzuge nicht den Begriff „waffenfreie Zonen", sondern den Begriff „nichtangriffsfähige Verteidigung". Die Beseitigung der Mittelstreckenraketen sei für die BRD und die DDR wirklich sinnvoll. Über vieles könne man verschiedener Meinung sein, aber nicht darüber, was 500 km sind. Daran dürfe man nicht hängenbleiben.

E. Honecker stimmte mit R. v. Weizsäcker voll und ganz überein. Wir hätten kein Interesse an den SS-20, Pershing II und Cruise Missiles gehabt, die zu einem Problem geworden seien, das zur internationalen Zuspitzung führte. Nach Reykjavik habe die Sowjetunion die Mittelstreckenwaffen aus dem Verhandlungspaket herausgenommen, und darüber seien wir froh gewesen. Vom Verhältnis zwischen der UdSSR und den USA hänge für die Stabilität der Lage in Europa viel ab.

Eine doppelte Null-Lösung bei Mittelstreckenwaffen entspreche unserer Konzeption, auf nuklearem Gebiet von Null zu Null weiterzuschreiten, und zwar nicht nur für Europa, sondern global. So seien wir dafür, nach einem Abkommen über die Mittelstreckenwaffen über die operativ-taktischen Raketen zu verhandeln. Auch müsse über die Verdünnung der Streitkräfte in Europa diskutiert werden, wofür W. Jaruzelski Vorschläge unterbreitet habe. Wenn es um die Herstellung von Nichtangriffsfähigkeit gehe, dann gehörten auch die atomaren Gefechtsfeldwaffen auf die Tagesordnung. Angepackt werden müsse ebenfalls die Abrüstung auf konventionellem Gebiet. Hier sei die DDR für eine radikale Verringerung der Streitkräfte und Rüstungen vom Atlantik bis zum Ural.

Auf eine Frage R. v. Weizsäckers eingehend, wie er die technische Seite der Nichtangriffsfähigkeit beurteile, antwortete E. Honecker, der Westen spreche von einer Überlegenheit des Warschauer Paktes z.B. bei Panzern, also müsse man das prüfen. Nicht nur die Politiker müßten heute umdenken, sondern auch die Militärs und sich, statt am Sandkasten zu proben, wie man innerhalb von 3 Tagen in Warschau oder Moskau, am Rhein oder in Paris sein kann, auf Übungen der Verteidigungsfähigkeit umstellen.

Im nuklear-kosmischen Zeitalter sei es unmöglich, Krieg zu führen, denn das wäre der Untergang der Menschheit. M. Gorbatschow und R. Reagan hätten in der Absicht übereingestimmt, die Kriege überhaupt abzuschaffen. Auf dem Berliner Gipfel sei die Verteidigungsdoktrin der Staaten des Warschauer Vertrages beschlossen worden, die beinhalte, die Angriffswaffen-Systeme auszusondern. Unterstrichen worden sei die Bereitschaft, bei einer Null-Lösung auch über die operativ-taktischen Raketen zu verhandeln. Das Argument von der konventionellen Überlegeneheit dürfe nicht mehr gelten. Es geht um gegenseitiges Vertrauen. Von dieser Problematik seien alle Staaten, die im Zentrum Europas liegen, ob DDR, BRD oder CSSR und VRP, besonders betroffen.

Wir seien nicht nur für die Null-Lösung, die übrigens ein Vorschlag der NATO gewesen sei, sondern für die Beseitigung der Atomwaffen überhaupt, für eine atomwaffenfreie Welt bis zum Jahr 2000. In seinen verschiedenen Gesprächen mit M. Gorbatschow, sagte E. Honecker, habe er dessen feste Entschlossenheit bestätigt gefunden, diesen Weg zu gehen.

R. v. Weizsäcker bemerkte, aus seinen Unterredungen mit M. Gorbatschow habe er den Eindruck gewonnen, daß dessen Idee der Umgestaltung in der Sowjetunion sehr ernst gemeint und wohlbegründet sei. Sie nehme auf seiner Prioritätenliste Platz 1 ein. Dazu setze er seine Abrüstungs- und Sicherheitspolitik in eine Beziehung, die in Einzelheiten noch weniger klar erkennbar sei. Gegenüber dem Westen sei seitens der Sowjetunion von Sicherheit und Abrüstung die Rede, aber nicht von sehr viel mehr. Offenbar werde eine gewisse Reduzierung der außenpolitischen Konfliktpunkte angestrebt, z. B. Afghanistan. Er bezweifle nicht die Ernsthaftigkeit dieser sowjetischen Politik.

In den Ost-West-Beziehungen sei die sowjetische Position einfacher als die westliche, solange sie auf sicherheitspolitische

Aspekte beschränkt bleibe. Nuklear seien Ost und West dem militärischen Gleichgewicht näher als konventionell.

Aus der Sowjetunion sei einiges wirklich Konstruktive zu hören, was friedliche Koexistenz heute bedeuten muß. Ohne das eigene System zu verraten, solle sie auf Zusammenarbeit gerichtet und auch als systemöffnend zu verstehen sein. M. Gorbatschow habe dies eindrucksvoll geschildert, und hier solle man auch weitermachen. Furchtbar Konkretes auf konventionellem Gebiet sei allerdings von der Sowjetunion nicht zu hören. Er sage das nicht, um sich zu beschweren, sondern im Interesse weiterer Fortschritte, deren Gewicht nicht hoch genug eingeschätzt werden könne.

E. Honecker unterstrich nochmals die diesbezüglichen Vorschläge der Sowjetunion und der anderen Staaten des Warschauer Vertrages zur drastischen Reduzierung der Streitkräfte und konventionellen Rüstungen. Auch seien unsere Länder für einen chemiewaffenfreien Korridor bzw. die weltweite Abschaffung dieser Waffen. Erfolge der Einstieg in die nukleare Abrüstung, so solle auch mit der konventionellen Abrüstung begonnen werden. Asymmetrien gelte es nicht durch „Nachrüstung" dessen zu beseitigen, der weniger Waffen hat, sondern durch Verringerung bei demjenigen, der mehr davon besitzt.

R. v. Weizsäcker sagte, er hoffe sehr darauf, daß es gelinge, den notwendigen und fälligen Einstieg in die Abrüstung noch in diesem Jahr zwischen Ost und West zu formalisieren. Für R. Reagan sei es nicht einfach. Immerfort müsse er sich gegen Leute verteidigen, die ihn zum Präsidenten gemacht haben, und sich auf diejenigen stützen, gegen die er sich habe durchsetzen müssen. Zu unterstreichen sei die Verantwortung der Europäer für sich selbst. Bündnisse und Partnerschaften seien kein Selbstzweck. Der KSZE-Prozeß enthalte die Instrumentarien und die Substanz, um die es gehe. Beide deutsche Staaten sollten nicht zu zweit gegen andere handeln, jeder von ihnen habe in seinem Bündnis einen Beitrag zu leisten.

E. Honecker erklärte, den KSZE-Prozeß gelte es vor allem zu nutzen, um das europäische Haus aufzubauen, wobei die Bündnisse der NATO-Staaten mit den USA und der sozialistischen Staaten mit der Sowjetunion bestehen blieben. R. v. Weizsäcker bezeichnete den Bau dieses europäischen Hauses als um so nützlicher, je mehr Wohnlichkeit und Vorantrieb dort erreicht werde, wo es noch fehle.

Zu bilateralen Fragen stellte R. v. Weizsäcker fest, der Weg des Grundlagenvertrages zwischen BRD und DDR sei, prinzipiell gesprochen, der richtige. Man könne sich nicht über alles verständigen, das aber solle und dürfe nicht daran hindern, der Verantwortung jeder Seite in vernünftigem Umfang miteinander gerecht zu werden. Er sehe keinen Sinn darin, sich gegenseitig die Schuld zuzuschieben, daß sich in der Nachkriegszeit vieles auseinanderentwickelt habe, was sich nicht hätte auseinander zu entwickeln brauchen. Insbesondere von manchen Medien würden Prophetien für die nächsten 100 Jahre angestellt. Immerhin sei die Geschichte offen, aber man solle nicht über die nächsten 50 Jahre spekulieren, sondern sich der Forderung des Tages stellen, in bezug auf Prinzipien jenen Umgangston finden, bei dem man sich nicht überfordert. Gelegentlich trete die BRD der DDR mit Äußerungen zur deutschen Frage nahe, umgekehrt müsse man mit Berlin (West) in der Praxis weiterkommen.

E. Honecker erklärte, mit dem Grundlagenvertrag hätten sich die Dinge positiv entwickelt. Trotz bestimmter Störungen sei vieles erreicht worden. Die Politik des Dialogs habe sich bewährt. E. Honecker wertete die Entwicklung des Reiseverkehrs insbesondere in diesem Jahr als Ausdruck dafür, was möglich ist, wenn man Vernunft walten läßt. Es komme der Normalisierung der Beziehungen zugute. Auch verwies er auf die Handhabung des Grenzregimes. Er sprach sich für offizielle Beziehungen zwischen der Volkskammer der DDR und dem Bundestag der BRD aus, wozu R. v. Weizsäcker bemerkte, hier seien ideologische Differenzen über die Wahl der Volksvertreter ins Parlament weniger das Problem als ideologische Differenzen in der jeweiligen Exekutive.

Was Berlin (West) angehe, so sei dies kein politischer Sozialfall in Europa, fuhr R. v. Weizsäcker fort. Das Viermächte-

Abkommen solle respektiert werden, aber die Beziehungen dürften sich nicht an Berlin (West) vorbei entwickeln.

R. v. Weizsäcker sagte abschließend, er begrüße E. Honecker als Vorsitzenden des Staatsrates der DDR, aber auch als Deutschen unter Deutschen im Sinne einer Geschichte, unter der E. Honecker als Deutscher gelitten habe. Bei einem Besuch des Gropius-Baus in Berlin (West) habe er in einer dortigen Ausstellung Bilder aus E. Honeckers grausamster Lehrzeit gesehen.

Niederschrift

über die Gespräche des Generalsekretärs des ZK der SED
und Vorsitzenden des Staatsrates der DDR,
Genossen Erich Honecker,
mit dem Bundeskanzler der BRD,
Helmut Kohl,
am 7. und 8. September 1987 in Bonn

I. Gespräch im erweiterten Kreis am 7. September 1987
(10.45 bis 12.00 Uhr)

Einleitend erklärte H. Kohl:
„Ich heiße Sie, Herr Generalsekretär, und Ihre Begleitung hier in Bonn willkommen. Sie besuchen zum ersten Mal in offizieller Funktion die Bundesrepublik Deutschland.
Dieser Arbeitsbesuch eröffnet vielfältige Möglichkeiten, die Beziehungen zwischen den beiden Staaten in Deutschland zum

Wohle der Menschen weiterzuentwickeln. Unsere Gegensätze in Grundsatzfragen werden wir nicht überwinden, aber was uns im Grundsätzlichen trennt, sollte uns nicht an praktischer Zusammenarbeit hindern. Dies entspricht auch dem Grundlagenvertrag, den die Bundesrepublik Deutschland und die Deutsche Demokratische Republik am 21. Dezember 1972 unterzeichnet haben. Im Rahmen dieses Vertrages steht auch Ihr Besuch.

Die Bundesrepublik hält fest an der Einheit der Nation, und wir wollen, daß alle Deutschen in gemeinsamer Freiheit zueinander finden können. Diese Haltung hat im Grundlagenvertrag und im Brief zur deutschen Einheit ihren Niederschlag gefunden.

Wir haben uns darin zugleich erneut zum Gewaltverzicht bekannt, der ein zentrales Element der Politik der Bundesrepublik Deutschland seit ihrer Gründung gewesen ist und bleiben wird. Wir achten die bestehenden Grenzen, aber die Teilung wollen wir auf friedlichem Weg durch einen Prozeß der Verständigung überwinden. Bei unserer Begegnung in Moskau im März 1985 haben wir gemeinsam erklärt: Von deutschem Boden darf in Zukunft nur noch Frieden ausgehen. Ich füge hinzu: Gerade auch an der Grenze mitten durch Deutschland darf Anwendung und Androhung von Gewalt nicht länger ein Mittel der Politik sein. Wirklicher Friede ist auch nicht möglich ohne Gewährleistung der Menschenrechte.

Für die Bundesrepublik Deutschland sind die Grundwerte der Freiheit und der Demokratie unverzichtbar. Deshalb stehen wir fest in der Gemeinschaft der freien westlichen Staaten.

In letzter Zeit hat es einen intensiven West-Ost-Dialog und eine positive Bewegung bei den Bemühungen um Abrüstung und Rüstungskontrolle gegeben. Der in Aussicht stehende Abschluß eines Abkommens zwischen den USA und der Sowjetunion über Mittelstreckenwaffen liegt im Interesse aller Europäer und ist ein wichtiges Element in einem Gesamtkonzept der Rüstungskontrolle und Abrüstung.

Mit meiner Erklärung zu den Pershing-1a habe ich noch einmal deutlich gemacht, daß die Bundesregierung zu ihrem erklärten Ziel steht: Frieden schaffen mit weniger Waffen.

Eine Vereinbarung über den Abbau von Mittelstreckenwaffen macht die Beseitigung des bestehenden Ungleichgewichts bei bodengestützten nuklearen Flugkörpersystemen kürzerer Reichweite und im Bereich konventioneller Rüstungen besonders dringlich - übrigens auch die weltweite Beseitigung chemischer Waffen.

Wir erwarten, daß die DDR ihren Einfluß im Rahmen ihres Bündnisses geltend macht, damit es hier bald ebenfalls zu konkreten Schritten kommt.

Jeder Fortschritt in den Ost-West-Beziehungen eröffnet auch Chancen für das bilaterale Verhältnis. Andererseits können beide Staaten in Deutschland durch die Ausgestaltung der beiderseitigen Beziehungen zur Vertrauensbildung und zur Zusammenarbeit in den West-Ost-Beziehungen allgemein beitragen und damit auch die Lösung von Fragen der Sicherheit erleichtern.

Eine zentrale Frage für beide Staaten in Deutschland ist Berlin. Wir respektieren den besonderen Status der Stadt, wie er sich aus den Vereinbarungen und Beschlüssen der Vier Mächte aus der Kriegs- und Nachkriegszeit ergibt. Wir halten fest an der strikten Einhaltung und vollen Anwendung des Viermächteabkommens von 1971. Dazu gehört aber auch die Erhaltung und Entwicklung der Bindungen des westlichen Teils der Stadt an die Bundesrepublik Deutschland. Das ist für uns unverzichtbar. Unsere Beziehungen können daher keinesfalls um Berlin herum entwickelt werden.

Herr Generalsekretär, ich denke, wir sind uns einig, daß Fragen, die zur Zeit nicht lösbar sind, nicht in den Vordergrund gestellt werden sollten, daß wir uns auf das Machbare konzentrieren müssen. Es müssen in jedem Fall Lösungen gefunden werden, die keine Seite überfordern.

Wir haben auf diese Weise in den vergangenen Jahren miteinander manches erreicht. Andererseits sind viele Wünsche und Fragen nach wie vor offen. Für uns stehen die Kontakte zwischen Menschen auf allen Ebenen und in allen Lebensbereichen im Vordergrund. Wir begrüßen die Zunahme des Reiseverkehrs, insbesondere die Vervielfachung der Reisen jüngerer Menschen aus der DDR. Wir streben aber letztlich einen freien Reiseverkehr an. Die bestehenden Beschränkungen sollten schrittweise abgebaut, der grenznahe Verkehr ausgeweitet und besonders auch in Berlin die offenen Fragen im Reise- und Besucherverkehr bald geregelt werden.

Wir wünschen einen verstärkten Austausch innerhalb der jüngeren Generation, einen Ausbau des Tourismus, weitere Städtepartnerschaften mit ihren vielfältigen Möglichkeiten für persönliche, sportliche und kulturelle Begegnungen. Ebenso sind beim Sportverkehr die Möglichkeiten noch lange nicht ausgeschöpft. Im Telefonverkehr werden dringend zusätzliche Leitungen benötigt. Generell muß die Kommunikation zwischen den Menschen in allen Bereichen verbessert werden. Wichtig ist gegenseitiges Kennenlernen und der Abbau von Vorurteilen. Auch die Arbeit der Journalisten kann dazu einen erheblichen Beitrag leisten; sie sollte deshalb nicht behindert werden.

Es geht uns immer und vor allem um die Menschen. Deshalb haben Menschenrechte und humanitäre Fragen in unseren Beziehungen eine herausragende Bedeutung. Wir konnten in der Vergangenheit vielfach Härtefälle lösen. Dies sollte auch weiter möglich bleiben.

Die Vertragsbeziehungen konnten in den letzten Jahren ausgebaut werden. Das Kulturabkommen hat deutliche Impulse für den Kulturaustausch gegeben. Morgen werden drei Verträge zum Umweltschutz, über wissenschaftlich-technische Zusammenarbeit sowie über einen Informations- und Erfahrungsaustausch auf dem Gebiet des Strahlenschutzes unterzeichnet werden. Damit fügen wir unserer praktischen Zusammenarbeit einige wichtige Bausteine hinzu.

Wir haben eine gemeinsame Verantwortung für die Erhaltung der Lebensgrundlagen unseres Volkes. Auch die DDR muß erkennen, daß Umweltschutz von ihr höhere Aufwendungen verlangt. Die Probleme der Gewässerreinhaltung bei Werra und Elbe bedürfen dringlich einer Lösung. Gemeinsam sollten wir nach Wegen suchen, den Sorgen wegen der Umweltverträglichkeit der Abfalldeponie Schönberg zu begegnen. Die Wirtschaftsbeziehungen zwischen den beiden Staaten haben sich in den letzten Jahren insgesamt positiv entwickelt. Sicher gibt es aber auch hier noch ungenutzte Möglichkeiten. Im nichtkommerziellen Zahlungsverkehr muß weiter konstruktiv nach Verbesserungen gesucht werden. Hier könnten mit relativ geringem Aufwand viele Beschwernisse beseitigt werden.

Auf kommerzieller Ebene werden zur Zeit Gespräche, über Stromlieferungen zwischen beiden Staaten unter Einbeziehung von Berlin (West) geführt. Wir hoffen, daß es hier zu einem erfolgreichen Abschluß kommt. Daneben bleibt der Ausbau von Verkehrsverbindungen, insbesondere für den Berlin-Verkehr, wichtig. Im Vordergrund stehen dabei aus unserer Sicht jetzt Verbesserungen im Eisenbahnverkehr. Auf längere Sicht sollten wir auch versuchen, im Luftverkehr zu einer Regelung zu kommen, die dann allerdings auch die Flughäfen in Berlin einschließen muß.

Herr Generalsekretär, es geht uns um eine Entwicklung der Zusammenarbeit beider Staaten, wo immer dies bei den sonst bestehenden Gegensätzen möglich ist. Sie soll den Menschen dienen, für die wir Verantwortung tragen. Wir können in diesen beiden Tagen sicherlich nicht überall zu detaillierten Absprachen kommen. Aber ich habe die Hoffnung, daß unsere Gespräche Impulse für einen Ausbau der Zusammenarbeit geben. Und ich hoffe, daß Ihr Besuch zu einer Vertiefung und Verstetigung des politischen Dialogs zwischen unseren beiden Staaten beiträgt. Ich möchte Sie gern beim Wort nehmen und mit Ihnen eine Politik der Vernunft und des Realismus entwickeln. Dies ist das Gebot unserer Verantwortung vor den Deutschen in Ost und West und für den Frieden in Europa."

E. Honecker bedankte sich für die Einladung in die BRD. H. Kohl habe in seiner Erklärung einige wichtige Punkte aufgeworfen, die Inhalt des bevorstehenden Meinungsaustausches seien. Er möchte seinerseits folgendes feststellen:

Trotz gewisser hoffnungsvoller Anzeichen, die sich aus dem Stand der Verhandlungen zwischen der Sowjetunion und den USA in Reykjavik ergeben, veranlasse die Lage in der Welt nach wie vor zur Besorgnis. Angesichts dessen scheine es heute im Interesse der Menschheit notwendiger denn je zu sein, alles für die Sicherung des Friedens zu tun.

Nachdem durch die gemeinsame Erklärung von M. Gorbatschow und R. Reagan bestätigt wurde, daß es in einem Kernwaffenkrieg weder Sieger noch Besiegte, sondern nur den gemeinsamen Untergang gäbe, betrachten wir es als eine Aufgabe der Vernunft, alles zu tun, um eine nukleare Katastrophe von der Menschheit abzuwenden. Das sei der Grund für unsere uneingeschränkte Unterstützung der Verhandlungen zwischen der Sowjetunion und den USA. Welche Differenzen aufgrund der unterschiedlichen Gesellschaftssysteme und Bündniszugehörigkeit auch bestehen mögen, sie dürften kein Hindernis für das Zusammenwirken gegen die Gefahr eines nuklearen Krieges sein. Die Friedenshoffnungen der Menschen dürften nicht enttäuscht werden.

Auf dem Berliner Gipfeltreffen der Staaten des Warschauer Vertrages hätten sie sich eingehend mit dieser Frage befaßt und seien zu der Schlußfolgerung gekommen, daß der Einstieg in die nukleare Abrüstung begleitet werden sollte von der Abrüstung auf konventionellem Gebiet vom Atlantik bis zum Ural. Das würde es beiden Seiten ermöglichen, ensprechend dem Prinzip der Gleichheit und der gleichen Sicherheit ihre Interessen zu wahren.

Bei der Behandlung dieser Kernfragen ließen wir uns davon leiten, daß es die zunehmende gegenseitige Abhängigkeit der Staaten, der wissenschaftlich-technische Fortschritt sowie Waffen von unerhörter Zerstörungskraft erforderlich machten, auf beiden Seiten neues Denken und neues Herangehen an die Fragen von Krieg und Frieden zu fördern. Wir seien dafür, die Militärpotentiale in Auftrag, Umfang und Fähigkeiten ausschließlich an dem zu orientieren, was für die Verteidigung ausreicht. Große Bedeutung würden wir der Erörterung der Militärdoktrinen sowohl des Warschauer Vertrages als auch der NATO beimessen. Wir seien dafür, alles zu tun, damit jede Seite von der Nichtangriffsfähigkeit der anderen Seite überzeugt wird.

Mit der Verwirklichung der doppelten Null-Lösung würde das Tor für weitere Schritte zur Abrüstung geöffnet. Die Ankündigung von H. Kohl, daß die BRD auf die Pershing-1a verzichtet, wenn es zur Beseitigung der Mittelstreckenraketen komme, werde von uns begrüßt. Wir machten um keine Waffenart einen Bogen und würden keinerlei Kontrollfragen ausschließen. Wir seien für ein kernwaffenfreies Europa, für eine kernwaffen- und chemiewaffenfreie Welt. Des weiteren würden wir für eine radikale Reduzierung der strategischen Offensivwaffen um 50 % innerhalb von 5 Jahren bei gleichzeitiger Festigung des Regimes des ABM-Vertrages sowie für die unverzügliche Aufnahme von Verhandlungen über das vollständige Verbot der Kernwaffenversuche eintreten.

Ein Abkommen über die doppelte Null-Lösung würde unseres Erachtens einen erfolgversprechenden Gipfel zwischen M. Gorbatschow und R. Reagan ermöglichen. Es würde die Völker in der Hoffnung bestärken, daß es möglich sei, die Welt noch im zu Ende gehenden Jahrtausend überhaupt von Kernwaffen zu befreien, sowohl strategischer als auch taktischer Art. Die DDR unterstütze das Zustandekommen eines solchen Treffens.

Wir seien dafür, und nach dem Stand der Verhandlungen erscheine es auch real, möglichst noch in diesem Jahr ein Abkommen über das globale Verbot chemischer Waffen zu erreichen. Bei gutem Willen müßten sich noch offene Fragen relativ schnell lösen lassen.

Wie er bereits erwähnt habe, würden wir nicht den Zusammenhang Europas von Kernwaffen und dem Problem der Reduzierung der Streitkräfte und konventionellen Rüstungen übersehen. Dementsprechend trete der Warschauer Vertrag, wie auf dem Berliner Gipfeltreffen betont wurde, dafür ein, die nukleare Abrüstung durch die konventionelle zu ergänzen. Es werde vorgeschlagen, bis zum Beginn der 90er Jahre die Streitkräfte und konventionellen Rüstungen in Europa um 25 % zu reduzieren. Darüber hinaus hielten wir es für erforderlich, bis zum Jahr 2000 noch wesentlichere Reduzierungen der Streitkräfte, Rüstungen und Militärausgaben vorzunehmen.

Das Berliner Gipfeltreffen habe nochmals verdeutlicht, und er könne dies aus eigener Mitwirkung sagen, daß die sozialistischen Länder in den Verhandlungen mit allem Ernst gegenseitige Besorgnisse berücksichtigen. Sie treten dafür ein, Ungleichheit und Asymmetrien durch Abrüstung und nicht durch „Nachrüstung" auszugleichen.

H. Kohl habe in seiner jüngsten Erklärung die Bitte ausgesprochen, daß die DDR und ihre Nachbarstaaten auf die Modernisierung einiger Kurzstreckensysteme verzichten. Er wolle die Aufmerksamkeit darauf lenken, daß die Berliner Tagung die Bereitschaft des Warschauer Vertrages bekräftigt hat, im Sinne guter, vertrauensvoller Bedingungen für Verhandlungen in bezug auf die Entwicklung der Militärpotentiale äußerste Zurückhaltung zu üben, auf der Grundlage der Gegenseitigkeit die Streitkräfte und konventionellen Rüstunge nicht aufzustocken sowie für ein bis zwei Jahre ein Moratorium für Rüstungsausgaben zu verkünden.

Die Ergebnisse von Stockholm hätten ihre Erprobung und Bewährung in der Praxis erfahren. Sie trügen in der Tat zu mehr Vertrauen in den zwischenstaatlichen Beziehungen bei. Das spreche für weitere Schritte in dieser Richtung.

Für die DDR sei die Sicherung des Friedens die Kernfrage aller Politik überhaupt wie auch des Verhältnisses zwischen beiden deutschen Staaten. Sie stehe zu der Verpflichtung, die wir in unserer Gemeinsamen Erklärung vom 12. März 1985 bekräftigt haben, daß von deutschem Boden nie mehr Krieg, sondern stets nur noch Frieden ausgehen darf. Wir gingen davon aus, daß dies auch für die Regierung der BRD so bleibe. Wir unterstützten den Gedanken einer Verantwortungsgemeinschaft wie auch einer Sicherheitspartnerschaft. Keiner könne seinen Frieden allein haben. Sicherheit müsse auf Gegenseitigkeit und Gleichheit beruhen.

Für die Lage in Europa sei es von nicht geringem Gewicht, ob das politische Klima an der sensiblen Trennlinie zwischen NATO und Warschauer Vertrag von Ruhe und friedlicher Zusammenarbeit oder durch Spannungen gekennzeichnet ist. Als spezifische Beiträge der DDR und der BRD dazu betrachten wir die Initiativen zur Schaffung eines atomwaffenfreien Korridors in Mitteleuropa und einer chemiewaffenfreien Zone in Europa. Wir unterstützten in diesem Zusammenhang ebenfalls die Initiativen für einen kernwaffenfreien Balkan und für ein kernwaffenfreies Nordeuropa.

Wie bekannt, denken wir in der ersten Phase an einen etwa 300 km breiten atomwaffenfreien Korridor längs der Trennlinie zwischen den Bündnissen. Die Sowjetunion habe ihre Bereitschaft erklärt, ihre Kernwaffen aus einem solchen Korridor abzuziehen, seinen Status zu respektieren und ihn zu garantieren.

Angesichts eines nahegerückten Abkommens über Mittelstreckenraketen könnte man auch darüber nachdenken, unverzüglich die Atomwaffenfreiheit auf ganz Mitteleuropa auszudehnen. Wir schlagen vor, daß diese Fragen einmal gründlich zwischen Experten beider Staaten erörtert werden.

Die DDR, auf deren Territorium sich keine chemischen Waffen befinden, halte an ihrem Vorschlag zur Bildung einer chemiewaffenfreien Zone fest. Sie könnte die erste Stufe im Rahmen eines globalen Verbots werden, an dessen baldiger Vereinbarung wir ebenso wie die BRD interessiert sind. Wir begrüßten die Gespräche zwischen den Delegationen der DDR, der BRD und der CSSR in Genf zu diesen Fragen und seien für deren zielstrebige Fortsetzung. Auch würden wir es für sinnvoll ansehen, sich mit der Möglichkeit des Auseinanderrükkens besonders gefährlicher, für den Offensiveinsatz geeigneter konventioneller Militärpotentiale an der Trennlinie der beiden Bündnisse zu befassen. Die DDR denke, daß in diesem Zusammenhang der Jaruzelski-Plan besonderes Gewicht gewinnen könnte.

Nutzen und Gewinn des seit Helsinki Erreichten für die Staatenbeziehungen wie auch für die Menschen seien offensichtlich. Die Schlußakte und der darauf aufbauende KSZE-Prozeß hätten sich als stabile Grundlage für die Gestaltung der Beziehungen zwischen Staaten unterschiedlicher Gesellschaftsordnung bewährt. Wesentlich sei, daß die grundlegenden Prinzipien dieses Prozesses nicht angetastet werden. Die DDR sei an Ergebnissen in allen Bereichen der Schlußakte interessiert. Unsere Initiativen zur Förderung des politischen Dialogs, von regionalen Initiativen zur Stärkung der Sicherheit und zur Entwicklung der Zusammenarbeit zwischen den KSZE-Teilnehmerstaaten legten Zeugnis davon ab.

Ein weiteres wichtiges Ergebnis des Wiener Treffens sollte die Einberufung einer Konferenz zum gesamten Komplex der humanitären Fragen nach Moskau sein. Sie könnte besondere Bedeutung haben, um in der Menschenrechtsfrage voranzukommen.

Angesichts der heutigen Weltlage werde mehr denn je offensichtlich, daß die friedliche Koexistenz die einzig vertretbare Form der Beziehungen zwischen Staaten unterschiedlicher Gesellschaftsordnung sei. Ideologische und soziale Gegensätze würden nicht verschwinden, aber sie dürften nicht auf die zwischenstaatlichen Beziehungen übertragen und schon gar nicht mit militärischen Mitteln ausgetragen werden.

Alle Staaten könnten und müßten einen positiven Beitrag zur Friedenssicherung leisten.

Die DDR sei willens, im Interesse der Sicherung des Friedens mit allen Staaten und Kräften, die von Vernunft getragen gleiche Ziele verfolgen, unbeschadet unterschiedlicher Auffassungen in anderen Fragen zusammenzuwirken. Unsere Politik sei und bleibe es, Sicherheit und friedliches Zusammenleben in der Welt fest und stabil zu machen. Wir seien der Auffassung, daß beide deutsche Staaten alles tun sollten, damit nicht gefährdet wird, was in über vierzig Friedensjahren in Europa erreicht wurde. Das würden wir unter Koalition der Vernunft und des Realismus verstehen. Die DDR messe den Fragen der Friedenssicherung und Sicherheitspartnerschaft eine herausragende Bedeutung bei. Beide deutsche Staaten müßten dazu einen gewichtigen Beitrag leisten und in ihren jeweiligen Bündnissen auf entsprechende Ergebnisse hinwirken.

Was die bilateralen Fragen angehe, so könne man bedeutsame Fortschritte feststellen. Jetzt kommt es darauf an, das Erreichte zu festigen. Dazu gehöre auch die Entwicklung des Reiseverkehrs. Hier sei ein beachtlicher Stand erreicht worden. Bis Ende August hätten 3,2 Mio Besucher aus der DDR Privatreisen nach der BRD gemacht, darunter 866.000 unterhalb des Rentenalters. E. Honecker übergab H. Kohl ein entsprechendes Zahlenmaterial. Die DDR sei dafür, in dieser Richtung die Dinge weiterzuentwickeln. Selbstverständlich setze dies die Bereitschaft der BRD zu einer Zusammenarbeit entsprechend den Prinzipien der Vernunft und des Realismus voraus. E. Honecker übergab H. Kohl ein Non-paper mit den Positionen der DDR zu einigen Sachfragen.

Es gebe eine Reihe von Grundfragen, die gelöst werden müßten. Dazu gehöre vor allen Dingen die Frage des Grenzverlaufs auf der Elbe. Mitunter entstehe der Eindruck, eine Regelung Mitte Strom werde in der BRD als ein großes Entgegenkommen an die DDR aufgefaßt, so als ob die BRD gewissermaßen Gebiet an die DDR verschenke, oder als ob man gewichtige Rechtspositionen aufgebe. Hier gehe es um beiderseitige Interessen. Beide Seiten würden gewinnen. Es sollte auch im politischen Interesse der BRD liegen, die einzig noch offene Grenzfrage zu regeln und damit eine Reibungsfläche aus der Welt zu schaffen, zumal dabei niemand wirklich etwas verliere und nicht einmal sogenannte Rechtspositionen berührt werden. Zum anderen blockiere die BRD selbst den Abschluß von Vereinbarungen, an denen sie interessiert sei. Dabei gehe es auch um den Abschluß der weitgehend ausgehandelten Vereinbarungen zum Binnenschiffsverkehr, zum Sportbootverkehr, zur Fischerei und zum Hochwasserschutz. Auch Gespräche über die Gewässergüte der Elbe würden möglich. Die DDR gehe davon aus, daß man hier vorwärts kommen müsse. Wenn man das fixiere, was seit 1945 Praxis sei, könne dadurch eine Reihe anderer Fragen gelöst werden.

Was die wirtschaftlichen Fragen anbetreffe, so würden sie auf den entsprechenden Ebenen verhandelt. Darüber müsse dann abschließend entschieden werden.

Bei gutem Willen beider Seiten könne man weitere Schritte zur Normalisierung der Beziehungen gehen.

H. Kohl erklärte, er möchte die Gelegenheit nutzen, um im weiteren einige bilaterale Fragen zu besprechen. Als er sich zum ersten Mal mit E. Honecker getroffen habe, habe man vernünftig miteinander reden können. Dabei sei man sich einig gewesen, daß das Wichtigste sei, aus der deutschen Geschichte zu lernen. Er habe neuerlich noch einmal nachgelesen, wie dieses Jahrhundert eröffnet worden sei. Es sei als Jahrhundert der Vernunft, des Friedens bezeichnet worden und wie sei es tatsächlich verlaufen. Es sei eine sehr persönliche Entscheidung von ihm für diesen Besuch gewesen. Die beiden deutschen Staaten müßten ihren Beitrag zum Frieden leisten, natürlich könnten sie sich dabei nicht übernehmen. Sie seien nicht das Maß aller Dinge. Die DDR spiele im Warschauer Vertrag eine wichtige Rolle, die BRD in der NATO und im Rahmen der EG. Beide müßten Einfluß nehmen in Richtung einer Politik der Vernunft. Seine Entscheidung über die Pershing-1a sei ein Ausdruck dessen. Er sei der Auffassung, daß es möglich sein müsse, noch in der Amtszeit von Präsident Reagan zum Abschluß eines Abkommens zu gelangen. Reagan wolle einen Vertrag. Wenn man ihn jetzt nicht zustande bringe, dann werde es bis 1990 dauern. Niemand wisse überdies, wer der nächste USA-Präsident sei. Man dürfe nicht drei wichtige Jahre verlieren. Sein Ziel sei, daß der Vertrag über die Mittelstreckenraketen zustande komme. Dies sei mit gutem Willen von beiden Seiten möglich. Reduzierung von Waffen sei wichtig, aber es sei notwendig, die Dinge breiter zu sehen. Man müsse auf humanitärem, wirtschaftlichem und kulturellem Gebiet ebenfalls weiterkommen. Ein Vertrag über die Mittelstreckenraketen würde in der Sache noch nicht sehr viel bringen, im Verhältnis zu dem, was an Waffen existiere. Wichtig sei aber auch die psychologische Wirkung. Es bestehe die Chance, weitere Tore zu öffnen. Die BRD wolle das Notwendige dazu tun. Man dürfe z. B. die C-Waffen nicht vergessen, auch nicht die konventionellen Waffen, wo sich die BRD einem Übergewicht der Sowjetunion gegenübersehe. Für die BRD wie für die DDR sei die Frage der Raketen von einer Reichweite bis zu 500 km von besonderer Wichtigkeit. Für andere hätte dies offensichtlich geringere Bedeutung. Abrüstung sei kein Wert an sich. Die Sicherheit dürfe dadurch nicht geringer werden. Abrüstung müsse zu mehr Sicherheit führen. Krieg und Gewalt seien für die BRD kein Mittel der Politik. Eine kriegerische Auseinandersetzung in Europa würde den Untergang bedeuten. Jeder sollte das Notwendige tun, um das Klima zwischen Ost und West zu verbessern.

Neben der Abrüstung hätten solche Fragen wie Wirtschaft, Kultur, Menschenrechte besonderes Gewicht. Dies sei auch ein wichtiges Ziel im Verhältnis der BRD zur Sowjetunion. Die BRD sei interessiert, sich bietende Chancen für die Verbesserung der Beziehungen zur Sowjetunion zu nutzen. Das gelte auch für die Beziehungen zu anderen Staaten des Warschauer Vertrages. So werde der ungarische Ministerpräsident in Kürze nach Bonn kommen, um einige Verträge abzuschließen. Man sei interessiert, eine gewisse zurückhaltende Tendenz im Verhältnis zwischen der BRD und der CSSR zu überwinden. Erst recht sei es notwendig, Fortschritte in den Beziehungen zur DDR zu machen. Das sei für die BRD sehr wichtig.

Er wisse nicht, wie es in der Sowjetunion mit der von M. Gorbatschow eingeleiteten Politik weitergehen werde. Die BRD sei nicht an einem Mißerfolg interessiert. Insgesamt glaube er, daß es gegenwärtig einen günstigen Zeitabschnitt mit Chancen für die Verbesserung der Lage gebe. Dazu seien viele kleine Schritte notwendig. Wichtig sei auch eine gegenseitige Vertrauensbasis durch das persönliche Kennenlernen. Er hoffe in diesem Sinne auf offene, vertrauensvolle Gespräche.

E. Honecker erwiderte, er möchte unterstreichen, daß die gegenseitige Offenheit notwendig ist, um Fortschritte zu erreichen. Es sei in der Tat so, daß die gegenwärtige weltpolitische Lage große Chancen biete, auch für die Entwicklung der Bezeihungen zwischen beiden deutschen Staaten. Die Vorschläge M. Gorbatschows und sein Treffen mit Reagan hätten hier wichtige Impulse gegeben. Er teile die Auffassung von H. Kohl über die Bedeutung eines Abkommens über die Mittelstreckenraketen. Damit eröffne sich eine große Chance, um auf dem Gebiet der Abrüstung vorwärts zu kommen. Auf dem Gipfeltreffen des Warschauer Vertrages in Berlin habe man den Gedanken eines gemeinsamen europäischen Hauses bekräftigt. Wir seien dafür, in Verbindung mit Schritten zur Abrüstung auch Schritte zu unternehmen, wie man das europäische Haus aufbauen und einrichten könne. Darin eingeschlossen sei, daß jeder seine Verantwortung in seinem Bündnis wahrnehmen würde. Er könne aus seinen Gesprächen mit M. Gorbatschow in Berlin nachdrücklich sagen, daß die Sowjetunion bei der nuklearen Abrüstung vorwärts kommen wolle, so wie es mit Reagan abgesprochen worden sei. Sie sei auch bereit, auf konventionellem Gebiet voranzukommen. E. Honecker bemerkte, daß er ebenfalls der Meinung sei, daß das Abkommen über die Mittelstreckenraketen so schnell wie möglich vereinbart werden müsse, um keine Verzögerungen durch die Präsidentenwahlen in den USA zuzulassen.

In den Beziehungen zwischen der DDR und der BRD habe es seit Abschluß des Grundlagenvertrages entscheidende Veränderungen gegeben. Wichtig sei, daß keiner den anderen überfordern dürfe. Es gebe heute Möglichkeiten, bis zum Jahr 2000 weitere positive Ergebnisse hinzuzufügen.

Die DDR trete dafür ein, im Zusammenhang mit dem Abkommen über die Mittelstreckenraketen von Null-Lösung zu Null-Lösung auf nuklearem Gebiet vorwärts zu gehen. Auf konventionellem Gebiet sei dies zweifellos schwierig. Hier werfe der Warschauer Vertrag die Frage der Militärdoktrin auf. Auch der Jaruzelski-Plan biete hier gute Möglichkeiten. Die DDR sei entschlossen, jede Chance zu nutzen. Ein dritter Weltkrieg dürfe nicht zugelassen werden. Das wäre der Untergang der Menschheit. Notwendig sei, für eine vernünftige Zusammenarbeit zwischen den Staaten einzutreten. In diesem Sinne würden wir auch den Meinungsaustausch bei diesem Besuch führen.

II. Gespräch im kleinen Kreis, 7. September 1987 (16.30 Uhr - 18.15 Uhr)

H. Kohl erklärte zu Beginn, er möchte nochmals seine grundsätzliche Position im Hinblick auf die Politik gegenüber der Sowjetunion bekräftigen. Er sehe hier eine große Chance. Die BRD wolle auch ihre Beziehungen zu anderen Staaten des Warschauer Vertrages verbessern. Das gelte besonders auch für die DDR. Man müsse die Möglichkeiten der Beziehungen ausschöpfen.

Er habe es als sehr positiv empfunden, daß es möglich war, zum Teil ohne jede Öffentlichkeit, schwierige Fragen miteinander zu klären. Wichtig sei, offen zu sagen, was gehe und was nicht. Seinerzeit im Zusammenhang mit dem Kredit hätten viele gefragt, wie zahle sich dies aus. Dies sei nicht sein Herangehen. Er gehe von der Perspektive aus und sei sich dabei einer breiten Unterstützung sicher. Natürlich spielten an einem Tag wie heute auch Emotionen eine Rolle.

H. Kohl schlug vor, im weiteren zunächst über Fragen der Kontakte zwischen den Menschen zusprechen. Es sei für die BRD sehr wichtig, den jetzigen Weg im Reiseverkehr weiterzugehen. Er habe bei dem Gespräch in Moskau gesagt, daß kaum DDR-Bürger in der BRD bleiben würden. Die Zahl von 0,02 % bestätige dies. Die BRD sei an Kontinuität in dieser Frage interessiert.

E. Honecker legte in Erwiderung auf die Bemerkung H. Kohls folgendes dar:

Die Politik von M. Gorbatschow sei als langfristige Politik angelegt. Die gesamte sowjetische Führungsgruppe sei entschlossen, diese Politik durchzusetzen. Es gehe darum, daß die sowjetischen Menschen endlich besser leben können. Die DDR habe besonders enge politische und ökonomische Beziehungen mit der Sowjetunion. Der Handelsumsatz betrage 15 Mrd. Rubel jährlich. Die Handelsbeziehungen mit der Sowjetunion seien ausgeglichen. Es gebe Vereinbarungen über die engste Zusammenarbeit auf dem Geiet von Wissenschaft und Technik. Damit werde das Embargo des Westens auf dem Gebiet der Hochtechnologie durchbrochen. Die DDR produziere jetzt Speicher mit 8, 16 und 32 Bit. 1989 werde die DDR Speicher mit einem Megabit produzieren. Die DDR arbeite mit der Sowjetunion auf anderen Bereichen eng zusammen, z. B. auf dem Gebiet der Lasertechnik und bei neuen Werkstoffen. Die DDR produziere eigene Lichtleiterkabel. Es gebe eine enge Zusammenarbeit von über 100 DDR-Kombinaten mit entsprechenden Betrieben der Sowjetunion. Mit keinem anderen sozialistischen Land gebe es eine solche enge Kooperation. In der DDR selbst gebe es eine stetige, dynamische wirtschaftliche Entwicklung. Das Nationaleinkommen wachse um 4 - 4,5 % jährlich, die Arbeitsproduktivität um 7 - 8 %. Die Modernisierung der Industrie werde zielstrebig durchgeführt. Die Vollbeschäftigung sei gesichert. Die Sozialpolitik spiele eine große Rolle. Der Lebensstandard der DDR-Bevölkerung sei sehr hoch. Seit 1970/71 seien 270 Mrd. M für den Wohnungsbau ausgegeben worden, mehr als für die Verteidigung. In der Versorgung der Bevölkerung habe die DDR das Niveau entwickelter Industrieländer. Sie versorge sich selbst mit landwirtschaftlichen Produkten. 70 % des Außenhandels der DDR werde mit sozialistischen Ländern abgewickelt. Der nächste große Handelspartner sei die BRD. Die DDR sei dafür, daß der Handel und die wissenschaftlich-technische Zusammenarbeit mit der BRD ein hohes Niveau erreichten. Die DDR gehe davon aus, daß auch der Transfer von Hochtechnologien dabei möglich würde.

H. Kohl wies darauf hin, daß nach seiner Kenntnis, wenn im Herbst das Abkommen über die Mittelstreckenraketen abgeschlossen werden könne, im nächsten Jahr eine Veränderung der COCOM-Liste erfolgen werde.

E. Honecker betonte, daß diese Embargobestimmungen sowieso nicht zu halten seien, wenn sich durch Abrüstungsabkommen eine neue Lage ergebe. Er bemerkte, daß sich die auf dem XXVII. Parteitag der KPdSU beschlossene Politik durchsetzen werde. Dabei werde die Sowjetunion auch auf Gebieten, wo sie heute noch Nachholebedarf habe, aufholen. Dabei spiele auch die Verbesserung des Schulsystems und der Berufsbildung eine Rolle. Die DDR sei entschlossen, die Beziehungen zur BRD zu erweitern und den Prozeß der Normalisierung weiter voranzubringen. Das setze natürlich auch in der BRD den entsprechenden Willen und ein entsprechendes Klima voraus.

H. Kohl erwiderte, er wolle diesen Prozeß psychologisch unterstützen. Er sei an Ergebnissen interessiert. Ihm komme es auf Tatsachen an.

Im Folgenden wurde eine Reihe von Einzelfragen der bilateralen Beziehungen behandelt.

H. Kohl stellte die Frage nach den sogenannten *Kontaktverboten*.

E. Honecker erwiderte, die Kontaktverbote seien generell aufgehoben. Früher seien SED-Mitglieder einbezogen worden. Dies sei nicht mehr der Fall. Natürlich gebe es bestimmte Regelungen für Angehörige der Armee, der Staatssicherheit und des Innenministeriums.

H. Kohl fragte, ob eine Chance bestehe, *Verbesserungen im grenznahen Bereich* zu erzielen, insbesondere Hannover, Hamburg und Kiel in den grenznahen Verkehr einzubeziehen.

E. Honecker erwiderte, die DDR sei dazu grundsätzlich bereit, wenn bei der Feststellung des *Grenzverlaufs auf der Elbe* positive Ergebnisse erreicht werden können. Wenn diese Frage geregelt sei, könne man sofort Hannover, Hamburg und Kiel einbeziehen.

H. Kohl erklärte, er möchte dazu ein offenes Wort sagen. Bei der jetzigen Begegnung sei dazu noch kein Beschluß möglich. Er stelle sich vor, in dieser Frage wie folgt vorzugehen: Bevor sich die Grenzkommission mit diesem Thema beschäftige, solle vorher ein Gespräch auf qualifizierter, politischer Ebene stattfinden. Vorläufig solle man dieses Thema in der Öffentlichkeit nicht weiter erörtern.

E. Honecker erklärte, er sei mit diesem Vorgehen einverstanden.

H. Kohl verwies auf einige *Fragen im Zusammenhang mit Westberlin*. Was könne man tun, um hier die notwendigen Verbesserungen zu erreichen? Westberlin dürfe von den allgemein positiven Ergebnissen nicht ausgeklammert bleiben.

W. Schäuble ergänzte, Westberlin sei hinsichtlich des Reise- und Besucherverkehrs im Rückstand. 1984 seien Hoffnungen geweckt worden, die bis heute nicht verwirklicht seien. Wenn die Zwei-Tages-Regelung noch nicht eingeführt werden könne, stelle sich die Frage, ob man nicht doch im Zusammenhang mit den Mehrfachberechtigungsscheinen eine Erlaubnis am Grenzübergang erhalten könnte. Eine weitere Frage sei die Herstellung von Partnerschaften zwischen Stadtbezirken in „Berlin".

E. Honecker verwies auf eine ganze Reihe von Verbesserungen im Hinblick auf Westberlin. Es würden Gespräche über den Gebietsaustausch geführt. Bereits früher sei bei Ein-Tages-Besuchen eine Ausdehnung auf 2.00 Uhr des folgenden Tages erfolgt. Er stelle sich in diesem Zusammenhang auch die Frage der Sicherheit. Die USA legten sehr großes Gewicht darauf, daß bestimmte Personen nicht über die Grenze wechseln. Die Kontrolle müsse gesichert sein. Was die Zwei-Tages-Regelung betreffe, sei dies nicht in erster Linie ein Problem der Sicherheit, es hänge auch mit der Frage des Mindestumtausches zusammen. Man könne auch nicht zulassen, daß die Hauptstadt der DDR überflutet werde. Bekanntlich gebe es in Westberlin 200.000 - 300.000 Ausländer. Es gebe schon jetzt die Möglichkeit, für Einreisen in die DDR mehrere Tage zu beantragen. Die Gültigkeitsdauer der Berechtigungsscheine könne von 3 auf 6 Monate verlängert werden. Eine Ausstellung der Visa an der Grenze würde aber zu Stauungen führen. Man müsse überlegen, ob man nicht in Grenznähe Büros errichtet, damit die Visaausgabe nicht direkt am Grenzübergang erfolgen muß. Bisher konnten die Büros für den Reise- und Besucherverkehr in Westberlin keine Visa ausgeben, weil dies von Westberliner Seite als Hoheitsakt angesehen werde.

Es gebe den Wunsch der Westberliner Seite, über eine GÜST einzureisen und über die andere auszureisen. Die DDR müsse aber eine bestimmte Kontrolle haben, wer ein- und ausreist. Bei Einreisen von mehr als 2 Tagen bestehe bereits die Möglichkeit der Einreise über die eine und der Ausreise über die andere GÜST. Die DDR sei bereit, diese Möglichkeit auch bei Reisen ab zwei Tagen einzuführen.

Der Westberliner Senat habe eine weitere Frage aufgeworfen, das sei die *Offenhaltung der GÜST Staaken*. Wenn dies der Fall sein sollte, würde dies eine Rekonstruktion erforderlich machen. Die DDR sei bereit, auch die Frage des Südgeländes bei der Eisenbahn erneut zu prüfen. Über all diese Fragen könne man sprechen.

E. Honecker verwies darauf, daß der *Transitverkehr* unbehindert sei. 27 Mio Transitreisende benutzten die Transitstrecke. Dies sei von großer Bedeutung für Westberlin.

H. Kohl erklärte, er halte es für sinnvoll, nach dem Besuch erneut im kleinen Kreis über die mit Westberlin zusammenhängenden Fragen zu sprechen. Er benenne dafür W. Schäuble. Für die BRD sei dies ein wichtiger Punkt.

H. Kohl warf als weitere Frage den *Mindestumtausch* auf.

E. Honecker erklärte dazu, die DDR habe das Mögliche getan. Er sehe gegenwärtig keine Möglichkeiten der Veränderung. Diese Frage hänge auch mit der Währungsspekulation zusammen.

H. Kohl erwiderte, er habe dies zur Kenntnis genommen. Dieses Thema bleibe für die BRD aber offen. H. Kohl erklärte, ein weiterer Punkt sei der *Schießbefehl*.

E. Honecker erwiderte, es gibt keinen Schießbefehl. Es gibt eine Anordnung zum Gebrauch von Schußwaffen, so wie es auch in der BRD eine solche Anordnung gibt. Jeder, der ein ordnungsgemäßes Visum hat, kann über einen Grenzübergang die Grenze überschreiten, ansonsten ist die Grenze militärisches Sperrgebiet.

E. Honecker zitierte aus dem „BRD-Gesetz über den unmittelbaren Zwang bei Ausübung öffentlicher Gewalt durch Vollzugsbeamte des Bundes vom 2. März 1974", worin es heißt: *„Die... genannten Vollzugsbeamten können im Grenzdienst Schußwaffen auch gegen Personen gebrauchen, die sich der wiederholten Weisung, zu halten oder die Überprüfung ihrer Person oder der etwa mitgeführten Beförderungsmittel und Gegenstände zu dulden, durch die Flucht zu entziehen versuchen. Ist anzunehmen, daß die mündliche Weisung nicht verstanden wird, so kann sie durch einen Warnschuß ersetzt werden."*

In der Allgemeinen Verwaltungsvorschrift des Bundesministers des Innern zu diesem Gesetz heißt es ausdrücklich, daß ein zweiter Warnschuß als Androhung des Schußwaffengebrauchs gilt, wobei darauf hingewiesen wird, daß die Geschosse „nach Möglichkeit" fremdes Hoheitsgebiet nicht berühren sollen. Ziffer X dieser Vorschrift besagt u. a.:

„Kommt eine Person... vorübergehend in den Gewahrsam von Vollzugsbeamten, so kann die Person darauf hingewiesen werden, daß sie bei einer Flucht auch ohne erneute Androhung mit dem Gebrauch der Schußwaffe rechnen müsse. Flüchtet die Person trotz des Hinweises, so bedarf es keiner erneuten Androhung vor dem Gebrauch der Schußwaffe... Das gleiche gilt im Grenzdienst, wenn jemand zur Überprüfung seiner Person oder der etwa mitgeführten Beförderungsmittel und Gegenstände festgehalten wird..."

Dies unterscheide sich nicht von der Anordnung bei uns. Wir seien nicht für solche Zwischenfälle. Es gebe auch weniger Zwischenfälle als Meldungen darüber. Wir wollten nicht, daß Menschen umkommen. Aber man müsse die Regelungen im militärischen Sperrgebiet beachten.

H. Kohl erklärte, er erwarte nicht, daß sich heute oder morgen etwas verändert, aber jede Meldung über einen solchen Zwischenfall sei von Übel. Wenn man in dieser Frage etwas bewegen könne, wäre das von großer Bedeutung. Jeder dieser Vorfälle beschäftige die Öffentlichkeit.

H. Kohl stellte die Frage, wie man den Tourismus verbessern könne.

E. Honecker sagte, die DDR sei für eine Ausweitung. Dazu gebe es auch eine Formulierung im Kommuniqué. Es gebe Festlegungen für Hotelneubauten in Berlin, Dresden und Erfurt.

H. Kohl fügte hinzu, wenn sich auf diesem Gebiet etwas bewege, könne man auch über entsprechende Fragen wirtschaftlicher Art dabei sprechen. Er sei dafür, daß die Bundesbürger, insbesondere die Jugend, ehe sie nach Italien oder Frankreich fahren, Weimar oder Dresden besuchen.

E. Honecker verwies darauf, daß 1986 12 Mio DDR-Bürger aus privaten Gründen in andere Staaten gereist seien, bis August 1987 9,1 Mio; davon 1986 in sozialistische Staaten 7,5 Mio, bis Ende August 1987 6 Mio; in nichtsozialistische Staaten und Westberlin 4,4 Mio 1986 und bis Ende August 1987 3,2 Mio.

H. Kohl trug ein *Anliegen des Zentralrates der Juden* vor, der in Heidelberg eine jüdische Hochschule eröffnet habe, verbunden mit einem Archiv. Dieser habe die Bitte, 10 - 15 jüdische Bürger aus der DDR mit Stipendien dort studieren zulassen. Der Zentralrat der Juden habe Kohl ausdrücklich gebeten, diese Frage bei dem Besuch vorzutragen.

E. Honecker verwies darauf, daß er vor kurzem den Präsidenten des Weltbundes der Juden empfangen habe. Jetzt komme ein Rabbiner aus den USA an die Jüdische Gemeinde in Berlin. Was das Anliegen betreffe, das H. Kohl vorgetragen habe, könnte sich der Zentralrat der Juden an die Jüdische Gemeinde direkt wenden oder auch an das Hochschulwesen der DDR. Er gehe davon aus, daß man dem Wunsch nachkommen könne. Auch die Archivbenutzung werde ermöglicht werden.

H. Kohl sagte, er werde den Zentralrat der Juden informieren, daß er sich an die Jüdische Gemeinde in der DDR wendet.

H. Kohl kam auf die Frage von *Städtepartnerschaften* zu sprechen. Er messe diesen Partnerschaften große Bedeutung bei. Dabei sollten nicht nur die Bürgermeister reisen, sondern auch Begegnungen zwischen den Bürgern stattfinden. Als persönlichen Wunsch trug H. Kohl vor, zwischen Ludwigshafen und Zwickau oder Dessau eine Städtepartnerschaft zu begründen.

E. Honecker verwies darauf, daß bis jetzt 22 Städtepartnerschaften bestehen. Gerade jetzt sei Trier und Weimar vereinbart worden. Auch für eine Städtepartnerschaft zwischen Bonn und Potsdam gebe es Einverständnis. Die DDR sei dafür, Erfahrungen zu sammeln und Schritt für Schritt vorzugehen. Natürlich sollten sich dabei auch die Bürger begegnen.

H. Kohl trug das *Angebot der Körber-Stiftung Hamburg* vor, ein Stipendium für 10 Studenten der Naturwissenschaften aus der DDR zu vergeben als postgraduales Studium.

E. Honecker sagte, man werde dieses Angebot prüfen.

W. Schäuble warf die Frage der Prioritäten hinsichtlich *Ausbau von Eisenbahnen oder Autobahnen* auf. Auch die BRD könne nicht alles auf einmal machen. Für die BRD habe der Ausbau der Eisenbahn absolute Priorität. Was die Autobahn betreffe, so solle man das den Gesprächen im Zusammenhang mit der Transitpauschale im nächsten Jahr vorbehalten. Hierzu gehöre auch die Position der BRD, daß die Grunderneuerung nicht Bestandteil der Transitpauschale sei. Sie sei deshalb nicht in der Lage, jetzt eine Grundsatzerklärung abzugeben über die Beteiligug an Grunderneuerung und Autobahn. Es werde deshalb vorgeschlagen, jetzt Gespräche über die Eisenbahn zu führen und im nächsten Jahr über die Transitpauschale.

E. Honecker verwies in diesem Zusammenhang darauf, daß nach den bisherigen Festlegungen die GÜST Staaken Ende des Jahres geschlossen wird. Die DDR sei bereit, Staaken weiterhin für Pkw und Kraftomnibusse auch nach dem 31.12.1987 offenzuhalten, wenn die Aufwendungen für die notwendige Rekonstruktion von der BRD-Seite getragen werde und wenn sie grundsätzlich erklärt, daß die Grunderneuerung bei Autobahnen nicht zur Transitpauschale gehört. Die Schließung von Staaken wäre sicher psychologisch nicht gut. Die Frage der Grunderneuerung sei bisher immer außerhalb der Transitpauschale geregelt worden.

Was die Eisenbahn angehe, so seien wir dafür, entsprechende Gespräche aufzunehmen. Darüber sollte man auch auf Expertenebene sprechen.

W. Schäuble vertrat nochmals die Auffassung, die Frage der Rekonstruktion von Staaken solle man nicht mit der grundsätzlichen Frage der Grunderneuerung der Autobahn verbinden. Dies solle im Zusammenhang mit der Transitpauschale geschehen.

E. Honecker erklärte, er sei damit einverstanden, über diese beiden Fragen gesondert zu verhandeln.

H. Kohl stellte die Frage, welche Chancen die DDR für die *Verbesserung des Luftverkehrs* sehe.

E. Honecker erwiderte, die DDR sei seit langem bereit, dafür etwas zu tun. Aber hier gebe es bekanntlich Fragen, die grundsätzlich mit dem Luftverkehr nach Westberlin zusammenhängen. Es gebe bekanntlich die alliierten Lufttrassen. Die DDR sei bereit, daß die Lufthansa Schönefeld anfliege und die Interflug Flughäfen in der BRD. Hierzu könnten entsprechende Gespräche zwischen Interflug und Lufthansa aufgenommen werden.

W. Schäuble warf ein, es sei undenkbar, mit der Lufthansa nach Schönefeld zu fliegen, wenn Tegel ausgeklammert bliebe. Auf BRD-Seite bestehe Interesse, Tegel anzufliegen.

E. Honecker erwiderte, es gebe nur die Möglichkeit, außerhalb der drei Luftkorridore zufliegen. über die anderen Fragen seien sich bekanntlich die vier Mächte nicht einig.

W. Schäuble erwiderte, er gestehe zu, daß es sich hier um eine schwierige Frage handle. Beide Seiten sollten sich bemühen, in mittelfristiger Perspektive diese Frage zu prüfen.

E. Honecker stimmte dieser Bewertung zu. Unabhängig von der Frage Schönefeld oder Tegel könnte man erwägen, z.B. einen Flugverkehr zwischen Leipzig und Frankfurt einzurichten und einen solchen Verkehr nicht nur zur Messe zuzulassen.

H. Kohl stellte die Frage nach der *Reinhaltung der Elbe*. **E. Honecker** verwies darauf, daß diese Frage in einem engen Zusammenhang mit der Grenzregelung gesehen werden müsse. Für uns sei die Frage, worin für die BRD die Priorität bestehe, Reinhaltung der Elbe oder Reduzierung der Salzbelastung der Werra. Beides erfordere Kosten.

W. Schäuble warf ein, daß man jetzt tatsächlich darüber nachdenken könne, die Priorität von der Werra auf die Elbe zu verschieben. Eine Lösung der Frage der Reduzierung der Salzbelastung der Werra sei im Grunde nur durch das ESTA-Verfahren möglich. Dies sei sehr kostspielig.

E. Honecker bemerkte, es gebe dabei noch das Problem der Kaliwasserverpressung zu beachten. Hierzu müsse man eine Lösung finden.

E. Honecker bemerkte abschließend noch einmal, wenn man die Frage der Elbgrenze klären könnte, könne man andere Fragen lösen. Er müsse auch Rücksicht auf die Öffentlichkeit in der DDR nehmen.

Abschließend sprach E. Honecker an H. Kohl die *Einladung zu einem offiziellen Besuch der DDR* aus. Wenn H. Kohl den Wunsch nach einem privaten Besuch der DDR habe, möge er bitte Rechtsanwalt Vogel verständigen.

III. Gespräch im kleinen Kreis am 8. September 1987 (10.00 - 11.00 Uhr)

Wie vereinbart, wurden einige *humanitäre Fragen* behandelt.

W. Schäuble erklärte, für die BRD sei im Zusammenhang mit der Amnestie in der DDR die Frage von Interesse, was mit den amnestierten politischen Häftlingen geschehe. Die Frage sei, ob man diesen Personenkreis nicht in die humanitären Bemühungen einbeziehen könne. Er möchte gern noch einmal bestätigt haben, daß es ein Mißverständnis sei, Gespräche über Familienzusammenführung nicht fortzuführen.

E. Honecker bestätigte dies. Dr. Vogel werde weiter tätig sein.

W. Schäuble erklärte, im Vorfeld des Besuches habe man einige „Zufluchtfälle" lösen können. Das sei für das Klima des Besuches gut gewesen. Man solle auch in Zukunft Lösungen finden, die die Beziehungen nicht belasten.

Auf BRD-Seite seien viele Briefe seit Ankündigung des Besuches eingegangen. Sie enthielten viele Anliegen. Man möchte diese Briefe zur Prüfung übermitteln.

E. Honecker erwiderte, es handele sich um eine allgemeine Amnestie. Es würden nur wenige in den Haftanstalten zurückbleiben. Es würden ca. 28.000 Personen von der Amnestie betroffen. Verbleiben würden nur Kriegs- und Naziverbrecher, wegen Militärspionage und Mord Verurteilte sowie einige Personen, die für die Öffentlichkeit gefährlich seien wie Sexualtäter. Die Gefängnisse in der DDR würden sich leeren. Auch diejenigen, die in der BRD als politische Häftlinge bezeichnet würden, würden unter die Amnestie fallen. Er wolle nicht verhehlen, daß es über die Amnestie in der DDR geteilte Meinungen gebe. Manche Arbeitskollektive befürchten einen

Rückgang ihrer Arbeitsergebnisse, wenn sie Amnestierte übernehmen müssen. Dazu würde entsprechende Aufklärungsarbeit geleistet. Er habe eine Aussprache mit dem Generalstaatsanwalt der DDR gehabt. Dieser habe die Aufmerksamkeit auf Personen gelenkt, die den Wunsch haben, in die BRD überzusiedeln. Er habe erwidert, daß in diesem Falle die Ausreise aus der DDR ohne Vorbehalte gestattet werden wird. Das beträfe auch, soweit dies gewünscht werde, die Familien. Das werde noch in diesem Jahr geschehen. Aus politischen oder Gewissensgründen verbleibe niemand in Haft.

Was die von Schäuble erwähnten Briefe betreffe, so würden sie geprüft werden.

W. Schäuble trug vor, daß sich die Katholische Bischofskonferenz an Bundeskanzler Kohl gewandt habe, er solle bei dem Gespräch mit Erich Honecker die Situation der Angehörigen der beiden christlichen Kirchen in der DDR ansprechen, die sich in der Ausbildung und im Arbeitsleben benachteiligt sehen würden.

E. Honecker erwiderte, es gebe in der DDR keine Benachteiligung wegen der Zugehörigkeit zu einer Religionsgemeinschaft. Jeder habe die Chance der freien Entwicklung. Es sei so, daß, was das Studium betreffe, die sogenannten Humanfächer, wie Medizin überlaufen seien. Es gäbe aber freie Plätze bei den technischen Fächern. Sollte es Fälle geben, daß sich jemand benachteiligt fühlt, werde das geprüft. Bei der Gratulation zu seinem Geburtstag hätten die katholischen Bischöfe das gute Verhältnis zwischen Staat und Kirche in der DDR hervorgehoben. Offen sei die Frage der Diözesan-Grenze. Diese Frage würden wir aber nicht in den Vordergrund stellen. Es werde zur katholischen wie auch zur evangelischen Kirche ein gutes Verhältnis angestrebt.

Schäuble erklärte, es gebe noch die Frage nach der Amnestie für solche Personen, die die DDR illegal verlassen haben.

E. Honecker erwiderte, auch wer die DDR illegal verlassen hat, wird amnestiert. H. Kohl würdigte die Amnestie als eine Frage von großer politischer Bedeutung. Dies sei ein großer persönlicher Pluspunkt für Erich Honecker. Dies sei von Bedeutung für das gesamte Klima.

E. Honecker machte darauf aufmerksam, daß die DDR als einziges sozialistisches Land bisher die Frage der Amnestie mit der Abschaffung der Todesstrafe verbunden habe. Dies werde seine Wirkung nicht zuletzt auch auf solche Schichten in der Bevölkerung haben, die der Amnestie gegenwärtig noch skeptisch gegenüberstehen.

H. Kohl bat wie Schäuble, einige Probleme zum *nichtkommerziellen Zahlungsverkehr* vorzutragen. W. Schäuble warf die Frage auf, ob man nicht wenigstens einige kleine Probleme lösen könnte, die nicht viel kosten, z. B. die Möglichkeit der Abhebung von Sperrkonten zuzulassen, die Verwendungsmöglichkeiten für den Mindestumtausch zu erweitern und Anreize beim Konten-Transfer zu schaffen.

E. Honecker erwiderte, diese Fragen könne man nur im Zusammenhang mit den ökonomischen Problemen lösen. Die DDR schieße bereits 70 Mio Devisen jährlich zu. Es gäbe auch

Sperrkonten für DDR-Bürger in der BRD aufgrund des Militär-Regierungs-Gesetzes 53. Wenn dieses Gesetz beseitigt würde, wäre es auch für uns leichter, manche Frage zu regeln. Man müsse auch sagen, daß der Besucherverkehr dadurch erschwert werde, daß wir keine konvertiblen Währungen haben. Es wäre für uns leichter, 200 Mark an die Bürger zu geben, wenn man 200 DM dafür bekommen würde. Es gehe hier nicht zuletzt um eine Devisenfrage. In Verbindung mit der wirtschaftlichen Entwicklung würden auch bestimmte Fonds für diese Zwecke frei werden.

H. Kohl stellte die Frage, ob man die Schaltung zusätzlicher *Telefonleitungen* veröffentlichen könne.

E. Honecker erklärte sich damit einverstanden.

H. Kohl fragte, ob es möglich sei, über die Absicht der DDR, *Hannover, Hamburg und Kiel in den grenznahen Verkehr* einzubeziehen, öffentlich etwas zu sagen.

E. Honecker bekräftigte, daß diese Frage mit der Grenzregelung Elbe zusammenhänge. Aus dem geführten Gespräch mit E. Albrecht habe er den Eindruck, daß diese Frage gelöst werden könne. Er möchte hier im Sinne von Vertrauen gegen Vertrauen erklären, wenn die Frage der Elbgrenze gelöst werde, wird Hamburg, Hannover und Kiel in den grenznahen Verkehr einbezogen.

H. Kohl sagte, es sei nicht notwendig, daß wir uns gegenseitig unter Druck setzen. Man würde jetzt noch nicht über diese Frage sprechen. Er selbst werde in Kürze mit Albrecht reden, und dann würde man sich über das weitere Vorgehen verständigen. Wenn er gefragt werden würde, würde er antworten, daß man dazu mit der DDR im Gespräch sei.

E. Honecker betonte, die Grenzkommission solle das feststellen, was bereits seit 1945 Praxis sei und wie es schon die englische Besatzungsmacht damals gehandhabt habe. Wenn die Grenzfrage Elbe geregelt sei, werde die DDR der Einbeziehung von Hannover, Hamburg und Kiel in den grenznahen Verkehr zustimmen.

H. Kohl stellte die Frage nach der *Einreise mit Fahrrad*.

E. Honecker erwiderte, wir würden der Mitnahme von Fahrrädern als Reisegepäck zustimmen, das könne man veröffentlichen. Dies gelte für die Einreise aus der BRD wie aus Westberlin.

Mehr sei nicht möglich, ansonsten gebe es zu viele Verkehrsprobleme.

W. Schäuble fragte erneut nach *Stadtbezirks-Partnerschaften in „Berlin"*. Könne man öffentlich erklären, daß die Gespräche dazu wieder aufgenommen werden würden?

E. Honecker erklärte, das könne man tun. Diese Frage müsse man weiter erörtern. Wir wären dafür, daß Stadtbezirke miteinander Kontakt aufnehmen. Ob das zu Partnerschaften führt, müßte man sehen.

W. Schäuble kam nochmals auf *Staaken* zurück. Die mitgeteilten Kosten wären doch sehr hoch. E. Honecker erwiderte dazu, das sollten die Fachleute besprechen. Wenn Staaken nach dem 31. 12. 1987 offenbleiben solle, so sei eine umfangreiche Rekonstruktion erforderlich. Wir hätten uns geeinigt diese Rekonstruktion von der Frage der Grunderneuerung der Autobahn zu trennen. Jetzt sollten die Fachleute anhand von Leistungsverzeichnissen die Kostenfrage erörtern. Dies müsse schnell geschehen. Bei einer Einigung könnte man entscheiden, Staaken über den 31. 12. 1987 offen zu lassen.

H. Kohl erklärte, W. Schäuble solle dies in die Hand nehmen und schnell mit A. Schalck klären, was im Hinblick auf Staaken notwendig sei.

Abschließend erklärte Erich Honecker die Bereitschaft der DDR, in der *AIDS-Forschung* mit der BRD möglichst eng zusammenzuarbeiten. Wie überhaupt wir dafür wären, die Zusammenarbeit auf dem Gebiet des Gesundheitswesens weiter zu verbessern.

H. Kohl stimmte dem zu.

E. Honecker verwies in diesem Zusammenhang auch auf die Notwendigkeit, die Zusammenarbeit bei der *Bekämpfung des Drogenmißbrauches* zu verstärken. Er habe kürzlich den Film gesehen „Die Kinder vom Bahnhof Zoo". Dies sei erschreckend gewesen. Man müsse die Anstrengungen in dieser Richtung verstärken.

E. Honecker bestätigte gegenüber H. Kohl die Möglichkeit einer Städtepartnerschaft zwischen Dessau und Ludwigshafen.

IV. Gespräch im erweiterten Kreis am 8. September 1987 (11.00 - 11.45 Uhr)

H. Kohl eröffnete das Gespräch im Rahmen der Delegation. Er bat E. Honecker, das Wort zu einer Erklärung zu bilateralen Fragen zu ergreifen.

E. Honecker legte dar, daß im bisherigen Verlauf des Besuches viele Fragen einer Klärung zugeführt worden sind. Er möchte nochmals betonen, daß die DDR der Frage der Friedenssicherung größte Bedeutung beimesse. Die Friedenssicherung sei die Kernfrage unserer Beziehungen. Beide Staaten könnten sich ihre geographische Lage nicht aussuchen. Sie müßten mit ihr leben und die notwendigen Konsequenzen daraus ziehen.

Die DDR messe den Konsultationen zu Fragen der Rüstungsbegrenzung und Abrüstung, wie sie im Grundlagenvertrag vorgesehen sind, große Bedeutung bei. Auch halte die DDR gemeinsame Initiativen beider Staaten in UNO-Gremien zu Abrüstungsfragen durchaus für möglich.

Es bestehe sicher Übereinstimmung, daß sich die Beziehungen zwischen beiden deutschen Staaten nicht von der allgemeinen internationalen Entwicklung abkoppeln lassen. Zugleich hätten beide Staaten auch die Verpflichtung, durch eine entsprechende Gestaltung ihres Verhältnisses positiv auf die Weltlage einzuwirken. In diesem Sinne betrachteten wir auch die weitere Normalisierung der Beziehungen zwischen der DDR und der BRD als wichtigen Beitrag zur Entspannung. Das komme auch im Kommuniqué zum Ausdruck.

Die DDR hält an der Vertragspolitik mit der BRD fest. Dafür würden alle in den zurückliegenden Jahren geschlossenen Verträge und Vereinbarungen, mit dem Vertrag über die Grundlagen der Beziehungen als Ausgangspunkt, gute Voraussetzungen bieten. Von besonderer Bedeutung sei die Gemeinsame Erklärung vom 12. März 1985.

Vergleiche man die Lage im Jahre 1970 mit der heutigen, so könne niemand das Erreichte leugnen. Wenn wir trotzdem von einer umfassenden Normalisierung der Beziehungen noch entfernt seien, wenn noch mehr hätte erreicht werden können, würden wir die Ursache vor allem im Festhalten an Positionen sehen, welche die uneingeschränkte Anwendung des Völkerrechts gegenüber der DDR in Frage stellen.

Das Deutsche Reich sei im Feuer des zweiten Weltkrieges untergegangen. Auf seinen Trümmern seien zwei voneinander unabhängige souveräne Staaten mit unterschiedlicher Gesellschaftsordnung und Bündniszugehörigkeit entstanden. Das seien die politischen und auch die völkerrechtlichen Realitäten. Im übrigen sei unbestritten, daß die BRD nicht auf ihre Existenz als kapitalistischer Staat verzichten will, ebensowenig habe die DDR die Absicht, sich als sozialistischer Staat aufzugeben. Es verstehe sich also von selbst, daß die Beziehungen zwischen der DDR und der BRD so gestaltet werden könnten, wie zwischen souveränen Staaten üblich. Das liege im Interesse des Friedens, der Menschen in beiden Staaten und der Entwicklung guter Nachbarschaft.

Die Existenz der beiden Staaten sei ein grundlegendes Element der europäischen Nachkriegsordnung. Daran rütteln, heiße Frieden und Stabilität gefährden. Wir meinen, und hierin stimmten wir mit der vorherrschenden Auffassung in Ost und West überein, daß Europa und die Welt gut damit leben können. Das habe letztlich auch im europäischen Vertragswerk bis hin zur Schlußakte von Helsinki seinen Niederschlag gefunden. Damit seien für die gegenwärtigen Grenzen in Europa verbindliche und dauerhafte Grundlagen geschaffen worden. Unverändert hielten wir die Feststellung in unserer Gemeinsamen Erklärung vom 12. März 1985 für bedeutsam, daß die Unverletzlichkeit der Grenzen und die Achtung der territorialen Integrität und der Souveränität aller Staaten in Europa in ihren gegenwärtigen Grenzen grundlegende Bedingung für den Frieden sind.

Ohne die Gegensätze und Unterschiede zu verwischen, könne auf der Grundlage der geschlossenen Verträge und Abkommen und entsprechend den Prinzipien der friedlichen Koexistenz das in den Beziehungen Erreichte weiterentwickelt werden. Dabei müsse ein Kerngedanke des Grundlagenvertrages eingehalten werden, nämlich, daß beide deutsche Staaten gegenseitig Unabhängigkeit und Selbständigkeit in inneren und äußeren Angelegenheiten respektieren. Wenn sich beide Seiten von Realismus, Vertragstreue und gutem Willen sowie von der selbstverständlichen Achtung der Souveränität, Gleichberechtigung und Nichteinmischung leiten ließen, werde es weiter vorangehen.

Wir begrüßten die Fortschritte während der letzten Jahre in den bilateralen Beziehungen. Das Vertragssystem konnte erweitert werden, nicht zuletzt durch den Abschluß des Kulturabkommens 1986. Die Handels- und Wirtschaftsbeziehungen entwickelten sich trotz mancher Probleme. Der Reise- und

Besucherverkehr habe bedeutend zugenommen. Der Transitverkehr zwischen der BRD und Westberlin habe einen gewaltigen Umfang (27 Mio Transitreisende) erreicht. Verdachtskontrollen fielen kaum ins Gewicht. Die DDR wolle auch weiterhin diesen Transitverkehr reibungslos abwickeln.

Über die Lösung einer Reihe von wichtigen Fragen habe man sich während des Besuches verständigt. Die Voraussetzungen zur Weiterentwicklung der Beziehungen zwischen der DDR und der BRD unter Einschluß von Westberlin entsprechend dem Vierseitigen Abkommen seien geschaffen worden. Nach dem Gespräch in Moskau im März 1985 sei vieles in Gang gekommen. Die DDR habe den ernsthaften Willen, die Dinge weiter nach vorn zu entwickeln.

H. Kohl erwiderte, er könne letzterem nur zustimmen. Diese Tage hätten gezeigt, daß man ungeachtet der Gegensätze in Grundfragen die Beziehungen weiterentwickeln könne. Die BRD wolle die Chancen nutzen, die sich gegenwärtig bieten.

Anschließend erstatteten die Bundesminister **Bangemann** und **Wilms** Bericht über die Gespräche in den jeweiligen Gesprächsrunden. Genosse G. **Mittag** und O. **Fischer** machten dazu jeweils ergänzende Bemerkungen. Dabei ging Gen. O. Fischer ausführlich auf sein Gespräch mit BRD-Außenminister Genscher ein.

Zum Abschluß der offiziellen Gespräche erklärte **H. Kohl**, daß die Gespräche in einer konstruktiven Atmosphäre stattgefunden hätten. Sie hätten Chancen für die Zukunft eröffnet. Man könne auf dieser Grundlage weiter vorangehen. Es komme hinzu, daß man sich gegenwärtig in einer günstigen Phase der Ost-West-Beziehungen befinde. Es gehe um die Sicherung einer friedlichen Zukunft für die jetzige und kommende Generation.

E. Honecker bekräftigte diese Feststellungen.

Teilnehmer an den Gesprächen im erweiterten Kreis:

<u>DDR:</u>
Genossen G. Mittag, O. Fischer, G. Beil, F.-J. Herrmann, K. Nier, E. Moldt, G. Rettner, C. Krömke, E. Krabatsch, W. Meyer, M. Niklas, K. Seidel

<u>BRD:</u>
M. Bangemann, D. Wilms, W. Schäuble, H.O. Bräutigam, F. Ost, D.v.Würzen, L. Rehlinger, E. G. Stern, W. Neuer, D. Kastrup, B. Dobiey, C.-J. Duisberg, R. Hofstetter

Teilnehmer an den Gesprächen im kleinen Kreis:

<u>DDR:</u>
Genossen F.-J. Herrmann, K. Seidel

<u>BRD:</u>
W. Schäuble, C.-J. Duisberg

Seidel

Position zu einigen Sachfragen

Transitverkehr

Weitere Offenhaltung der Grenzübergangsstelle Staaken für den vom Transitabkommen erfaßten Transitverkehr zwischen der BRD und Berlin (West):

Die DDR wäre bereit zu prüfen, die Grenzübergangsstelle Staaken weiterhin für den vom Transitabkommen erfaßten Transitverkehr, begrenzt auf den Personenverkehr mit PKW und KOM, also nicht Güterverkehr, auch nach dem 31. Dezember 1987 offenzuhalten, wenn gleichzeitig Einvernehmen erzielt wird, daß

— die Aufwendungen für die notwendige Rekonstruktion und Erweiterung dieser Grenzübergangsstelle sowie für die erforderlichen Straßenbaumaßnahmen (Zubringerstraße bis zur Autobahn) voll durch die BRD übernommen werden (ca. 400 Mio DM) sowie

— die BRD-Seite den Standpunkt der DDR akzeptiert, daß Grunderneuerungen von Autobahnabschnitten nicht Bestandteil der Transitgebührenpauschale sind, und die Bereitschaft erklärt wird, sich auch weiterhin an notwendigen Grunderneuerungen angemessen finanziell zu beteiligen.

Zulassung des westlichen Berliner Autobahnringes für den vom Transitabkommens erfaßten Transitverkehr (Autobahnabschnitt zwischen Abzweig Magdeburg und Anschlußstelle Nauen):

Eine Zusage der DDR zur Prüfung dieses Anliegens hätte auf jeden Fall zur Voraussetzung, daß der notwendige Ausbau dieses westlichen Autobahnringes (ca. 20 km) von der BRD voll finanziert wird (ca. 160 Mio DM für Grunderneuerung und Ausbau).

Erleichterung der kontrollmäßigen Abfertigung:
Es kann zugestimmt werden, daß als Erleichterung der paß- und kontrollmäßigen Abfertigung in durchgehenden KOM und Reisezügen von einem festzulegenden Zeitpunkt an die vorzulegenden Reisepässe nicht mehr mit Stempeleintragungen versehen werden (schnellere und einfachere Abfertigung).

Änderung der Benachrichtigungspraxis der DDR bei Zurückweisungen/zeitweiligen Ausschlüssen von Personen vom Transit:
Bei Festnahmen erfolgt eine namentliche Benachrichtigung, um der anderen Seite die Möglichkeit einzuräumen, unmittelbar Betroffene zu verständigen. Die Benachrichtigungspraxis der DDR bei Zurückweisungen/zeitweiligen Ausschlüssen von Personen vom Transitverkehr entspricht ebenfalls den Festlegungen im Transitabkommen. Das Transitabkommen sieht in diesen Fällen eine personifizierte Unterrichtung nicht vor. Die andere Seite wird alsbald und unter Angabe des dafür maßgeblichen Grundes darüber informiert, da bei Zurückweisungen/Ausschlüssen Unklarheiten über den Verbleib des Betroffenen nicht auftreten können.

Reise- und Besucherverkehr

Einbeziehung der Städte Hamburg, Hannover und Kiel in den grenznahen Verkehr:
Einer Einbeziehung der Städte Hamburg, Hannover und Kiel in den grenznahen Verkehr wird als Ausnahme und außerordentliches Entgegenkommen der DDR zugestimmt. Die DDR beabsichtigt nicht, die Sonderregelungen des grenznahen Verkehrs auf noch weitere Städte auszudehnen.

Einreisemöglichkeiten für ehemalige Bürger der DDR mit Wohnsitz in nichtsozialistischen Staaten und Berlin (West):
Auf der Grundlage einer zentral bereits getroffenen prinzipiellen Entscheidung wird mitgeteilt: Die DDR wird in Aus-

übung ihres souveränen Rechtes, darüber zu entscheiden, wer in ihr Staatsgebiet einreisen darf bzw. wem die Einreise verwehrt wird, nach dem 1. Januar 1988 als einseitige entgegenkommende Maßnahme ehemaligen Bürgern der DDR, die vor dem 1. Januar 1982 die DDR verlassen haben, die Einreise in die DDR gestatten, sofern nicht die Prüfung im Einzelfall ergibt, daß es sich um unerwünschte Personen handelt.

Die DDR wird nach Ablauf einer angemessenen Frist weitere Prüfungen zur Einreise derartiger ehemaliger Bürger der DDR vornehmen und entsprechende Entscheidungen treffen.

Ermöglichung der Einreise mit Fahrrädern, Motorrädern und Mopeds (analog Anliegen der West-Berliner Seite):

Einreisen unter Benutzung von Fahrrädern, Motorrädern und Mopeds können auch weiterhin nicht zugelassen werden (Erschwerung der Grenzabfertigung, Gefährdung der Verkehrssicherheit).

Die DDR ist jedoch bereit, als Entgegenkommen die Mitführung von Fahrrädern in Personenkraftwagen und Reisezügen im grenzüberschreitenden Verkehr als Reisegebrauchsgegenstände zu prüfen.

Zulassung der Grenzübergangsstelle Eisfeld für den Wechselverkehr von Gütern:

Die DDR ist bereit, die Grenzübergangsstelle Eisfeld auch für den Wechselverkehr von Gütern (bisher nur Personenverkehr) zuzulassen. (Entscheidung vom 6. November 1986). Voraussetzung ist, daß sich die Gegenseite anteilig an den Kosten (ca. 12 Mio DM) für die erforderlichen Ausbau- und Erweiterungsmöglichkeiten beteiligt.

Zulassung der Grenzübergangsstelle Worbis für den Wechselverkehr von Gütern:

Das Anliegen kann weiter geprüft werden. Voraussetzung dafür wäre, daß sich die BRD in angemessener Art und Weise an den entstehenden Kosten für die erforderlichen Ausbau- und Erweiterungsmaßnahmen (einschließlich der verkehrsmäßigen Anbindung) beteiligt.

Westberlin betreffende Fragen des grenzüberschreitenden Verkehrs

1. Mögliche Erleichterungen und Vereinfachungen, über die der Senat am 20. August 1987 vertraulich informiert wurde

- Verlängerung der Gültigkeit der Mehrfachberechtigungsscheine von 3 auf 6 Monate
- Vereinfachung der Antragstellung in den Büros für Besuchs- und Reiseangelegenheiten durch Wegfall des 2. Antragsformulars
- Möglichkeit der Benutzung unterschiedlicher Grenzübergangsstellen für die Ein- und Ausreise bei 2-Tagesaufenthalten
- Prüfung der Erleichterung der Antragstellung in den Büros für Besuchs- und Reiseangelegenheiten für eintägige touristische Aufenthalte an Wochenenden und Feiertagen

2. Zusätzliche Entgegenkommen, deren Realisierung von der DDR in Erwägung gezogen werden könnte
(Der Senat wurde am 20. August 1987 darüber informiert.)

- Zulassung der Grenzübergangsstelle Rudower Chaussee für den Wechsel- und Transitverkehr von Personen
Voraussetzung: Übernahme der Kosten durch den Senat

- Zulassung der Grenzübergangsstelle Mahlow für den Wechsel- und Transitverkehr von Gütern
Voraussetzung: Übernahme der Kosten durch den Senat

Weitere Fragen:

Möglichkeit der Benutzung unterschiedlicher Grenzübergangsstellen für die Ein- und Ausreise bei Ein-Tagesaufenthalten:
Diese Möglichkeit besteht bereits bei Einreisen von mehr als 2 Tagen.
Die DDR ist bereit, diese Möglichkeit auch für Reisen ab 2 Tage einzuführen. Bei einem eintägigen Aufenthalt ist eine Veränderung der gegenwärtigen Regelung nicht möglich.

Gegenseitige Besuchsmöglichkeiten für Jugendliche:
Entsprechende Möglichkeiten wurden durch Vereinbarungen zwischen dem Reisebüro der FDJ „Jugendtourist" sowie Reiseunternehmen und Jugendverbänden aus Berlin (West) geschaffen und werden genutzt.
Darüber hinaus bestehen Besuchsmöglichkeiten im Rahmen der Festlegungen der Reise- und Besuchervereinbarung sowie bei Reisen in dringenden Familienangelegenheiten.

Maßnahmen der Veränderung bzw. großzügigeren Handhabung der Einfuhrbestimmungen der DDR im grenzüberschreitenden Verkehr, die im souveränen Entscheidungsbereich der DDR liegen

Mit Wirkung vom 1. November 1987 werden folgende Maßnahmen wirksam:
1. **Maßnahmen zur Veränderung bzw. großzügigeren Handhabung der Einfuhrbestimmungen der DDR im grenzüberschreitenden Reise- sowie Paket- und Päckchenverkehr:**
1.1. Änderung der zollrechtlichen Bestimmungen für die Einfuhr von Literatur und Druckerzeugnissen
Das Einfuhrverbot für
– periodisch erscheinende Presserzeugnisse, die nicht in der Postzeitungsliste enthalten sind,

-Adressenverzeichnisse, Kalender, Almanache, Jahrbücher und Briefmarkenkataloge wird aufgehoben. Generell aufrechterhalten werden die Grundprinzipien des Verbotes der Einfuhr von Literatur und Druckerzeugnisssen, wenn deren Inhalt gegen die Erhaltung des Friedens gerichtet ist oder andere Hetze enthält, ihre Einfuhr in anderer Weise den Interessen des sozialistischen Staates und seiner Bürger widersspricht, es sich um Schund- und Schmutzliteratur sowie Schriftstücke und Darstellungen unzüchtigen Charakters handelt.

Die Aufhebung des Einfuhrverbots wird im Postverkehr zur Minderung von jährlich ca. 40.000 Rücksendungen, insbesondere in die BRD und nach Berlin (West) sowie zur Senkung von Rechtsfolgemaßnahmen im Reiseverkehr führen.

1.2. Zulassung der Ein- und Ausfuhr von Tonbandkassetten und Magnettonbändern:

Die Ein- und Ausfuhr von Tonbandkassetten und Magnettonbändern wird zugelassen.

Bespielte Tonbandkassetten werden zur Einfuhr zugelassen, wenn der aufgezeichnete Inhalt nicht im Widerspruch zu den Interessen des sozialistischen Staates und seiner Bürger steht.

Die Zulassung der Ein- und Ausfuhr von Tonbandkassetten und Magnettonbändern wird bewirken, daß
- die DDR international übliche Regelungen berücksichtigt,
- die Zahl der Rückweisungen von Postsendungen, besonders in die BRD und nach Berlin (West), um jährlich ca.30.000 bis 35.000 vermindert werden könnte.

1.3. Minderung der Gebühren für die Einfuhr bestimmter Gegenstände, besonders technischer Konsumgüter, durch Senkung der der Gebührenerhe-

bung zugrunde gelegten Durchschnittswerte der betreffenden Erzeugnisse:
Die Gebühren für die Einfuhr bestimmter Gegenstände, besonders technischer Konsumgüter, durch Senkung der der Gebührenerhebung zugrunde gelegten Durchschnittswerte der betreffenden Erzeugnisse werden gemindert.
Diese Senkung bezieht sich vor allem auf Gegenstände der Heimelektronik (Radio-Recorder, Kompaktanlagen), elektronische Musikinstrumente, elektronische Tischrechner und Quarzuhren.
(Bei der Minderung ist im Prinzip davon auszugehen, daß der Durchschnittswert der Gegenstände auf das Zwei- bis Dreifache des Kaufpreises im westlichen Ausland gesenkt wird.
Die Genehmigungsgebühren werden demnach etwa 40 bis 60 % des Kaufpreises in der BRD oder Berlin (West) betragen.)

1.4. Günstigere Gestaltung der Hinterlegungsgebühren:
Die Erhebung von Hinterlegungsgebühren wird neu geregelt. In Übereinstimmung mit der internationalen Praxis (z. B. in der UdSSR und in der BRD) wird dabei nicht mehr vom Wert, sondern vom Gewicht der Gegenstände ausgegangen.

1.5. Schaffung von Möglichkeiten für die Zollabfertigung von voraus- oder nachgesandtem Reisegepäck im Binnenland:
Im Binnenland (in allen Bezirksstädten sowie in den Städten Stralsund, Plauen, Bautzen, Annaberg und Döbeln) werden spezielle Abfertigungsstellen für die Zollabfertigung von voraus- oder nachgesandtem Reisegepäck eingerichtet, das aufgrund von Beanstandungen oder anderen Umständen einer inhaltlichen Kontrolle unterzogen werden muß und diese an der Grenze nicht durchführbar

ist (weil es in verschlossenem Zustand und ohne beigefügten Schlüssel aufgegeben wurde).
Damit werden günstigere Bedingungen für die Zollabfertigung von voraus- und nachgesandtem Reisegepäck sowie für die Behandlung anderer kommerzieller und nichtkommerzieller Expreß- und Kleingutsendungen geschaffen.

1.6. Gestattung der vorübergehenden Ein- und Ausfuhr von Videogeräten und -kassetten als Reisegebrauchsgegenstand:
Die vorübergehende Ein- und Ausfuhr von Videogeräten und einer angemessenen Anzahl von Videokassetten im Rahmen des Besucher- und Touristenverkehrs als Reisegebrauchsgegenstände wird gestattet.
Das bestehende Verbot der Einfuhr von Videotechnik zum Verbleib in der DDR wird weiter beibehalten.

2. Schaffung weiterer Erleichterungen für die Einfuhr von Arzneimitteln im Geschenkpaket- und -päckchenverkehr auf dem Postwege:
Es werden weitergehende Erleichterungen für die Einfuhr von Arzneimitteln im Geschenkpaket- und Päckchenverkehr auf dem Postwege geschaffen.
In den Gesprächen der Beauftragten zur Durchführung des Gesundheitsabkommens DDR/BRD erfolgen dazu weitergehende Erläuterungen.
Die Liste der zur Einfuhr zugelassenen Arzneimittel wird bei Beibehaltung der bestehenden Bedingungen erweitert.
In die Liste sind aufzunehmen:
- Rezeptpflichtige Desinfektionsmittel
- Schnelldiagnostika
- Vitaminpräparate mit arzneilich wirkenden Zusätzen
- Mittel gegen Bluthochdruck
- Einwegspritzen und Einwegkanülen
- Sprechhilfen

Darüber hinaus erfolgt eine großzügigere Gestattung der Einfuhr von bestimmten Arzneimitteln und den Arzneimitteln gleichgestellten Erzeugnissen zum individuellen Gebrauch ohne Vorlage eines Rezeptes eines DDR-Arztes.

Vermerk
über das Gespräch des Generalsekretärs des ZK der SED
und Vorsitzenden des Staatsrates der DDR,
Genossen Erich Honecker,
mit dem Präsidenten des BRD-Bundestages,
Philipp Jenninger,
am 8. September 1987 in dessen Amtssitz

Ph. Jenninger hieß E. Honecker willkommen. Er habe die Genugtuung, daß er sich bereits in seiner früheren Funktion um diesen Besuch bemüht habe. Der Besuch sei ein wichtiges Ereignis für die Beziehungen zwischen beiden deutschen Staaten. Er sehe auch heute seine Aufgabe darin, für Dialog und Zusammenarbeit einzutreten. Beide Staaten hätten ihren Beitrag für den Frieden zu leisten. Die Deutschen müßten aus der Geschichte lernen. Er freue sich, daß sich viel Positives entwickelt habe, viele schwierige Probleme seien gelöst worden. Er habe damals mit der Unterstützung des Kredits dazu beigetragen, ein Signal zu geben im Sinne von Vertrauen gegen Vertrauen. Er bedaure zwar, daß damals die Zwei-Tage-Regelung für Westberliner nicht erreicht worden sei, er habe aber die Hoffnung, daß man dies noch schaffen werde. Damals sei von seiten der DDR die Zunahme des Reiseverkehrs zugesagt worden. Heute sei dies erreicht. Wichtig sei, das Machbare in Angriff zu nehmen. E. Honecker habe erklärt, es gehe um eine Koalition der Vernunft. Auf dieser Basis könnten die Beziehungen weiter entwickelt werden. Ein Wunsch von ihm sei, den Reiseverkehr weiter auszubauen. Dies sei ein wichtiger Beitrag zum Zusammenleben, ein Stück Friedenspolitik. Der Friede ergebe sich nicht nur aus Abrüstungsvereinbarungen, sondern auch aus dem Zusammenleben der Menschen. Seine Bitte sei, Barrieren, Mauern abzubauen. Man könne die Welt, wie sie sei, nicht verändern. Aber für die Menschen könne man viel tun. Das sei eine wichtige Voraussetzung, um vielleicht eines Tages auch Schritte zu einer Neuformulierung des

Grundlagenvertrages zu tun. Die Erweiterung des Reise- und Besucherverkehrs liege im wohlverstandenen Interesse der DDR. Er habe die Gelegenheit gehabt, mit jungen Menschen aus der DDR zu sprechen. Sie hätten ihm erklärt, ihre Heimat sei die DDR, aber sie möchten auch einmal die Welt sehen. Er gehe davon aus, daß der Besuch E. Honeckers dazu beitragen würde, unseren Teil zur Geschichte zu leisten.

E. Honecker bedankte sich für die Begrüßung. Er schätze den Beitrag von Ph. Jenninger zur Entwicklung der Beziehungen DDR/BRD hoch ein. Auf der Grundlage Vertrauen gegen Vertrauen sei vieles in Gang gekommen. Er gehe davon aus, daß dieser Besuch dazu beiträgt, die Beziehungen zwischen beiden deutschen Staaten zu stabilisieren. Man müsse von den Realitäten ausgehen, von der Existenz zweier unterschiedlicher deutscher Staaten. Daraus müsse man das Beste machen. Sie hätten vor der Geschichte eine besondere Verantwortung. Die DDR wolle gute Beziehungen. Sie verbesserten die Atmosphäre in Europa. Man müsse im Bewußtsein der unterschiedlichen gesellschaftlichen Ordnungen aufeinander zugehen und zur Lösung der Kernfrage der Gegenwart, der Sicherung des Friedens beitragen.

E. Honecker verwies darauf, daß uns die Frage bewege, die aus der Sicht der Entwicklung der Beziehungen bedeutsam sei, wie es um die Herstellung offizieller Beziehungen zwischen Bundestag und Volkskammer stehe. Ph. Jenninger sei ja schon mit Volkskammerpräsident H. Sindermann zusammengetroffen. In der IPU gebe es eine gute Zusammenarbeit. Einige Fraktionen des Bundestages hätten Kontakte zu Fraktionen der Volkskammer aufgenommen. Es wäre ein gutes Zeichen für die weitere Normalisierung der Beziehungen, wenn es zu offiziellen Beziehungen zwischen den Parlamenten käme. Die Parlamente beider deutscher Staaten hätten eine besondere Verantwortung dafür, daß von deutschem Boden nie wieder Krieg ausgehe. Dies sei auch eines der Kernthemen des Besuches.

E. Honecker erklärte nachdrücklich, daß die DDR alles tue, um den Frieden dauerhaft zu sichern. Sie sei für eine breite

Koalition der Vernunft und des Realismus. Die Friedenssicherung sei die alles überragende Frage im Verhältnis der beiden Staaten. Das sei der Sinn einer Verantwortungsgemeinschaft und Sicherheitspartnerschaft. Er begrüße es sehr, daß sich aus den bisherigen Gesprächen in der BRD eine große Übereinstimmung in der Frage der Friedenssicherung gebe. Nach einem nuklearen Krieg besteht keine Möglichkeit mehr, über die Fehler der Politik zu sprechen.

Die DDR sei für den Einstieg in die Abrüstung durch die Beseitigung der Mittelstreckenraketen einschließlich der Pershing-1a. E. Honecker verwies auf sein kürzliches Gespräch mit Vertretern der Bewegung Ärzte für nukleare Abrüstung. Sie hätten an die Worte von Einstein erinnert, daß das nukleare Zeitalter ein neues Denken erfordere. Hier bestehe ein unmittelbarer Zusammenhang zum Aufruf M. Gortbatschows für ein neues Denken. Notwendig sei, dafür einzutreten, daß der Einstieg in die atomare Abrüstung erfolgt. Dabei sei klar, daß zugleich auch die Frage der konventionellen Abrüstung stehe. Wir seien zur radikalen Abrüstung auch auf diesem Gebiet bereit, bis zur Nichtangriffsfähigkeit beider Seiten. Dabei spiele der Jaruzelski-Plan eine große Rolle. Asymmetrien müßten durch Abrüstung, nicht durch Nachrüstung beseitigt werden. Notwendig sei eine Umstellung im politischen und im militärischen Denken. Die Warschauer Vertragsstaaten hätten auf ihrem Berliner Gipfeltreffen eine Militärdoktrin bestätigt, die auf Nichtangriffsfähigkeit abziele. Die DDR begrüße die Übereinstimmung zwischen der DDR und der BRD, die globale Null-Lösung zu unterstützen.

Er sei überzeugt, daß Ph. Jenninger einen Beitrag zur Herstellung offizieller Beziehungen zwischen Volkskammer und Bundestag leisten werde. Die Volkskammer unterhalte Beziehungen zu vielen westlichen Parlamenten, warum nicht zum Bundestag.

Ph. Jenninger erwiderte, E. Honecker habe zu Recht auf die Verantwortung der Parlamente verwiesen. Er habe sich zum Ziel gesetzt, die Beziehungen zu Parlamenten sozialistischer

Staaten auszubauen. Er habe deshalb auch das Gespräch mit H. Sindermann gesucht und ihm gesagt, daß im Grundsatz auch die Frage von Beziehungen zur Volkskammer anstehe. Es gebe aber noch einige Hindernisse, z. B. müsse der „innerdeutsche" Ausschuß voll einbezogen werden und eine Gleichbehandlung auch der Westberliner Abgeordneten erfolgen. Diese Voraussetzungen spielten vor allem in der Fraktion der CDU/CSU eine Rolle. Er möchte diese Hindernisse abbauen. Die CDU/CSU-Fraktion müsse stärker eingebunden werden in die Kontakte zwischen Parlamentariern, um ihren Widerstand zu überwinden. Er müsse auf die CDU/CSU-Fraktion Rücksicht nehmen. Er sei für kleine Schritte. Auf diesem Wege denke er, das Ziel zu erreichen, Beziehungen zwischen Volkskammer und Bundestag herzustellen. Er teile völlig die Meinung E. Honeckers zur Friedenssicherung, der Einstieg durch die Null-Lösung sei wichtig.

Ph. Jenninger wünschte abschließend einen guten Verlauf des Besuches E. Honeckers in der BRD.

Seidel

Vermerk
über ein Gespräch des Generalsekretärs des ZK der SED und Vorsitzenden des Staatsrates der DDR,
Genossen Erich Honecker,
mit dem Vorsitzenden der DKP, Genossen Herbert Mies, und der stellvertretenden Vorsitzenden der DKP,
Genossin Ellen Weber,
im Schloß Gymnich am 8. September 1987

Eingangs brachte Genosse Herbert Mies seine große Freude über den offiziellen Besuch des Genossen Erich Honecker in der BRD zum Ausdruck. Es sei ein bewegender Augenblick gewesen, zu erleben, wie der Repräsentant des ersten Arbeiter-und-Bauern-Staates auf deutschem Boden durch den Bundeskanzler der BRD empfangen wurde.

Erich Honecker sagte, daß er gerade H. Wehner besucht habe. Wehner habe sich sehr darüber gefreut. Wir müssen berücksichtigen, sagte E. Honecker, daß sich die Normalisierung der Beziehungen zwischen der DDR und der BRD gerade über die SPD entwickelt habe. Jetzt sei auch die Regierung Kohl bereit, von den Realitäten auszugehen. Das gerade verabschiedete Kommuniqué über seinen offiziellen Besuch unterstreiche das. Dieser Besuch und nicht zuletzt das Zeremoniell hat uns sehr berührt. Jahrzehnte haben wir darum gekämpft. Der Besuch stelle vor aller Welt klar, daß es zwei souveräne voneinander unabhängige deutsche Staaten gibt.

Genosse Herbert Mies ging auf den von H. Kohl am Vorabend gehaltenen Toast ein. Er sei für ihn „zu grob gestrickt" gewesen.

E. Honecker erwiderte, daß er in seinem Toast vor allem die Friedenssicherung in den Mittelpunkt gestellt hätte. Einer globalen doppelten Null-Lösung dürften keine Hindernisse in den Weg gelegt werden. Er habe Kohl Anerkennung für seine Erklärung ausgesprochen, daß die Pershing-1a verschwinden sollen.

Eine große Rolle habe in den Gesprächen das Erfordernis der Fortführung des politischen Dialogs zwischen beiden deutschen Staaten, die Weiterentwicklung der wirtschaftlichen, kulturellen, sportlichen Beziehungen und auch humanitäre Fragen gespielt. Die anläßlich des Jahrestages der Gründung der DDR erlassene Amnestie und die Abschaffung der Todesstrafe habe die Gesprächspartner sehr beeindruckt. Damit seien alle Menschenrechtsfragen in den Hintergrund getreten. Auf die Frage eines Korrespondenten, was die Gespräch erbringen würden, habe er geantwortet, keinesfalls eine Wiedervereinigung, sondern die bessere Zusammenarbeit zwischen beiden deutschen Staaten. Träumereien an den Kaminen hätten keinen Platz. Das Wichtigste sei die Zusammenarbeit.

Genosse E. Honecker führte fort, man könne sagen, daß mit dem Besuch unsere gemeinsamen Ziele erreicht worden seien. Die aktive Politik der DDR gegenüber der BRD zahle sich aus. Die rechten Kreise hätten mit den Ergebnissen dieses Besuchs weiter an Positionen verloren. Es dürfe nicht übersehen werden, daß die Verbündeten der BRD die Reise mit einer gewissen Sorge verfolgten. Sie befürchteten, daß bessere Beziehungen der BRD zur DDR zur Lockerung ihres Verhältnisses zu den USA führen könnten.

Genosse Herbert Mies schätzte den Besuch als einen historischen Augenblick ein. Jene Kommunisten der BRD, die noch zu der Generation Max Reimanns und Heinz Renners gehörten, spürten sehr deutlich, daß der jahrzehntelange Kampf sich gelohnt habe. Die Saat sei aufgegangen. Gerade angesichts der Lage der Arbeiter in der Stahl- und in der Werftindustrie verweise die DKP auf die Erfordernisse der Zusammenarbeit mit der DDR. Wenn sich auch die Geister in der BRD scheiden würden, seien diese Tage zu einer Volksaussprache über die Beziehungen zur DDR geworden. Das berühre Millionen Familien. In der Mehrzahl der Presse, so sagte H. Mies, seien die Ergebnisse des Besuches als ein „Sieg von Honecker" gewertet worden.

Das Gesamtbild der DDR, so sagte E. Honecker, sei in der Weltpresse positiv. Vor allem wurde hervorgehoben, daß Kommunisten in der Lage sind, einen modernen Staat zu leiten. Das müssen auch die Industriebosse anerkennen, mit denen er sich morgen treffen würde. Die Weiterentwicklung der wirtschaftlichen Beziehungen zwischen der DDR und der BRD helfe Arbeitsplätze zu sichern und helfe auch den Kommunisten.

Genosse Herbert Mies bedankte sich abschließend dafür, daß im weiteren Besuchsprogramm der Besuch des Geburtshauses von Karl Marx in Trier und des Engelshauses in Wuppertal vorgesehen sind sowie die Gedenkstätte in Dachau besucht wird. Auch die Ehrerbietung vor Ernst Thälmann zeige, daß Erich Honecker „nicht nur als Staatsmann, sondern auch als Partei- und Arbeiterführer" gekommen sei. In herzlichen Worten bedankte sich Genosse H. Mies für die Solidarität der SED gegenüber der DKP.

Vermerk
über ein Gespräch des Generalsekretärs des ZK der SED
und Vorsitzenden des Staatsrates der DDR,
Genossen Erich Honecker,
mit dem Vorsitzenden der SPD und
Vorsitzenden der SPD-Fraktion im Bundestag der BRD,
Hans-Joachim Vogel,
im Schloß Gymnich am 8. September 1987

Hans-Jochen Vogel sagte, er freue sich über die nunmehr 6. Begegnung seit seiner Amtsübernahme von H. Wehner, die er mit dem Generalsekretär des ZK der SED habe. Der Besuch von E. Honecker in der BRD zeige, daß die von Brandt, Wehner, Schmidt und Bahr verfolgte Politik der Normalisierung der Beziehungen zwischen beiden deutschen Staaten nicht mehr aufzuhalten sei. Diese Politik wirke selbständig weiter.

In seiner Erwiderung hieß E. Honecker H.-J. Vogel und seine Begleitung herzlich willkommen. Das Treffen in Bonn sei Ausdruck einer Entwicklung, die wir seit langem verfolgten. Es geht um gleichberechtigte Beziehungen zwischen den beiden deutschen Staaten. Wenn man das Kommuniqué lese, könne man einen großen Fortschritt feststellen. Der Grundlagenvertrag und die anderen mit der BRD geschlossenen Verträge hätten dafür Voraussetzungen geschaffen.

H.-J. Vogel verwies darauf, daß, wie er sagte, mit dem gestrigen Tag der Grundlagenvertrag mit all seinen Elementen Wirklichkeit werde und darüber hinaus ein Schritt nach vorn gegangen worden sei. Die Politik, die in den 60er Jahren begründet wurde, trage jetzt ihre Früchte, und das über die Systemgrenzen hinweg. Beiden Seiten sei viel abverlangt worden. Rückblickend könne man sagen, es sei ein unglaublicher und ermutigender Weg gewesen. Von großer Bedeutung sei dabei in letzter Zeit gewesen, daß beide Parteien gemeinsam Wege zur Abrüstung aufgezeigt hätten.

Die Vorschläge für eine chemiewaffenfreie Zone und einen chemiewaffenfreien Korridor hätten ihre Wirkung. Jetzt sollten Initiativen zur Erreichung einer strukturellen Nichtangriffsfähigkeit folgen. Mit Aufmerksamkeit hätte man die von Bundespräsident von Weizsäcker in dieser Hinsicht gemachte Äußerung gehört. Eine Aufgabe bleibe es, in der Regelung der Frage der Elbegrenze voranzukommen. Positiv würde die SPD die Bestrebungen für einen Energieverbund und die Verbesserung des Eisenbahnverkehrs bewerten. Er wolle sich bei E. Honecker dafür bedanken, daß die Ergebnisse des zwischen der Grundwertekommission der SPD und der Akademie für Gesellschaftswissenschaften beim ZK der SED erarbeiteten Positionspapiers in der DDR umfangreich veröffentlicht wurden. In dem Papier werde konkret deutlich gemacht, wie ohne Verwischung der bestehenden Unterschiede in friedensfördernder Weise zusammengearbeitet werden kann. Die im DDR-Fernsehen gesendete Diskussion zwischen E. Eppler und O. Reinhold zeige das konstruktive Herangehen der SED.

E. Honecker stimmte der Einschätzung von H.-J. Vogel zu den Ergebnissen des Besuches zu. Seine Gespräche mit Weizsäcker und Kohl hätten das bestätigt. Der Gedanke der Gleichberechtigung in den Beziehungen zwischen den beiden deutschen Staaten habe sich durchgesetzt. Im Zentrum der Beziehungen stehe die Sicherung des Friedens. Die Mehrheit der Bevölkerung der BRD begrüße gutnachbarliche Beziehungen zwischen beiden Staaten. Dazu habe die SPD maßgeblich beigetragen. Die Anstrengungen von Brandt, Wehner, Schmidt und Bahr würden hoch geschätzt. Richtig sei, daß ein langer Atem gebraucht würde, um die angestrebten Ziele zu erreichen. E. Honecker drückte in diesem Zusammenhang seinen herzlichen Dank für die langjährigen Bemühungen der SPD aus. Heute würde in der ganzen Welt, von Mexiko bis Japan, von Süd bis Nord, der Entwicklung des Verhältnisses von DDR und BRD großes Interesse entgegengebracht. Das entspreche der Rolle der BRD und der DDR im Zentrum Europas für die Sicherung des Friedens und für die Weltpolitik. Hinzu komme die Tatsache, daß die BRD den Vorsitz im UNO-

Sicherheitsrat und die DDR die Präsidentschaft der UNO-Vollversammlung übernehmen. Beide deutsche Staaten müßten ihren Beitrag zur Unterbrechung des Rüstungswettlaufs leisten. Heute begreife jeder, daß die Friedenssicherung der Kern jeglicher Politik sei. Er möchte darauf aufmerksam machen, so sagte E. Honecker, daß sich im Kommuniqué der Begriff der Sicherheitspartnerschaft wiederfinde. Das sei ja unser gemeinsamer Sprachgebrauch. In seinen Gesprächen mit H. Kohl habe er darauf verwiesen, daß die Chance zum Einstieg in die nukleare Abrüstung genutzt werden müsse. Man könne von Null-Lösung zu Null-Lösung schreiten. Die Losung „Mit weniger Waffen Frieden schaffen" hätten wir uns zueigen gemacht. Die BRD dürfe nicht Bremser von Vereinbarungen zwischen den USA und der UdSSR sein. H. Kohl habe ihm zugesagt, daß seine Erklärung zu den Pershing-1a-Raketen ernst gemeint ist. Genscher habe das noch einmal bestätigt. Die entscheidende Frage sei, daß es noch in diesem Jahr zu einem Abkommen über die globale doppelte Null-Lösung kommt.

H.-J. Vogel wiederholte seine bekannten Auffassungen hinsichtlich der Ausdehnung der Aufenthaltsdauer von Westberliner Bürgern in der Hauptstadt der DDR sowie über die Ablehnung von Einreisegenehmigungen von ehemaligen Bürgern der DDR, die in die BRD übergesiedelt sind. Außerdem sprach er die Bitte aus, daß die Hochschule für Jüdische Studien in Heidelberg Archivmaterialien in der DDR einsehen darf. Er stellte die Frage, ob zum Positionspapier der Grundwertekommission der SPD und der Akademie für Gesellschaftswissenschaften beim ZK der SED eine Fernsehdiskussion in der BRD durchgeführt werden könne.

Genosse Erich Honecker stimmte zu, daß Archivmaterialien in der DDR eingesehen werden können. Er begrüße es auch, wenn eine Arbeitsgruppe von SED und SPD zu Fragen der strukturellen Nichtangriffsfähigkeit ihre Arbeit aufnehme.

An dem Gespräch nahmen seitens der SPD der stellvertretende Vorsitzende der SPD-Fraktion im Bundestag, H. Ehmke, das Mitglied des Präsidiums der SPD, E. Bahr, und das Mitglied des Vorstandes der SPD-Bundestagsfraktion, H. Büchler, teil.

Vermerk
über ein Gespräch des Generalsekretärs des ZK der SED
und Vorsitzenden des Staatsrates der DDR,
Genossen Erich Honecker,
mit dem Vorsitzenden der SPD-Fraktion
im Landtag von Schleswig-Holstein, Björn Engholm,
im Schloß Gymnich am 8. September 1987

Das Gespräch fand im Beisein des Vorsitzenden der SPD, Hans-Jochen Vogel, statt.

Erich Honecker begrüßte Björn Engholm sehr herzlich und drückte seine Freude aus, ihn kennenzulernen. B. Engholm dankte für die Möglichkeit des Gesprächs. Das sei vor den am 13. September in Schleswig-Holstein stattfindenden Landtagswahlen eine große Hilfe. Besonders dankbar sei er dafür, daß E. Honecker der Bitte entsprochen habe, daß ab sofort an dem an der Grenze von Schleswig-Holstein zur DDR gelegenen Schaalsee für Bürger der BRD das Baden erlaubt werde. Das sei nur ein scheinbar kleines Problem, aber für die dort Ansässigen und für Urlauber wäre es von großer Bedeutung. B. Engholm sagte, er wolle das umgehend als Ergebnis seines Gesprächs mit E. Honecker bekanntgeben.

Erich Honecker verwies darauf, daß sein Besuch in der BRD und das Kommuniqué der SPD helfen werden. Für die SPD sei es ein großes Plus, daß sie die Vorreiterrolle für gute nachbarschaftliche Beziehungen zwischen beiden deutschen Staaten habe. B. Engholm stimmte dem mit der Bemerkung zu, daß gerade die SPD von Schleswig-Holstein Pionierarbeit geleistet hätte. Positiv würde sich auswirken, daß Lübeck, Kiel und Flensburg Partnerschaften mit Städten in der DDR aufnehmen können.

Im weiteren Verlauf des Gesprächs wurde über Möglichkeiten der Beteiligung von kleineren und mittleren Betrieben in die Wirtschaftsbeziehungen zwischen der BRD und der DDR gesprochen. Es gab Übereinstimmung, daß die Einbeziehung der Stadt Kiel in den grenznahen Verkehr in Abhängigkeit von der Regelung der Elbgrenze-Frage gelöst werden kann. E. Honecker informierte in diesem Zusammenhang über sein Gespräch mit dem Ministerpräsidenten von Niedersachsen E. Albrecht. Er sagte, Albrecht sei offensichtlich bereit, einzuschwenken. H.-J. Vogel bemerkte dazu, daß mit dem Verlust der absoluten Mehrheit die CDU stärker Rücksicht auf ihren Koalitionspartner, die FDP, nehmen müsse. Wenn man so will, sei das auch ein Verdienst der SPD, daß Albrecht jetzt nicht mehr so könne wie früher.

Zum Abschluß des Gesprächs wünschte E. Honecker B. Engholm, daß er die Wahl am kommenden Sonntag in Schleswig-Holstein gewinnen möge.

Vermerk
über ein Gespräch des Generalsekretärs des ZK der SED
und Vorsitzenden des Staatsrates der DDR,
Genossen Erich Honecker,
mit dem Vorsitzenden der CDU/CSU-Bundestagsfraktion,
Alfred Dregger,
und dem Vorsitzenden der CSU-Landesgruppe im
Bundestag der BRD,
Theo Waigel,
im Schloß Gymnich am 8. September 1987

Eingangs begrüßte Dregger Erich Honecker als einen deutschen Kommunisten. Da er „deutscher Demokrat" sei, gebe es zwischen beiden Gemeinsamkeiten.

Erich Honecker erwiderte, daß man Gemeinsamkeiten erleben müsse. Vor allem jedoch käme es darauf an, sich von den Realitäten leiten zu lassen und nicht von Illusionen. Die Beziehungen der DDR zur Sowjetunion und den anderen Staaten des Warschauer Vertrages könne man nicht lockern. Die DDR habe ihrerseits auch nicht die Absicht, dies hinsichtlich der Beziehungen zwischen der BRD und den USA zu versuchen. Auf dieser Grundlage müßten beide deutsche Staaten ihre Zusammenarbeit miteinander entwickeln. In diesem Sinne sei das zwischen der DDR und der BRD vereinbarte gemeinsame Kommuniqué ein wichtiger Fortschritt in den Beziehungen.

Dregger bekannte sich zur Zusammenarbeit auf der Grundlage der abgeschlossenen Verträge. Er verwies zugleich auf die „rechtlichen Vorbehalte", die ebenfalls berücksichtigt werden müßten. Er betonte, daß er für Frieden und Abrüstung eintrete. Er hätte nie Zweifel daran gelassen, daß er besonderes Interesse an Abrüstungsschritten im konventionellen Bereich habe. Angesichts der Tatsache, daß es im Bereich der Mittelstreckenraketen zu einer Vereinbarung zwischen der Sowjetunion und den USA kommen könne, und im Hinblick auf die

Lage der BRD, gehe es ihm besonders um Schritte zur nuklearen Abrüstung für Rakten mit einer Reichweite unter 500 km.

E. Honecker erklärte, daß die DDR bereit sei, von Null-Lösung zu Null-Lösung zu gehen. Die Beseitigung der Mittelstreckenraketen ermögliche den Einstieg in die Nuklearabrüstung. Die DDR ist dafür, sofort mit Verhandlungen auf konventionellem Gebiet zu beginnen. Dies umso mehr, da moderne konventionelle Waffensysteme heute eine bedeutend größere Zerstörungskraft als in früheren Jahren haben. Auch aus der Sicht der DDR gehe es um die Beseitigung von Asymmetrien. Diese sollten nicht durch Aufrüstung, sondern durch Abrüstung beseitigt werden. Erich Honecker betonte, daß die DDR dem Jaruzelski-Plan zur Verminderung der Streitkräfte und Rüstungen in Mitteleuropa eine hohe Beachtung schenke. Die Sowjetunion und die USA hätten gemeinsam erklärt, daß ein nuklearer Krieg weder führ- noch gewinnbar ist. Die Aussage von A. Einstein, daß im nuklearen Zeitalter ein neues Denken erforderlich ist, gewinne eine immer größere Bedeutung. M. Gorbatschow habe diese Erkenntnis ergänzt.

Waigel warf ein, daß in diesem Zusammenhang berücksichtigt werden müßte, daß sich innerhalb und zwischen den Bündnissen differenzierte Interessen einzelner Bündnispartner darstellen würden. Auch wenn es zu einer ersten und zweiten Null-Lösung kommen sollte, bedeute dies seiner Meinung nach nicht, daß es gleiche Sicherheit für alle Staaten gäbe. Er behauptete, daß es zu einem drückenden Übergewicht der konventionellen Streitkräfte des Warschauer Vertrages kommen würde. Damit würde die BRD zu einer „Sicherheitszone dritter Kategorie". Es stelle sich die Frage, ob nicht bereits im Vorfeld einer doppelten Null-Lösung 500.000 sowjetische Soldaten und 8.000 Panzer abgebaut werden könnten.

E. Honecker erklärte, daß die DDR für den Abbau und die vollständige Beseitigung der atomaren Gefechtsfeldwaffen eintrete. Sie sei dafür, diese Waffen im Zusammenhang mit dem

Palme-Vorschlag durch die Bildung eines atomwaffenfreien Korridors zu beseitigen. Die DDR würde dafür ihr gesamtes Territorium zur Verfügung stellen, wenn auch die BRD dazu bereit ist. Entsprechende Vorschläge habe sie der Bundesregierung mehrfach unterbreitet. Erich Honecker äußerte, daß jetzt eine Lage entstanden ist, die Mittelstreckenraketen vollständig zu beseitigen. In diesem Falle würden auch die in der DDR als Gegenmaßnahmen stationierten operativ-taktischen Raketen zurückgezogen werden. Das Ziel der DDR bleibt es, bis zum Jahr 2000 die Welt von atomaren Waffen zu befreien und dafür aktive Beiträge zu leisten.

Dregger sprach von der Notwendigkeit, in den Beziehungen zwischen beiden deutschen Staaten „schrittweise Freizügigkeit" zu schaffen. Die Fortschritte im Reiseverkehr seien zu begrüßen. Die Lage an der Grenze aber sei weiterhin menschenunwürdig. Das würde die Beziehungen zwischen beiden Staaten immer wieder belasten. Waigel äußerte sich im gleichen Sinne.

E. Honecker führte aus, daß zu dem Gesamtproblem des Reiseverkehrs während der Verhandlungen mit Helmut Kohl ausführlich gesprochen worden sei. Er erwähnte in diesem Zusammenhang, daß sich die Zahl der DDR-Bürger, die im Rahmen dringender Familienangelegenheiten in die Bundesrepublik gereist sind, wesentlich erhöht habe. Was die Grenze anbetrifft, so handelt es sich um ein militärisches Sperrgebiet. Auch die Konzentration von Streitkräften in der DDR und in der BRD könne dabei nicht unberücksichtigt bleiben. Im übrigen würde sich der Mißbrauch der „grünen Grenze" durch die Ausweitung des Reiseverkehrs schrittweise aufheben. Zwischenfälle gäbe es immer weniger. In der DDR gäbe es keinen „Schießbefehl". Es existiere eine Anordnung über den Gebrauch von Schußwaffen und zur Feststellung von Personen, die die Grenzordnung mißachten.

Dregger stellte die Frage nach Reise- und Besuchsmöglichkeiten von Bürgern, die unmittelbar im Grenzgebiet wohnen.

E. Honecker erwiderte, daß die DDR ständig überlege, wie der „Sperrstreifen" verringert werden könne.

Dregger kam auf die Restaurierung kultureller Baustubstanz in der DDR zu sprechen. Er habe Dresden, Bad Doberan, Görlitz und Stralsund gesehen. In Stralsund gäbe es ein ganzes Stadtensemble, das noch in schlechtem Zustand sei. Er meinte, daß mit privater Unterstützung aus der BRD die Erhaltung von Baudenkmalen in der DDR gefördert werden könnte. Dafür wolle er etwas tun.

E. Honecker dankte ihm für das geäußerte Interesse. Stralsund kenne er sehr gut. Vieles habe sich positiv verändert. In diesem Zusammenhang erläuterte E. Honecker die großzügigen Maßnahmen zur Restaurierung von Kulturdenkmalen in der DDR. Er sagte: Wir haben unseren eigenen Ehrgeiz.

Waigel erwähnte den Wunsch, den Sportkalender weiter auszudehnen, und äußerte die Hoffnung auf eine konkrete Zusammenarbeit im grenznahen Raum auf dem Gebiet des Umweltschutzes. Konkret verwies er auf die Papierfabrik in Blankenstein.

E. Honecker lenkte die Aufmerksamkeit auf die Vereinbarung zwischen dem DTSB und dem DSB. Zur Erweiterung der Sportbeziehungen würden die Städtepartnerschaften entsprechende Möglichkeiten bieten.

Die Umweltschutzpolitik der DDR umfasse alle Bereiche und beziehe auch den grenznahen Raum ein.

Abschließend legte E. Honecker dar, daß im Gespräch mit der Bundesregierung auch über die Fragen der Verbesserung der Autobahnverbindungen gesprochen worden sei. Eine Verständigung habe man dahingehend erzielt, daß gegenwärtig der weiteren Verbesserung der Verkehrsverbindungen, vor allem auf dem Gebiet des Eisenbahnverkehrs, Priorität einzuräumen ist.

Vermerk

über ein Gespräch des Generalsekretärs des ZK der SED
und Vorsitzenden des Staatsrates der DDR,
Genossen Erich Honecker,
mit dem Vorsitzenden der FDP-Fraktion im Bundestag
der BRD, Wolfgang Mischnick,
und dem stellvertretenden Vorsitzenden
der FDP-Fraktion, Uwe Ronneburger,
im Schloß Gymnich am 8. September 1987

Zu Beginn des Gesprächs würdigte E. Honecker das Engagement der FDP für eine globale doppelte Null-Lösung für Mittelstreckenraketen. Es komme darauf an, unbedingt die Chance eines Einstiegs in die Abrüstung wahrzunehmen. Schritt für Schritt gelte es, die Abrüstung voranzubringen. Wir sind für Beseitigung auch der atomaren Gefechtsfeldwaffen und für Abrüstung auf konventionellem Gebiet. Er möchte hervorheben, wir rechnen dabei mit der Unterstützung der Freien Demokraten. Die Berliner Tagung des Politisch-Beratenden Ausschusses der Teilnehmerstaaten des Warschauer Vertrages habe deutlich gemacht, wie wir zur Frage der Beseitigung der Asymmetrien stehen. Dabei gehe es darum, nicht dort nachzurüsten, wo die eine Seite weniger als die andere habe, sondern abzurüsten. Von Bedeutung sei in diesem Zusammenhang die Veränderung der Militärdoktrinen. Der Berliner Gipfel habe den Verteidigungscharakter der Militärdoktrin des Warschauer Vertrages unterstrichen. Notwendig sei jetzt ein Umdenken nicht nur von Politikern, sondern auch der Militärs in West und Ost. Von Bedeutung sei in diesem Zusammenhang der Jaruzelski-Plan zur Schaffung verdünnter Zonen.

E. Honecker sagte, er sei sehr befriedigt, mit welcher Umsicht und Entschlossenheit der Parteivorsitzende der FDP M. Bangemann gemeinsam mit G. Mittag die wirtschaftlichen Fragen angehe. Mit Interesse habe er den jüngsten FDP-Parteitag verfolgt. Eine Delegation der LDPD sei anwesend gewesen. Die Kontakte zwischen Politikern der FDP und Politikern der DDR werde dazu beitragen, daß die Entkrampfung zwischen den beiden deutschen Staaten vorangeht. W. Mischnick sagte, er teile die Meinung E. Honeckers. Ergänzen wolle er, daß man in der Frage der Ächtung der chemischen Waffen einen Schritt näherkommen müsse. Das Problem der Asymmetrien sei ein wichtiger Punkt, aber eine nicht einfache Sache. Hier müßten Reifeprozesse erfolgen. Bei unserem Koalitionspartner, so sagte er, dauert es eben manchmal länger. Kürzlich habe er mit W. Jaruzelski gesprochen und auch mit ihm weitgehende Übereinstimmung festgestellt. Was die Fortführung des politischen Dialogs mit der DDR betreffe, sei er für eine Verbreiterung der Kontakte. Von großem Wert sei die Entwicklung von Städtepartnerschaften. Das würde auch die Entwicklung von offiziellen Beziehungen zwischen dem Bundestag und der Volkskammer fördern. Die FDP-Fraktion des Bundestages habe den Vorsitzenden des gesundheitspolitischen Ausschusses der Volkskammer offiziell eingeladen. Wenn er kommt, wird er von allen Fraktionen des Bundestages empfangen werden. Die Städtepartnerschaften würden jetzt schon ein gutes Beispiel für die Aufnahme der Parlamentsbeziehungen geben. Jetzt ginge davon ein Druck aus. Vor allem würden Bundestagsabgeordnete, in deren Wahlkreis eine Städtepartnerschaft vorhanden ist, im Bundestag auf Kontakte drängen. In diesem Zusammenhang betonte E. Honecker, daß Jenninger ihn gebeten habe, Einfluß auf die CDU/CSU in dieser Hinsicht zu nehmem. W. Mischnick sagte dazu, er begrüße es, daß mit Th. Waigel Gesprächskontakte bestehen. Das sei sehr nützlich. Waigel sei ein Mann mit Zukunft. Oft müsse er eine Spreizstellung zwischen München und Bonn einnehmen.

Im weiteren Verlauf des Gesprächs sprachen Mischnick und Ronneburger Fragen der Familienzusammenführung und des Reiseverkehrs an. Mischnick begrüßte die Abschaffung der Todesstrafe in der DDR und, wie er sagte, „die zeitweilige

Aussetzung des Schießbefehls". Er begrüße auch die beabsichtigte Verbesserung der Verkehrsverbindungen zwischen Berlin und Hannover. Er habe gehört, daß die Eisenbahn Priorität habe. Er wolle darum bitten, daß in den Fragen der Familienzusammenführung großzügiger verfahren wird. Er sprach ebenfalls die Ausdehnung der Aufenthaltsdauer für Westberliner Bürger bei Besuchen in der DDR an. Ronneburger sagte, er habe die dringende Bitte, im Sinne der Schlußakte von Helsinki auch gemeinsame Familienreisen von Bürgern der DDR in die BRD zu ermöglichen, so, wie es zwischen der BRD und den USA bereits Praxis sei.

Zum Abschluß des Gesprächs stellte E. Honecker Übereinstimmung in den sicherheitspolitischen Fragen fest. Der Besucherverkehr, so sagte E. Honecker, entwickele eine große Dynamik. Er verwies darauf, daß es für Bürger von Berlin (West) mehr als 170.000 Mehrfachberechtigungsscheine zum Besuch von Berlin gäbe, deren Gültigkeit von drei auf sechs Monate verlängert worden sei. Die Tagesaufenthalte wurden bis zwei Uhr des darauffolgenden Tages verlängert. Er möchte darauf hinweisen, daß auch weiterhin eine Kontrolle im grenzüberschreitenden Verkehr zwischen Berlin (West) und Berlin notwendig ist. Daran seien die Amerikaner ebenfalls interessiert. Auf den Wunsch von Ronneburger eingehend, bemerkte E. Honecker, daß ein gewöhnlicher Sterblicher auch heute nicht in die USA reisen könne und umgekehrt. Für eine weitere Ausdehnung des Reiseverkehrs zwischen der DDR und der BRD gehöre noch mehr Vertrauen und eine noch bessere Atmosphäre.

Vermerk

über ein Gespräch des Generalsekretärs der ZK der SED
und Vorsitzenden des Staatsrates der DDR,
Genossen Erich Honecker,
mit Vertretern der Grünen
im Schloß Gymnich am 8. September 1987

Seitens der Grünen nahmen am Gespräch teil:
Waltraud Schoppe, Sprecherin der Bundestagsfraktion der Grünen; Karitas Hensel, stellvertretende Geschäftsführerin der Bundestagsfraktion, und Regina Michalik, Sprecherin des Bundesvorstandes der Grünen.

Erich Honecker hieß die Vertreterinnen der Grünen herzlich willkommen. Über die Aktivitäten der Grünen im Bundestag, so sagte er, sind wir über das Fernsehen gut informiert.

W. Schoppe führte aus, daß die Grünen die Friedenspolitik der DDR mit großer Aufmerksamkeit verfolgten. 1983 hätten sie sehr aufgeatmet, als Erich Honecker nach dem Beschluß über die Raketenstationierung in der Bundesrepublik auf der 7. Tagung des Zentralkomitees für Schadensbegrenzung eingetreten sei. Nunmehr sei es nur zu begrüßen, daß es zu einem Abkommen über die globale doppelte Null-Lösung kommt. Die Grünen hofften, daß die Initiativen des Berliner Gipfeltreffens der Warschauer-Pakt-Staaten zur Überwindung der Militärblöcke führten und dazu beitragen, in Richtung einer europäischen Friedensordnung voranzukommen. Sie wolle bemerken, so sagte W. Schoppe, daß die Grünen ausschließlich für die Zweistaatlichkeit eintreten als Voraussetzung für einen dauerhaften Frieden in Europa. Sie habe eine Umfrage gehört, daß sich zahlreiche Menschen in der DDR für eine Wiedervereinigung aussprechen würden.

Die Grünen seien eine pazifistische Partei. So müßte E. Honecker auch verstehen, daß sie sich für Friedensgruppen in der DDR einsetzten, die Repressalien ausgesetzt seien. Hier handele es sich aber ausschließlich um Leute, die nicht gegen die DDR eingestellt seinen. Außerdem warf sie die Frage auf, warum es in der DDR keinen Wehrersatzdienst gebe.

In seiner Erwiderung brachte E. Honecker zum Ausdruck, daß die DDR mit Hochachtung den Aktivitäten der Grünen im Bundestag und auch außerhalb der Parlamente beggne. In diesem Zusammenhang erinnerte er an seine in Berlin mit Vertretern der Grünen geführten Gespräche. Die DDR trete entsprechend ihrer Verfassung dafür ein, daß von deutschem Boden nie wieder Krieg ausgehe. Das sei der Grund, weshalb sie für eine Schadensbegrenzung eingetreten sei.

Die Existenz zweier deutscher Staaten wird von den Völkern in Europa als ein Glück angesehen, sagte E. Honecker. Mit Sorge verfolgten sie pangermanische Bestrebungen bestimmter Kräfte in der BRD. Die Politik der DDR gegenüber der BRD sei in erster Linie darauf gerichtet, zur Friedenssicherung beizutragen. Unser Streben bestehe nicht darin, die BRD von den USA abzukoppeln. Das ginge auch gar nicht. Vielmehr wollen wir, daß die BRD ein aktiver Faktor des Friedens in Europa wird. Die Entwicklung habe dazu geführt, sagte E. Honecker, daß ein Abkommen über eine globale doppelte Null-Lösung für Mittelstreckenwaffen in die Nähe rückt. Auch ein nächstes Gipfeltreffen zwischen M. Gorbatschow und R. Reagan sei nicht mehr auszuschließen. In diesem Zusammenhang erläuterte E. Honecker den Vertreterinnen der Grünen die Friedensinitiativen der DDR und der Staaten des Warschauer Vertrages entsprechend den Beschlüssen des Berliner Gipfeltreffens.

E. Honecker führte weiter aus, daß die übergroße Mehrheit der Bevölkerung der DDR entschieden gegen einen Zusammenschluß zwischen der BRD und der DDR sei. Kapitalismus und Sozialismus verhalten sich zueinander wie Feuer und Wasser. Einen dritten Weg gebe es nicht. Die BRD habe erklärt, daß sie im westlichen Lager bleiben wolle. Die DDR bleibe unwiderruflich im sozialistischen Lager. Was die Frage nach dem Ersatzdienst betreffe, erläuterte E. Honecker, daß

die DDR der einzige sozialistische Staat sei, der einen Wehrersatzdienst für Wehrpflichtige, die aus Gewissensgründen den Dienst an der Waffe ablehnen, habe. Damit hätten wir gute Erfahrungen gesammelt.
Er wolle, so sagte E. Honecker, eine Bemerkung zum Auftreten der Grünen in der DDR machen. Er empfehle, daß die Grünen ihre Tätigkeit vor allem auf dem Territorium der BRD entwickelten. Gegen Gespräche mit Vertretern der Regierung der DDR und mit dem Kulturbund der DDR, der sich sehr stark um Fragen des Umweltschutzes kümmere, sei nichts einzuwenden. Wenn die Grünen eine wirklich fruchtbare Arbeit über die Grenze hinweg leisten wollten, sollten sie sich der Friedensbewegung des ganzen Volkes der DDR zuwenden, die die wirklich unabhängige Friedensbewegung ist. Er wolle in diesem Zusammenhang feststellen, daß in der DDR die sozialistische Demokratie weit entwickelt ist. Jeder zweite Bürger habe eine ehrenamtliche Funktion. Unsere Position sei, daß die Kernfrage jeglicher Politik die Kriegsverhinderung ist.

Die Sprecherin des Bundesvorstandes der Grünen, Regina Michalik, sagte, sie kenne mehr als 100 Fälle, wo Grünen die Einreise in die DDR verweigert worden sei. Der Pressesprecher des Bundesvorstandes sei am letzten Sonntag zurückgewiesen worden. E. Honecker erwiderte, daß alle Bürger der BRD, auch alle Mitglieder der Grünen, in die DDR reisen können, soweit sie sich an die Gesetze der DDR halten. Es sei ganz klar, daß jeder Staat auf seine Gesetze achtet.
Auf eine entsprechende Frage antwortete E. Honecker, daß das bereits mit H. Sindermann vereinbarte Symposium über Energie- und Umweltfragen stattfinden könne. Einem Gegenbesuch des DFD bei der Bundestagsfraktion der Grünen stehe nichts im Wege.

Vermerk
über das Gespräch des Generalsekretärs des ZK der SED
und Vorsitzenden des Staatsrates der DDR,
Genossen Erich Honecker,
mit dem Ministerpräsidenten von Baden-Württemberg
und stellvertretenden Vorsitzenden der CDU/CSU,
Lothar Späth,
am 8. September 1987 in Gymnich

E. Honecker wies einleitend auf die Bedeutung und den positiven Verlauf des Besuches hin. Späth habe großen Anteil am Zustandekommen des Besuches. Davon würden zweifellos starke Impulse für das gemeinsame Handeln zur Friedenssicherung und für die Normalisierung der Beziehungen ausgehen. Von Bedeutung seien die unterzeichneten Abkommen, insbesondere das Abkommen über Wissenschaft/Technik. Späth habe dazu wesentlich beigetragen

E. Honecker hob hervor, daß die Deutschen vernünftig miteinander umgehen müßten. Die Frage der Friedenssicherung sei die Hauptfrage. Im Mittelpunkt stehe jetzt der Abschluß eines Abkommens über die Beseitigung der Mittelstreckenraketen zwischen der Sowjetunion und den USA. Auch die BRD habe dazu positive Stellung bezogen. Es gehe um den Einstieg in die nukleare Abrüstung. Das schaffe auch den Ausgangspunkt für die konventionelle Abrüstung, einschließlich der atomaren Gefechtsfeldwaffen. Die Berliner Gipfelkonferenz des Warschauer Vertrages habe dazu entsprechende Vorschläge unterbreitet.

L. Späth bedankte sich für die Möglichkeit des Gespräches. Er unterstütze völlig das, was E. Honecker gesagt habe. Der Besuch werde der Zusammenarbeit zwischen beiden deutschen Staaten Auftrieb geben. Von Bedeutung sei die Entwicklung des Reiseverkehrs, bei den Städtepartnerschaften und auf wirtschaftlichem Gebiet. Dabei sei die Einbeziehung auch kleiner und mittlerer Betriebe wichtig. Die BRD habe bei der Null-Lösung eine klare Position eingenommen. Sie habe die Erwartung, daß dies auch im Kurzstreckenbereich weiterführen werde. Er hoffe, daß es noch in diesem Jahr zu dem Abkommen über die Mittelstreckenwaffen kommen werde.

E. Honecker unterstrich, daß der Warschauer Vertrag in Berlin seine Militärdoktrin beschlossen und veröffentlicht habe. Der Verteidigungscharakter von Warschauer Vertrag und NATO müsse herausgearbeitet werden. Sowohl ein nuklearer wie ein konventioneller Krieg müßten verhindert wrden. Nach der Beseitigung der Mittelstreckenraketen müsse man im Zusammenhang mit der konventionellen Abrüstung über die Frage der Raketen bis 500 km sprechen.

L. Späth erwiderte, man erwarte, daß die Sowjetunion ein Signal in dieser Richtung gebe. Dies sei ein spezielles deutsches Interesse. Es geht um Gleichgewicht auf niedrigster Ebene. Die Menschen wollten sehen, wie die Raketen abtransportiert werden.

L. Späth erklärte, Baden-Württemberg sei interessiert, mit der DDR weiter engstens zusammenzuarbeiten. Er verwies in diesem Zusammenhang auf die Besuche der Genossen Weiz und Stubenrauch in Baden-Württemberg. Er möchte auf die Bedeutung von Universitätskooperation verweisen, insbesondere auf solchen Gebieten wie Mikroelektronik, Maschinenbau. Die Universität Stuttgart habe hier große Potenzen. Vielleicht könnte man die Zusammenarbeit mit der TU Dresden ausbauen und auf längere Sicht institutionalisieren.

E. Honecker warf ein, dies müsse man prüfen.

L. Späth verwies auf die guten Erfahrungen in Baden-Württemberg in der Umsetzung von wissenschaftlichen Erkenntnissen in die Praxis. Dazu habe man bei Hochschulen Transferzentren eingerichtet, wo sich junge Leute bewähren könnten. Man erwarte demnächst den Besuch von Minister Beil. Die Importmöglichkeiten aus der DDR seien noch nicht ausgeschöpft. Er sehe große Möglichkeiten vor allem im Maschinenbau und verwies auf die Zusammenarbeit mit Robotron. Man könne auch die Zusammenarbeit auf dritten Märkten verbessern. L. Späth ließ eine gewisse Skepsis hinsichtlich von Joint ventures erkennen. Es gebe noch viele ungelöste Probleme. Die Direktzusammenarbeit sei aussichtsreicher. Was COCOM betreffe, so müsse man ein Stück praktischer Zusammenarbeit darüber hinweg entwickeln.

E. Honecker sagte, die Gedanken von Späth fielen bei uns auf fruchtbaren Boden. Die DDR sei an direkter Zusammenarbeit interessiert. Baden-Württemberg habe viele Bereiche, die dafür in Frage kämen. Was Dresden betreffe, so gebe es dort eine enge Zusammenarbeit zwischen TU und den Kombinaten. Dort gebe es auch das Institut von Manfred von Ardenne. Die DDR mache große Fortschritte bei den Schlüsseltechnologien bis hin zur Produktion des 1-Mega-bit-Speichers 1988/89. Das Embargo werde auf vielen Gebieten gemeinsam mit der Sowjetunion durchbrochen.

L. Späth bedankte sich dafür, daß Baden-Württemberg wieder einen Messestand bekommen habe. Zum ersten Mal würden die Universitäten Stuttgart und Karlsruhe ausstellen.
Man werde in Stuttgart einen Kongreß über Fragen des Städtebaus unter internationaler Beteiligung veranstalten. Man hoffe auf eine DDR-Teilnahme und werde dem zuständigen Ministerium in der DDR eine Einladung schicken.
E. Honecker begrüßte dies.

Seidel

Vermerk
über eine kurze Begegnung des Generalsekretärs des ZK der SED
und Vorsitzenden des Staatsrates der DDR,
Genossen Erich Honecker,
mit General a. D. Gert Bastian und
der Bundestagsabgeordneten der Grünen, Petra Kelly,
im Hotel Bristol am 8. September 1987

Zu Beginn der Begegnung übergaben G. Bastian und P. Kelly E. Honecker ein Bild sowie einen Brief von Bärbel Bohley.
G. Bastian und P. Kelly gratulierten E. Honecker zum Erfolg des Besuches in Bonn. G. Bastian sagte, daß es sich um einen Durchbruch handele. Das werde auch in der Bevölkerung der Bundesrepublik so empfunden.

E. Honecker hob hervor, daß er in seinen Gesprächen mit Bundespräsident Weizsäcker und Bundeskanzler Kohl Übereinstimmung festgestellt habe, ohne Wenn und Aber einem Abkommen über die Beseitigung von Mittelstreckenraketen zum Gelingen zu verhelfen. Er habe gegenüber H. Kohl begrüßt, daß die Pershing-1a-Raketen verschrottet werden sollen. G. Bastian erwiderte, es sei sehr gut gewesen, daß H. Kohl gezwungen wurde, diese Erklärung noch vor dem offiziellen Besuch von E. Honecker abzugeben. G. Bastian äußerte den Wunsch, einen Gedankenaustausch mit Generalen der DDR führen zu können.
E. Honecker fragte G. Bastian, welche Eindrücke er von seiner Reise in die Sowjetunion mitgebracht habe. G. Bastian sagte, er habe eine außerordentlich gute Reaktion der Menschen auf den Film „Die Generale" gespürt. E. Honecker sagte dazu, daß der Film in der DDR mit großer Begeisterung aufgenommen worden sei. Hinsichtlich eines Gedankenaustausches G. Bastians mit Generalen der DDR gebe er heute schon die Genehmigung.

P. Kelly nutzte das Gespräch, um eine Reihe Briefe mit Wünschen für Einreisen in die DDR zu übergeben. Sie setzte sich vor allem für Bärbel Bohley ein, mit der sie in enger Verbindung stünde. Sie würde für B. Bohley im Herbst dieses Jahres eine Bilder-Ausstellung organisieren und bittet darum, daß sie zu diesem Zwecke in die BRD reisen könne. Außerdem setzte sie sich erneut für Roland Jahn ein und bat darum, daß er die Transitwege der DDR für Reisen von Berlin (West) nach der BRD benutzen dürfe.

Genosse E. Honecker verabschiedete sich von Gert Bastian und Petra Kelly mit dem Bemerken, daß er jetzt H. Kohl und weitere Gäste des Empfangs begrüßen müßte.

Vermerk

über ein Gespräch des Generalsekretärs des ZK der SED
und Vorsitzenden des Staatsrates der DDR,
Genossen Erich Honecker,
mit dem Ehrenvorsitzenden der SPD,
Willy Brandt,
im Hotel Bristol am 8. September 1987

Zu Beginn des Gesprächs sagte W. Brandt, daß der Besuch E. Honeckers in der BRD historische Bedeutung habe. Keiner könne das wieder wegwischen. Der Weg bis hierher sei ein Hürdenlauf gewesen. Im Hürdenlauf seid Ihr ja besser als wir. E. Honecker erklärte, er stimme zu, daß man bei einem Langstreckenlauf langen Atem brauche. W. Brandt bemerkte, er habe bereits bei den Olympischen Spielen 1972 in München gespürt, daß in der breiten Öffentlichkeit der Bundesrepublik Vorbehalte für bessere Beziehungen zur DDR immer weniger würden.

Auf sein Gespräch mit Weizsäcker und Kohl eingehend, sagte E. Honecker, daß im Zentrum die gemeinsame Verantwortung für die Friedenssicherung gestanden habe. Übereinstimmung habe geherrscht, daß die Pershing-1a nicht zum Hemmnis für ein Abkommen zwischen der UdSSR und den USA werden dürften. Das würde auch das kommende Woche stattfindende Gespräch zwischen Shultz und Schewardnadse erleichtern. E. Honecker informierte in diesem Zusammenhang über ein Gespräch mit A. Hammer in Berlin.

Erich Honecker sagte, er möchte Willy Brandt persönlich im Namen der Führung der SED sehr herzlich für seinen großen Beitrag für die Entspannung in Europa und hinsichtlich der Normalisierung der Beziehungen zwischen beiden deutschen Staaten seinen Dank aussprechen. Der Wert des gemeinsamen Dokuments der Grundwertekommission der SPD und der Akademie für Gesellschaftswissenschaften beim ZK der SED werde hoch geschätzt. Von großem Gewicht seien die gemeinsamen Vorschläge für eine chemiewaffenfreie Zone und einen atomwaffenfreien Korridor.

Sehr bewegt bedankte sich Willy Brandt für die an seine Person gerichteten herzlichen Worte betreffs der, wie er sagte, „Eisbrecherfunktion". Er teile die Auffassung, daß die Linie des gemeinsamen Dokuments zwischen SPD und SED gut sei, vor allem sei der Grundgedanke richtig, daß die bestehenden Gegensätze kein Hindernis für die Schaffung einer bleibenden Friedensordnung sein dürften. Bezug nehmend auf ein Gespräch, das er mit J. Kadar geführt habe, stellte er die Frage, ob man bei dem Trennungsstrich zwischen Sozialdemokraten und Kommunisten über die Friedensfrage hinaus Gemeinsamkeiten festzustellen seien, die es gelte hervorzuheben. Bei M. Gorbatschow gebe es ähnliche Gedanken. Eine andere Frage sei, daß eine Abstimmung zwischen unseren Parteien erforderlich ist, wie man die jeweiligen Nachbarn noch stärker für unsere Initiative für eine chemiewaffenfreie Zone und einen atomwaffenfreien Korridor interessieren kann.

Das heißt, so sagte Willy Brandt, was macht der eine und was macht der andere gegenüber seiner Gemeinde. Das große Problem seien für die SPD die Franzosen, und zwar alle politischen Richtungen. Ende Juli habe er Mitterrand besucht. F. Mitterrand sei sehr wirklichkeitsfremd. Notwendig sei, gemeinsame Schritte zu besprechen, wie auf Frankreich eingewirkt werden könne. E. Honecker erwiderte, das sei richtig. Er hätte eine Einladung von Mitterrand, wisse aber gegenwärtig nicht, wie er sich mit dem Blick auf die bevorstehenden Präsidentschaftswahlen verhalten solle. W. Brandt äußerte, es sei gegenwärtig unklar, ob Mitterrand noch einmal kandidiere. Wenn er es tue, würde er die Wahl gewinnen. Man könne davon ausgehen, daß die KPF ihn im zweiten Wahlgang unterstütze. Die Ehefrau Mitterrands rate aber von einer Kandidatur ab, da eine weitere siebenjährige Amtszeit in seinem fortgeschrittenen Alter eine zu große Belastung sei.

Vermerk
über ein Zusammentreffen
mit dem Präsidenten des DIHT,
Otto Wolff von Amerongen,
am 9. September 1987

Am 9. 9. 1987 erfolgte eine Begegnung des Generalsekretärs des Zentralkomitees der SED, Genossen Erich Honecker, mit 400 führenden Repräsentanten der Wirtschaft der BRD im Rahmen einer Einladung des Präsidenten des Deutschen Industrie- und Handelstages (DIHT) der BRD, Otto Wolff von Amerongen, in Köln.

An dieser Veranstaltung nahmen auch Generaldirektoren von Kombinaten und Außenhandelsbetrieben der DDR teil.

Genosse Erich Honecker unterstrich in seinen grundsätzlichen Ausführungen die friedensfördernde Rolle von Handels- und Wirtschaftsbeziehungen. Dabei brachte Genosse Erich Honecker das Interesse der DDR an dem weiteren Ausbau des Handels und der wirtschaftlichen Zusammenarbeit zwischen der DDR und der BRD auf der Grundlage der Gleichberechtigung und des gegenseitigen Vorteils zum Ausdruck.

Er betonte, daß von seiten der DDR gute Voraussetzungen gegeben sind, um die Wirtschaftsbeziehungen in den nächsten Jahren stabil und kontinuierlich weiter auszubauen.

Sowohl in der Begrüßungsansprache Otto Wolff von Amerongens wie auch in den Beiträgen des Präsidenten des Bundesverbandes der Deutschen Industrie (BDI), Tyll Necker, des Vorsitzenden der Arbeitsgemeinschaft Handel mit der DDR, Herbert Bittlinger, des Vorstandsmitgliedes der Hoechst AG, Jens-Uwe Thomsen, und des Vorstandsvorsitzenden der Brown Boveri AG, Dr. Herbert Gassert, die als Vertreter der BRD-Wirtschaft das Wort nahmen, kam zum Ausdruck, daß der Besuch des Generalsekretärs in der BRD und dieses Wirtschaftsforum neue Impulse auf vielen Gebieten der wirtschaftlichen Zusammenarbeit auslösen.

Durch Genossen Günter Mittag konnte abschließend eingeschätzt werden, daß diese Begegnung mit namhaften Persönlichkeiten der Groß- und mittelständischen Unternehmen der BRD davon bestimmt war, den Willen zu bekräftigen, die Wirtschaftsbeziehungen zwischen der DDR und der BRD weiter auszubauen und damit neue Möglichkeiten zu erschließen.

Mit dieser Veranstaltung wurden gute Voraussetzungen geschaffen, um die Handels- und Wirtschaftsbeziehungen weiter zu intensivieren und maßgebliche Vertreter der BRD-Wirtschaft für den verstärkten Abbau noch bestehender Handelshemmnisse zu gewinnen.

In diesem Zusammenhang wurde auch die politische und ökonomische Bedeutung der zu bildenden Gemischten Kommission zur Entwicklung der wirtschaftlichen Beziehungen zwischen der DDR und der BRD deutlich.

Durch die Generaldirektoren der Kombinate und Außenhandelsbetriebe wurden auf der Basis der dargelegten Positionen der DDR intensive Gespräche mit den Vertretern der Wirtschaft der BRD zur weiteren Gestaltung der konkreten Geschäftsbeziehungen geführt.

Gespräch unter vier Augen
zwischen dem Generalsekretär des ZK der SED
und Vorsitzenden des Staatsrates der DDR,
Erich Honecker,
und dem Ministerpräsidenten Nordrhein-Westfalens,
Johannes Rau,
am 9. September 1987 in Düsseldorf

J. Rau begrüßte E. Honecker herzlich und bezeichnete seinen Besuch in der BRD als einen Erfolg für die Menschen in beiden deutschen Staaten, über den er sich freue. Nordrhein-Westfalen realisiere 30 %, davon also den stärksten Anteil des Warenaustausches mit der DDR und tätige auch zunehmenden Wissenschaftsaustausch, insbesondere zwischen Aachen und Dresden. Es bestehe eine Fülle beiderseitiger Kontakte, z. B. auch beim Theateraustausch. Von den 396 Gemeinden des Landes wollten über 100 zu Städtepartnerschaften gelangen. Dies alles sollte weiter vorangebracht werden, wobei er überlege, ob man nicht auch in der Entwicklungshilfe etwas in Gang bringen könne.

E. Honecker dankte für die Begrüßung und die einleitenden Worte J. Raus. In der Tat gebe es viele regelmäßige Kontakte, nicht zuletzt wegen des stärksten Warenaustausches, dessen weitere Steigerung angestrebt werde. Von den in Bonn unterzeichneten drei Abkommen gingen neue Impulse für die Zusammenarbeit aus. Darüber sei bei seinem Kölner Treffen mit Vertretern des Deutschen Industrie- und Handelstages, der Großindustrie und der mittelständischen Wirtschaft in aufgeschlossener Atmosphäre gesprochen worden. Nachdem er sich mit J. Rau in der DDR getroffen hatte, freue er sich, jetzt hier zu sein. Auch W. Brandt habe im Gespräch den BRD-Besuch gerade zum gegenwärtigen Zeitpunkt sehr hoch eingeschätzt. Mit der SPD-Führung bestehe ein enger Kontakt, der dazu beitrage, die Beziehungen zwischen beiden Parteien und beiden deutschen Staaten auf den verschiedensten Gebieten zu entwickeln.

J. Rau fragte, welche Gefühle wohl E. Honecker 50 Jahre nach jener Zeit bewegten, in der er schon einmal in Nordrhein-Westfalen gewesen und politisch tätig gewesen war. Diese Zeit, sagte E. Honecker, liege weit zurück und bewege ihn zugleich. Dabei denke er insbesondere an das Schicksal der 45 illegalen antifaschistischen Widerstandskämpfer, mit denen er zusammengearbeitet hatte, die damals verurteilt wurden und von denen er 7 vor dem „Volksgerichtshof" wiedergetroffen habe. Er erinnere sich an ein junges, von den Faschisten später umgebrachtes Mädchen, das für die Vorbereitung des Prozesses gegen ihn Schlüsselzeuge sein sollte und standhaft leugnete, ihn zu kennen. 1948 sei er zum letzten Mal in Duisburg gewesen und habe, zusammen mit Max Reimann, auf einer Kundgebung gesprochen.

Das Wichtigste sei, die Zukunft friedlich zu gestalten. Dem hätten auch seine Gespräche in Bonn gedient. E. Honecker unterstrich die Übereinstimmung, die Mittelstreckenwaffen ohne Wenn und Aber zu beseitigen, und wertete die Erklärung H. Kohls positiv, in Verbindung damit auf die Pershing-1a zu verzichten. Das Miteinander in der Friedensfrage sei das größte Ergebnis. Mehr als 80 % der Bürger der Bundesrepublik seien dafür. Ein Abkommen über die Mittelstreckenewaffen dürfe nicht an der BRD scheitern, darin habe man voll übereingestimmt. J. Rau: Strauß wird noch differenzieren. E. Honecker: Bei der Begegnung in Leipzig habe sich F. J. Strauß bei ihm erkundigt, woher der Sinneswandel der USA hinsichtlich der Mittelstreckenwaffen komme. Hier gebe es jetzt eine große Umstellung.

Da sich J. Rau für die Behandlung der „Grenzfrage" und des „Schießbefehls" in den Bonner Gesprächen interessierte, sagte E. Honecker, dies habe dort weniger, mehr aber in den Trinksprüchen des Bundeskanzlers eine Rolle gespielt. Bei den Grenzen sei daran zu denken, daß sich an ihnen starke Gruppierungen des Warschauer Vertrages und der NATO gegenüberstehen und es sich um militärische Sperrgebiete handelt. Er habe H. Kohl die Anordnung der BRD für den Waffengebrauch vorgelesen, hier gebe es keinen Unterschied zu den entsprechenden Bestimmungen der DDR. Auch wir seien an Zwischenfällen nicht interessiert. Der Reiseverkehr entwickele sich in großem Ausmaß. Bis Ende Augsut hätten 3,2 Millionen Bürger der DDR die BRD besucht, nur 0,02 % seien nicht zurückgekehrt. Insgesamt seien 12,7 Millionen DDR-Bürger ins Ausland, darunter die Sowjetunion und die anderen sozialistischen Länder, gereist, und das bei einer Bevölkerungszahl von 16,9 Millionen. Reden wie unlängst am Brandenburger Tor trügen allerdings nicht dazu bei, die Bereitschaft der DDR zu fördern. Alles hänge vom Erhalt der Atmosphäre ab.

J. Rau fragte, wie E. Honecker die Entwicklung in der Sowjetunion sehe.

Er unterhalte sehr enge Beziehungen zu M. Gorbatschow, und von den Repräsentanten der sozialistischen Länder habe er sich wahrscheinlich am häufigsten mit ihm getroffen. Für die UdSSR sei der sich dort vollziehende Prozeß unbedingt erforderlich, um das Lebensniveau des Volkes zu erhöhen. Auf diesem Gebiet sei ein Vergleich mit der DDR schier unmöglich, denn was Gorbatschow für die Sowjetunion anstrebe, habe die DDR bereits erreicht. Die Sowjetunion arbeite daran, Tempoverluste in der industriellen Entwicklung aufzuholen, wobei zu berücksichtigen sei, wieviel sie in die militärische Verteidigung habe investieren müssen. In der Landwirtschaft sei die DDR zum Selbstversorger geworden, während sie früher Getreide importieren mußte, und exportiere teilweise, z. B. Fleisch und Butter. Sie verfolge den Kurs der Einheit von Wirtschafts- und Sozialpolitik und könne keine Beschleunigung proklamieren. Es gebe bei uns den Lohn nach der Leistung - wie die Arbeit so das Geld - und keine Gleichmacherei. Im Vordergrund stehe die Intensivierung der Volkswirtschaft, und aufgrund dessen werde das sozialpolitische Programm verwirklicht. In der Sowjetunion sei die Lage anders. Die Führung arbeite intensiv daran, ihren neuen Kurs durchzusetzen, was nur zu begrüßen sei. E. Honecker verwies auf die Bedeutung des in der DDR realisierten sozialistischen Bildungssystems, das gleiche Bildung für alle Kinder des Volkes gewährleistet und den modernen Anforderungen entspricht.

Auf eine Frage J. Raus nach dem Verhältnis zu den Kirchen in der DDR antwortete E. Honecker, es habe sich seit seiner Begegnung mit den führenden Kirchenvertretern im Jahr 1978 gut entwickelt. Dazu habe die von Bischof Schönherr umrissene Aufgabe der Kirche im Sozialismus beigetragen. E. Honecker erinnerte an die Teilnahme der Bischöfe an solchen bedeutsamen Ereignissen wie der Einweihung des Nikolai-Viertels in Berlin. Die evangelische Kirche erhalte starke Unterstützung durch den Staat. Was die katholische Kirche betreffe, so sei dies z. B. beim Katholikentreffen in Dresden mit seinen 100.000 Teilnehmern deutlich geworden, was Altbischof Schaffrahn ausdrücklich gewürdigt habe. Im Gespräch, daß er anläßlich seiner Italienreise mit dem Papst führte, habe Johannes Paul II. erklärt, seine Bischöfe hätten ihm bestätigt, daß das Verhältnis zwischen der katholischen Kirche und dem Staat gut sei. E. Honecker habe keinen Grund gesehen, das zu dementieren.

J. Rau stellte eine weitere Frage nach dem Verhältnis zwischen dem Staat und den Künstlern und einer „Entspannung" nach den seinerzeitigen Ereignissen um Biermann. E. Honecker erwähnte, daß er erst vor wenigen Tagen mit der Schauspielerin und Sängerin Sonja Kehler zusammengetroffen sei, die häufiger in der Bundesrepublik als in der DDR auftrete. In einem Artikel der Zeitung „Die Welt" sei die Tätigkeit zahlreicher Künstler der DDR in der BRD hervorgehoben und als Ursache dafür, daß sie so gefragt sind, nicht zuletzt ihre gute Ausbildung in der DDR angeführt worden. E. Honecker verwies auf die Ausstellung mit Werken W. Sittes, auf die Kunstausstellung in Duisburg, die Beziehungen zwischen den Verbänden. Die Fragen von damals spielten keine Rolle mehr. Viel sei zur Rekonstruktion oder für den Neubau von Kunststätten in der DDR getan worden, z. B. das Deutsche Theater, die Kammerspiele, das Schauspielhaus, die Staatsoper, den Friedrichstadtpalast in Berlin.

Zu dem Interesse an weiteren Städtepartnerschaften, das J. Rau bekundete, bemerkte E. Honecker, bis jetzt gebe es 22, und es gehe darum, Erfahrungen zu sammeln.

J. Rau setzte sich für einen Leichtathletik-Länderkampf mit Nordrhein-Westfalen ein.

Das Gespräch wurde sodann im Kreis der Delegationen beider Seiten fortgesetzt.

Vermerk
über das Gespräch des Generalsekretärs des ZK der SED
und Vorsitzenden des Staatsrates der DDR,
Genossen Erich Honecker,
mit dem Ministerpräsidenten von Nordrhein-Westfalen,
Johannes Rau,
am 9. September 1987

An dem Gespräch nahmen die Minister der Landesregierung von Nordrhein-Westfalen teil. Diese brachten in einem Vorgespräch Einzelvorstellungen zur Entwicklung der Beziehungen zwischen der DDR und Nordrhein-Westfalen zum Ausdruck
E. Honecker dankte Ministerpräsident Rau für die Einladung nach Nordrhein-Westfalen. Er brachte die Freude darüber zum Ausdruck, einen Meinungsaustausch über Fragen der weiteren Entwicklung der Beziehungen mit ihm führen zu können. Auf politischem, wirtschaftlichem, wissenschaftlich-technischem und kulturellem Gebiet ist ein reger Austausch zwischen Nordrhein-Westfalen und der DDR im Gange. Er hob die Verdienste von Ministerpräsident Rau in diesem Zusammenhang hervor. Ein Drittel des Handelsaustausches DDR/BRD werde mit Nordrhein-Westfalen realisiert. Dieser Anteil läßt sich noch weiter erhöhen. Nordrhein-Westfalen erweise sich als stabilisierendes Element der Gesamtbeziehungen DDR/BRD. Es werde von Persönlichkeiten regiert, die für die Notwendigkeit der weiteren Entwicklung Verständnis haben. Kernpunkt bleibe dabei die Sicherung des Friedens. Die sich anbahnende Null-Lösung zwischen der Sowjetunion und den USA ermöglicht den Einstieg in die Abrüstung. In Verbindung damit werden auch Maßnahmen zur konventionellen Abrüstung notwendig. Die Pershing-1a darf für das Zustandekommen eines Abkommens kein Hindernis sein.

Das mit der Bundesregierung abgeschlossene Gemeinsame Kommuniqué unterstreicht, daß der Dialog mit der BRD durch Projekte auf dem Gebiet der Wirtschaft und des Handels sowie der drei abgeschlossenen Abkommen fortgeführt wird und für beide Seiten zu Ergebnissen gebracht werden kann. Für die Zusammenarbeit auf dem Gebiet der Kultur gebe es Möglichkeiten. Die DDR ist an einem verstärkten Kulturaustausch interessiert.

– Umweltminister Matthiesen machte den Vorschlag, die Zusammenarbeit auf dem Gebiet der Umwelttechnologien zu entwickeln.

– Ministerin Brun (Wissenschaft) unterbreitete die Vorstellung einer Universitätspartnerschaft zwischen der TU Dresden und der rheinisch-westfälischen Hochschule Aachen herzustellen. Gastdozenten sollten zwischen den Kunsthochschulen ausgetauscht werden. Einen Hochschulpartnerschaft zwischen der Uni Bochum mit der Uni Jena sollte ermöglicht werden.

Moldt

Vermerk
zur Beratung der Fachminister Nordrhein-Westfalens
mit der DDR-Delegation
am 9. September 1987 in Düsseldorf

Genosse Günter Mittag entwickelte Grundgedanken für die Zusammenarbeit auf wirtschaftlichem und wissenschaftlich-technischem Gebiet, die auch die Kooperation von Kombinaten mit Unternehmen der BRD einschließt. Die Zusammenarbeit muß sich auf Vertrauen gründen. Auf der Veranstaltung im DIHT in Köln mit Wirtschaftskreisen der BRD habe er auf die Hauptfragen hingewiesen. Er bezeichnete diese Veranstaltung als gelungen. Genosse G. Beil äußerte Vorstellungen zur Erweiterung der Wirtschaftsbeziehungen unter Einbeziehung der drei unterzeichneten Abkommen. Es gelte, Bewährtes fortzuführen und Neues hinzuzufügen. Die Zusammenarbeit müsse langfristig orientiert sein.

Genosse Nier wies auf das Kulturabkommen hin, das eine Entwicklung widerspiegele, die positiv eingeschätzt werde. Die Vorhaben für 1988/89 sind im wesentlichen abgestimmt. Der Minister für Hoch- und Fachschulwesen, Böhme, wird im November in die BRD kommen.Die Minister unterbreiteten Vorstellungen zur Entwicklung der Beziehungen durch die Realisierung von Einzelprojekten:

- Kultusminister Schwier unterstrich die Bedeutung der auf Villa Hügel durchgeführten Ausstellung „Barock in Dresden" und der Duisburger Akzente.

- Finanzminister Posser machte den Vorschlag regelmäßiger Gespräche zwischen Außenhandelsminister Beil und Wirtschaftsminister Jochimsen. Es bestehe der Wunsch nach weiteren Städtepartnerschaften. Es sollten Düsseldorf und Lemgo berücksichtigt werden.

- Minister für Städtebau, Zöpel, schlug einen Erfahrungsaustausch über die städtebauliche Entwicklung vor sowie die DDR-Bauausstellung in Nordrhein-Westfalen zu zeigen.

Die von den Fachministern vorgetragenen Vorschläge werde die DDR-Seite prüfen (betrifft die Vorstellung von Kultur und Kunst aus Nordrhein-Westfalen in Leipzig und die Zusammenarbeit von Übersetzerkollektiven aus Nordrhein-Westfalen und der DDR).

E. Honecker erklärte weiter, daß der Wunsch nach Städtepartnerschaften verständlich ist. Die DDR werde die unterbreiteten Vorschläge prüfen. Im Rahmen von Städtepartnerschaften würden auch Möglichkeiten für sportliche Aktivitäten bestehen (u. a. Fußball).

Der Wunsch Nordrhein-Westfalens, die DDR-Bauausstellung zu präsentieren, werde unterstützt.

Ministerpräsident Rau dankte für den konstruktiven Verlauf der Gespräche.

Moldt

Vermerk
über ein Gespräch des Generalsekretärs des ZK der SED
und Vorsitzenden des Staatsrates der DDR,
Genossen Erich Honecker,
mit Helmut Schmidt
im Schloß Benrath am 9. September 1987

H. Schmidt brachte seine Freude über die Begegnung zum Ausdruck und stellte Fragen zur internationalen Lage, zur Entwicklung in der Sowjetunion und in der VR Polen. E. Honecker führte aus, daß die wichtigste aktuelle Frage, über die er mit Bundespräsident Weizsäcker und Bundeskanzler Kohl gesprochen habe, darin besteht, die Chancen, die sich mit dem Abschluß eines Abkommens über die globale doppelte Null-Lösung für Mittelstreckenwaffen ergeben, zu nutzen. Das sei das Wichtigste. Einigkeit bestünde darin, daß dem Einstieg in die Abrüstung keine Hindernisse in den Weg gelegt werden dürften. H. Schmidt sagte, er gehe davon aus, daß M. Gorbatschow und R. Reagan das Abkommen wollten. M. Gorbatschow brauche seiner Meinung nach einen Erfolg. Ein Abkommen über die Mittelstreckenraketen sei aber nur ein kleiner Erfolg, es stelle sich die Frage, was kommt dann? Vor allem würde die Umstellung der Rüstungsproduktion auf zivile Produktion ein komplizierter Vorgang sein. Perestroika habe viele Erwartungen geweckt, sei aber ein langer Weg. Seiner Meinung nach müsse M. Gorbatschow bald Ergebnisse vorweisen. Schmidt führte weiter aus, daß er kürzlich in Moskau gewesen sei, aber immer noch Schlangen vor den Geschäften erlebt habe.

E. Honecker erwiderte, daß er davon ausgehe, daß Gorbatschow es schaffen werde. In der Sowjetunion sei vieles in Bewegung gekommen, die Hauptfrage sei die soziale Frage. Auf diesem Gebiet würden große Anstrengungen unternommen. In diesem Zusammenhang seien die Beschlüsse des RGW hinsichtlich der wissenschaftlich-technischen Zusammenarbeit bis zum Jahr 2000 von großer Bedeutung. Auf eine entsprechende Frage zur Lage in Polen sagte E. Honecker, er treffe in wenigen Tagen W. Jaruzelski in Berlin. Die politische Situation habe sich stabilisiert und die Autorität W. Jaruzelskis sei sichtbar gewachsen. Die katholische Kirche in Polen sei sehr national. Das würde helfen. Auf ökonomischem Gebiet habe sich die Lage ebenfalls verbessert. Als Problem stelle sich, daß der Papst seinerzeit Solidarnosc unterstützt hat. H. Schmidt warf in diesem Zusammenhang ein, seiner Meinung nach sei der Papst politisch naiv. Aus seiner Sicht sei es von großer politischer Bedeutung, wenn beide deutsche Staaten gute Beziehungen zu Polen haben.

H. Schmidt führte weiter aus, ihn bewege die Rolle des Islam in der heutigen Welt. Ihn beunruhige die Entwicklung sehr. Der Krieg zwischen Iran und Irak unterstreiche das. Zu befürchten sei, daß die islamischen Völker sich eines Tages alle einig sind und gegen uns losschlagen. Nicht zu unterschätzen sei der Einfluß des Islam auf die mittelasiatischen Republiken der Sowjetunion. Schon Breshnew hätte da seine Sorgen gehabt.

Vermerk
über das Gespräch des Generalsekretärs des ZK der SED
und Vorsitzenden des Staatsrates der DDR,
Genossen Erich Honecker,
mit dem Ministerpräsidenten von Rheinland-Pfalz,
Bernhard Vogel,
am 10. September 1987 in Trier

E. Honecker verwies auf die Begegnung mit B. Vogel im Februar 1987 in Berlin. Er bewertete den Verlauf seines Besuches in der BRD als positiv. Es habe fruchtbare Ergebnisse gegeben, sowohl hinsichtlich der Friedenssicherung wie der bilateralen Beziehungen. Das spiegele sich im Abschlußkommuniqué wider. Vom Besuch würden sich wichtige Impulse für viele Gebiete ergeben. Die wirtschaftlichen Beziehungen zwischen der DDR und Rheinland-Pfalz würden sich überdurchschnittlich entwickeln. Die DDR wolle die Beziehungen weiter voranbringen.

B. Vogel bedankte sich für den Besuch E. Honeckers in Rheinland-Pfalz. Er würdigte Verlauf und Ergebnisse des gesamten Besuches in der BRD. Er äußerte Zuversicht darüber, daß es zu einem Abkommen über die Mittelstreckenraketen kommen werde. Bundeskanzler Kohl habe dazu seinen Beitrag in der Frage der Pershing-1a geleistet. Das habe ihm viel Ärger in der eigenen Partei eingebracht. B. Vogel unterstütze die Entscheidung Kohls. Er trete dafür ein, daß nach einer doppelten Null-Lösung die Verhandlungen über die Kurzstreckenraketen und die konventionelle Rüstung weitergeführt würden.

B. Vogel begrüßte, daß im Kommuniqué über den Besuch die Einbeziehung kleiner und mittlerer Betriebe in die wirtschaftliche Zusammenarbeit deutlich angesprochen sei.

E. Honecker erklärte, daß die DDR die Entscheidung H. Kohls zu den Pershing-1a positiv bewerte. Die Warschauer Vertragsstaaten seien bereit, nach dem Abkommen über die

Mittelstreckenraketen Verhandlungen auf konventionellem Gebiet und über die Reduzierung der atomaren Gefechtsfeldwaffen zu führen. Das betreffe vor allem die beiden deutschen Staaten. Die DDR sei dafür, die Kernwaffen bis zum Jahr 2000 völlig zu beseitigen.

In Verbindung damit stehe die Gestaltung des europäischen Hauses, vor allem auf wirtschaftlichem und kulturellem Gebiet.

E. Honecker verwies auf die überdurchschnittliche Entwicklung des Handels zwischen der DDR und Rheinland-Pfalz in letzter Zeit.

B. Vogel stimmte dem zu. Zwei Produkte lägen ihm besonders am Herzen, Wein und Schuhe. Er bitte, dies bei der Handelsentwicklung besonders zu berücksichtigen.

E. Honecker sagte Prüfung zu.

B. Vogel, bedankte sich, daß die DDR gegenseitigen Ausstellungen über Slevogt zugestimmt habe. 1990 werde in Speyer eine Salier-Ausstellung durchgeführt, die man danach auch in der DDR zeigen möchte. Zur Ausstellung gehörten auch Exponate aus der Stiftung Preußischer Kulturbesitz, man könne sie nicht herausnehmen. Er möchte aber versichern, daß es keine Exponate seien, auf die die DDR Anspruch erhebe.

E. Honecker erklärte unter diesen Umständen die Bereitschaft der DDR, die Ausstellung zu übernehmen.

B. Vogel betonte, er verstehe, daß man bei den Städtepartnerschaften schrittweise vorgehen müsse. Man müsse vernünftig auswählen. Er bedankte sich für die Partnerschaft zwischen Dessau und Ludwigshafen und bat, die Partnerschaft zwischen Mainz und Erfurt im Auge zu behalten. Er halte es für wichtig, den Jugend- und Sportaustausch stärker einzubeziehen.

E. Honecker erwiderte, die DDR sei für eine angemessene Entwicklung bei den Städtepartnerschaften. Man müsse weiter Erfahrung sammeln. Dabei könne auch der Sport größeren Raume einnehmen. Die DDR sei für den Ausbau des Jugendtourismus.

B. Vogel verwies auf die Bedeutung von Universitätsbeziehungen. Er stellte die Frage, ob man einmal gegenseitig werde studieren können.

E. Honecker verwies darauf, daß jetzt Landwirtschafspraktikanten ausgetauscht wurden. Studentenaustausch sei eine Frage der Entwicklung. Man müsse dies weiter prüfen.

B. Vogel interessierte sich für das Bildungssystem der DDR. E. Honecker lud ihn ein, sich bei einem Besuch in der DDR mit ihrem Bildungssystem vertraut zu machen.

Seidel

Vermerk

über ein Gespräch des Generalsekretärs des ZK der SED
und Vorsitzenden des Staatsrates der DDR,
Genossen Erich Honecker,
mit dem Vorsitzenden der SPD-Fraktion im Landtag von
Niedersachsen, Gerhard Schröder,
im Gästehaus der Dillinger Hütte am 9. September 1987

Das Gespräch fand im Beisein des stellvertretenden Vorsitzenden der SPD und Ministerpräsidenten des Saarlandes, Oskar Lafontaine, statt.

Erich Honecker erkundigte sich, wie es G. Schröder seit ihrem Zusammentreffen 1986 ergangen sei. G. Schröder sagte, daß das letzte Gespräch vor den Landtagswahlen in Niedersachsen stattgefunden habe. Für die Ablösung Albrechts habe nur 1 Mandat gefehlt. Er sei gewiß, daß er es das nächste Mal schaffen könne. Albrecht sei müde geworden und die SPD sei in Niedersachsen im Aufwind. E. Honecker merkte an, daß ein Richtungswechsel in Niedersachsen zugunsten der SPD das Kräfteverhältnis in der BRD verändern würde. Gut sei, daß G. Schröder nicht aufgegeben habe und noch einmal zum Ministerpräsidenten kandidieren wolle.

G. Schröder äußerte sich sehr anerkennend über die Ergebnisse des offiziellen Besuches des Genossen Honecker in Bonn. Das sei ein wahrer Durchbruch. Er hätte nicht erwartet, daß die Presse so umfangreich und so positiv reagiert. E. Honecker sagte in diesem Zusammenhang, daß die Beziehungen zwischen den beiden deutschen Staaten mit den Ergebnissen seines offiziellen Besuchs eine neue Qualität erhalten hätten. Die Bevölkerung der DDR bewerte den Besuch als endgültige völkerrechtliche Anerkennung der DDR, hinzu komme das große internationale Echo. G. Schröder interessierte sich für den Stand der Gespräche zur Lösung der Elbgrenze-Frage. E. Honecker informierte ihn über sein Gespräch mit dem niedersächsischen Ministerpräsidenten Albrecht. Albrecht habe das Problem der Elbgrenze von sich aus angesprochen und gesagt, daß man unter Berücksichtigung der völkerrechtlichen Situation zu einer Regelung kommen müsse. Man sei übereingekommen, daß beide Seiten auf Experten-Ebene in der Grenz-Kommission die Verhandlungen positiv zu Ende führen. G. Schröder sagte in diesem Zusammenhang, daß E. Albrecht in letzter Zeit in einigen politischen Fragen konstruktiver geworden sei. So habe er sich im Landtag von Niedersachsen bereits vor der Kohl-Erklärung dafür ausgesprochen, daß die Pershing-1a abgeschafft werden. In der Frage der Erfassungsstelle Salzgitter bewege er sich aber noch nicht. Deshalb, so sagte G. Schröder, gebe er zu überlegen, ob es von Wert sei, daß die Stadt Salzgitter, die von der SPD regiert wird, eine Städtepartnerschaft mit der DDR unter der Bedingung aufnimmt, daß die Erfassungsstelle aufgelöst wird. Alle rechtlichen Fragen in diesem Zusammenhang müßten aber noch geprüft werden.

E. Honecker stimmte dem unter der Bedingung zu, daß alle damit zusammenhängenden Fragen sorgfältig geprüft werden. Auf eine Äußerung von G. Schröder, es sei schade, daß die Vorreiterrolle der SPD in bezug auf die Verbesserung der Beziehungen zwischen der BRD und der DDR in diesen Tagen untergehe, antwortete E. Honecker, daß deshalb in der Pressemeldung über das Gespräch mit H.-J. Vogel die Rolle von Brandt, Wehner, Schmidt und Bahr besonders hervorgehoben ist.

Vermerk
über das Gespräch des Generalsekretärs des ZK der SED und Vorsitzenden des Staatsrates der DDR,
Erich Honecker,
mit dem Ministerpräsidenten des Saarlandes,
Oskar Lafontaine,
am 10. September 1987 im Kabinettsaal der Landesregierung

Oskar Lafontaine begrüßte E. Honecker noch einmal herzlich und erklärte, er wolle im erweiterten Kreis thesenhaft einige Fragen berühren.

Zunächst möchte er zu Partnerschaften zwischen Städten der Bundesrepublik und der DDR feststellen, daß seit dem Beginn von Saarlouis und Eisenhüttenstadt manches auf den Weg gebracht werden konnte. Diesen Weg gelte es mit Augenmaß weiterzugehen. Inzwischen sei er auch in die Rolle gesetzt worden, Botschafter für andere Städte, die Partnerschaften mit der DDR wünschten, zu sein, z.B. für Idar-Oberstein oder Zweibrücken.

Hoffnungsvolle Ansätze gebe es auch bei Partnerschaften zwischen Hochschulen, z.B. zwischen Saarbrücken und der Karl-Marx-Universität Leipzig.

Sicher wäre es nützlich, Kontakte zwischen Wissenschaftlern auf dem Gebiet des Umweltschutzes zu knüpfen.

O. Lafontaine bat, auch den Jugendaustausch nicht zu vergessen, der so ermutigende Fortschritte mache.

Zwischen dem Saarland und der DDR beginne auch die Kooperation im Gesundheitswesen.

Beide Seiten sollten „Ausbildungsprojekte", z.B. von Dillingen und „Schwarze Pumpe" im Saarland fördern.

Der saarländische Rundfunk habe sein Interesse am Journalistenaustausch mit der DDR bekundet.

Der Wirtschaftsaustausch werde von beiden Seiten für wichtig erachtet. Um ihn zu beleben und auf die von beiden Seiten gewünschte langfristige Grundlage zu stellen, müssen gemeinsam weitere, beide Seiten interessierende Projekte gefunden werden. Das Saarland sei z.b. interessiert an dem Hotel-Neubau in Jena. Vielleicht könne eine ökonomisch vernünftige Lösung gefunden werden.

Wenn es um das Planetarium gehe, was die DDR zur Lieferung anbiete, so sei die Regierung des Saarlandes dabei, Sponsoren dafür zu finden.

Abschließend wolle er an eine Reihe persönlicher Ersuchen erinnern mit der Bitte, deren Erledigung gewissenhaft zu prüfen.

E. Honecker dankte noch einmal herzlich für die Einladung zum offiziellen Besuch des Saarlandes. Damit werde eine langfristige persönliche Verbindung zwischen der DDR und dem Saarland fortgesetzt. Anknüpfend an das letzte Gespräch mit O. Lafontaine im März 1987 in der DDR äußerte E. Honecker seine tiefe Befriedigung darüber, daß in der BRD in einer entscheidenden Frage die Bremsklötze für ein Abkommen der UdSSR und der USA über die vollständige Beseitigung ihrer Mittelstreckenraketen aus dem Wege geräumt werden. Damit werde der Einstieg in die echte Abrüstung, insbesondere auf nuklearem Gebiet, möglich. Die Vorschläge der sozialistischen Staaten, bis zum Jahre 2000 eine von atomaren Waffen freie Welt zu schaffen, könnten so Wirklichkeit werden.

E. Honecker verwies darauf, daß Dr. Armand Hammer ihm vor kurzem in einem Gespräch erklärt habe, daß US-Präsident Reagan noch zu seiner Amtszeit zu dem Abkommen mit der Sowjetunion bereit sei. Doch äußerte er Sorge, daß die BRD hier bremst. Deshalb sei es erfreulich zu wissen, daß in der BRD nirgends ein Vertreter angetroffen werde, der den Verbleib der Pershing-1a und ihrer Sprengköpfe befürwortet. So kann es also zur doppelten Null-Lösung kommen. Die Lösung dieser entscheidenden Frage stimuliere zugleich auch die Einrichtung des gemeinsamen europäischen Hauses. Das, was wir jetzt tun, so wird allgemein festgestellt, ist wichtig für die friedlichen Perspektiven in Europa. Natürlich ist dazu vieles erforderlich: gegenseitiges Vertrauen im militärischen wie zivilen Bereich ebenso wie die Zusammenarbeit der Regierungen, von gesellschaftlichen Organisationen usw..

E. Honecker hob hervor, daß die DDR bereit sei, die bestehende gute Entwicklung der Zusammenarbeit zwischen der DDR und dem Saarland fortzuführen. Dabei lasse sie sich mit davon leiten, daß die Zusammenarbeit von Firmen beider Seiten ein stabilisierendes und vertrauensbildendes Element der Beziehungen ist. Die Entwicklung des Handelsvolumens habe sich innerhalb der letzten drei Jahre verdreifacht: von rund 94 Mio 1984 auf mehr als 296 Mio M für 1986. Auch der auf der jetzt stattfindenden Leipziger Messe abgeschlossene Vertrag über die Lieferung von 600.000 t Saarkohle an die DDR sei ein wichtiger Schritt. Weitere Chance für den Austausch eröffneten sich auch mit den Strukturveränderungen, die beide Seiten im Handel anstreben.

E. Honecker wies darauf hin, daß auf die oft gestellte Frage, ob die Saar von der DDR besonders gefördert werde, geantwortet werden könne, daß es nicht darum gehe, die Saar etwa besonders zu fördern, sondern daß dies Ergebnis der hier an der Saar in bezug auf den gegenseitig vorteilhaften Handel mit der DDR anzutreffenden besonderen Aufgeschlossenheit sei. Dabei träfe man sich auch in der Absicht, besonders die kleine und mittlere Industrie zu ermutigen und einzubeziehen. So habe E. Honecker z.B. mit dem führenden Vertreter der Computerfirma Nixdorf gesprochen, der gute Chancen für eine Kooperation mit Robotron oder anderen Elektronik-Kombinaten der DDR sehe und habe.

Einverstanden könne man auch mit dem sein, was die Zusammenarbeit auf sportlichem, kulturellem und anderen Gebieten, so bei Wissenschaft und Technik, betreffe. Das gerade erst in Bonn unterzeichnete Abkommen dazu werde dies fördern. So stimme man praktisch auf allen Gebieten in dem Wunsche nach Ausbau der Zusammenarbeit überein, stellte E. Honecker fest.

O. Lafontaine schlug dann vor, die Gespräche im kleinen Kreis fortzusetzen.

Den Gedankenaustausch der im Kabinettsaal verbleibenden Delegation eröffnete Gen. Günter Mittag. Er stellte fest, daß die DDR-Seite gut verstanden habe, daß die Einbeziehung kleinerer und mittlerer Betriebe in die Zusammenarbeit mit der DDR für das Saarland von großer Bedeutung sei. Die Ergebnisse dieser Einbeziehung könnten hier direkt und unmittelbar sichtbar gemacht werden. Dabei müsse es aber um größere Kontinuität gehen, also um eine auf längere Fristen angelegte Zusammenarbeit und nicht um kurzlebige Einzelgeschäfte. Die dazu geäußerten Vorschläge würden in die Überlegungen der DDR einbezogen, wie die Leipziger Herbstmesse beweise.

Wenn es um den Weinexport in die DDR gehe, so denke die DDR hier an den Bezug hochwertiger Weine. Der Bedarf werde geprüft. Ausbaufähig, wie die Messe in Leipzig zeige, auch die positiven Ansätze der Zusammenarbeit auf dem Gebiete der Elektronik. Was die Leipziger Messen betreffe, so müsse beachtet werden, daß die Tendenz sich in Richtung längerer Bindung von Ausstellungsmöglichkeiten entwickelt. Schon jetzt liefen die Anmeldungen für 1988. Zusammengefaßt, unterstrich Gen. G. Mittag, müsse hervorgehoben werden, daß das Erreichte durch gute kameradschaftliche Arbeit miteinander und in dem Wissen ermöglicht werde, daß nur die über den Tag hinausreichende Arbeit von Bestand ist.

Dem stimmten die saarländischen Vertreter zu. Sie wiesen darauf hin, daß die bisher ermutigende Kooperation anspruchsvollere nächste Schritte zu gehen ermögliche. Für die Saar sei die weitere Abnahme von Steinkohle wichtig, doch liege die Zukunft der Kooperation beim Maschinenbau sowie der elektrotechnischen und elektronischen Industrie bei Soft-Ware.

Hohe Anerkennung finde der Vertrag über die Lieferung von Wein im Werte von 1,1 Mio DM an die DDR. Das sei sehr viel.

Der Hinweis auf die Leipziger Messen und die rechtzeitige Anmeldung der Beteiligungen werde berücksichtigt.
Wichtig sei ferner, immer noch vorhandene Klischee-Vorstellungen über die DDR abzubauen. So stimme z.b. einfach nicht mehr, daß Technologie-Transfer nur einseitig in Richtung West-Ost möglich sei und erfolge.
Gen. G. Beil regte an, die Messebeteiligung saarländischer Firmen weiter zu erhöhen. Zugleich könnten neben der Leipziger Messe Vorstellungen kleinerer und mittlerer Firmen mit gezielten thematischen Ausstellungen im Internationalen Handelszentrum in Berlin erfolgen. Themen dafür könnte die DDR anbieten. Dies wäre besonders für kleinere Unternehmen eine zeit- und kostengünstige Möglichkeit.
Gen. Günter Mittag hob noch einmal die Chancen hervor, die das Saarland bei der konkreten Beteiligung an der Umsetzung der soeben in Bonn unterzeichneten drei Verträge hat. Diese seien umso größer, je besser es verstanden werde, Umweltschutz, Wissenschaft und Technik und andere Gebiete nicht isoliert voneinander zu sehen, sondern in ihrer Wechselwirkung und Komplexität.
Prof. Dr. Breitenbach stimmte zu und äußerte die Überzeugung, daß der Anteil des Saarlandes an der wissenschaftlich-technischen Zusammenarbeit mit der DDR weiter steigen wird. Sie könne sich insbesondere bei der zerstörungsfreien Werkstoffprüfung, Informatik und verwandten Gebieten ausweiten.
Der saarländische Minister für Umweltschutz unterstrich sein Interesse, die Recycling-Erfahrungen der DDR für das Saarland nutzbar zu machen sowie Verfahren zur Schlammtrocknung und -klärung. Jährlich fielen im Saarland 70.000 t Schlamm an. Es gebe auch Interesse, Spartechnologien zu übernehmen.
Gen. Mittag schlug vor, dies zwischen den Experten festzuhalten und entscheidungsfähige Vorschläge für die Zusammenarbeit auf diesen Gebieten zu erarbeiten.
Dem wurde zugestimmt.

Niklas

Vermerk

über ein Gespräch des Generalsekretärs des ZK der SED und Vorsitzenden des Staatsrates der DDR, Genossen Erich Honecker, mit dem Ministerpräsidenten des Saarlandes, Oskar Lafontaine, im kleinen Kreis am 10. September 1987 in der Staatskanzlei Saarbrücken

In Fortsetzung des vorangegangenen Gespräches der Delegationen bekräftigte E. Honecker die Bedeutung der Einbeziehung der mittleren und kleineren Betriebe des Saarlandes in die Wirtschaftsbeziehungen mit der DDR. Nach seinem Zusammentreffen mit den Industriellen in Köln könne man keinesfalls mehr von „besonderen Handelsbeziehungen der DDR zum Saarland" sprechen. Die Veranstaltung in Köln sei sehr bedeutsam gewesen. Das hätte sich im „Neuen Deutschland" besonders widergespiegelt.

O. Lafontaine bekräftigte, daß das Saarland auch weiterhin für die Normalisierung der Beziehungen zwischen den beiden Staaten vorangehen wolle. E. Honecker sagte, daß sich O. Lafontaine auch zukünftig der Unterstützung durch die DDR sicher sein könne. Eine Veränderung des politischen Kräfteverhältnisses in der BRD zugunsten der SPD hätte eine große Bedeutung für die gesamte Lage in Europa und für die Beziehungen zwischen beiden deutschen Staaten. E. Honecker hob in diesem Zusammenhang hervor, daß die Politik der SED von allen Generationen in der DDR getragen würde. Die Einheit der Generationen sei ein wichtiges Unterpfand für die weitere Gestaltung der entwickelten sozialistischen Gesellschaft in der DDR. O. Lafontaine erwiderte, daß die SPD gerade unter der Kanzlerschaft von H. Schmidt in dieser Hinsicht große Fehler gemacht habe. Schmidt habe die Jugend nicht integriert und der Entwicklung der grünen Bewegung freien Raum gegeben. Ohne dem wäre die SPD heute eine 45-Prozent-Partei.

Auf seine Gespräche in Bonn eingehend, sagte E. Honecker, daß der freundliche Empfang ihn angenehm überrascht habe. In der DDR habe der Besuch ein außerordentlich großes Echo hervorgerufen. Vor allem wurde mit Freude bemerkt, daß sich H. Kohl im Verhältnis zur DDR politisch nach vorn bewegen mußte. Etwas anderes würde die Welt auch nicht verstehen. Auf die Rede H. Kohls vom 7. September verweisend, sagte O. Lafontaine, daß E. Honecker gut beraten gewesen sei, so zu reagieren. E. Honecker antwortete, damit sei deutlich gemacht worden, daß sich die SED prinzipiell im Herangehen an die politischen Fragen von der CDU unterscheide.

Gespräch unter vier Augen
zwischen dem Generalsekretär des ZK der SED
und Vorsitzenden des Staatsrates der DDR,
Erich Honecker,
und dem bayerischen Ministerpräsidenten
Franz Josef Strauß
am 11. September 1987 in München

Einleitend, so sagte F.J. Strauß, wolle er sich zur Abrüstungsdiskussion in der Bundesrepublik äußern, in der die Problematik der Pershing-1a so kolportiert und in der Presse falsch dargestellt werde, daß nur wenige sie verstünden. Damals habe er sich mit E. Honecker über die SS-20 und die Pershing II unterhalten, und man habe übereingestimmt, beides loswerden zu wollen. Die Sowjetunion habe inzwischen ein dichtes Netz mobiler Kurzstreckenraketen mit einer Reichweite bis 450 km nachgeschoben. Wenn die doppelte Null-Lösung bei Mittelstreckenraketen komme, dann verblieben der Bundesrepublik nur die Pershing-1a. Die USA verfügten über 88 Systeme mit einer Reichweite bis 450 km, darunter die Lance-Raketen. Die stünden nach Schätzungen der NATO 1300 Systeme auf der anderen Seite gegenüber. Hier liege der Haken der Null-Lösung.

Nun gebe es verschiedene Denkschulen. Nach dem Zweiten Weltkrieg sei es in Europa zu keinem Krieg mehr gekommen. 2500 Jahre lang seien Kriege geführt worden, einmal müsse Schluß damit sein. In den USA werde aber diskutiert, was geschehen solle, ergebe sich doch noch ein neuer Krieg. In der Militärgeografie werde dafür eine Verkürzung auf den deutschen Raum, beiderseits der Grenze, vorgesehen. Dies bedeute: „die USA in voller Sicherheit, Westeuropa in hoher Sicherheit, wir in vollem Risiko". 80 bis 90% der militärischen Ziele in einem neuen Krieg lägen nun auf deutschem Boden - sowohl in der Bundesrepublik als auch in der DDR. Bei der heutigen Treffgenauigkeit der Waffen sei jeder Punkt in der Bundesrepublik und der DDR erreichbar.

F.J. Strauß betonte, er sei ein leidenschaftlicher Anhänger der Forderung „nie wieder Krieg", alles müsse getan werden, um Krieg nie wieder denkbar, kalkulierbar und führbar zu machen. Deshalb sei er dafür, die Rüstungsstärken unter 500 km Reichweite anzugreifen, und zwar lieber von oben nach unten als von unten nach oben. Er bat E. Honecker, mit M. Gorbatschow darüber zu sprechen.

H. Kohl habe seine Erklärung, auf die Pershing-1a zu verzichten, u.a. damit begründet, daß er dem USA-Präsidenten einen Gefallen tun wolle. Auf keinen Fall sei F.J. Strauß für eine Politik, die Krieg wieder als denkbar erscheinen läßt.

E. Honecker stimmte mit F.J. Strauß in dessen Erklärung über die Nichtführbarkeit eines Krieges zu Lasten der DDR und der Bundesrepublik überein. Er verwies darauf, daß der Berliner Gipfel des Warschauer Vertrages die Auflösung des Verhandlungspakets, die Heraufnahme der atomaren Mittelstreckenwaffen begrüßt und zugleich vorgeschlagen habe, in Verbindung mit der Beseitigung dieser Waffen auch zur Verringerung der Streitkräfte und Rüstungen auf konventionellem Gebiet vom Atlantik bis zum Ural zu kommen. Asymmetrien sollten nicht durch Aufrüstung, sondern durch Abrüstung ausgeglichen werden. Auch was die operativ-taktischen Raketen, die Reichweiten bis 500 km betreffe, sollten Maßnahmen zur Abrüstung vereinbart werden. Die strategischen Offensivwaffen sollten um 50% reduziert werden. Uns liege an der Beseitigung der gesamten Atomwaffen und jeder Bedrohung. Das hänge vor allem von einer Einigung zwischen der Sowjetunion und den USA ab.

E. Honecker hob die Bedeutung des Einstiegs in die reale Abrüstung hervor, den das Abkommen über die Mittelstreckenwaffen bringe und dem alles andere folgen müsse. Die Nichtführbarkeit eines Atomkrieges sei bereits auf dem Genfer Treffen zwischen M. Gorbatschow und R. Reagan festgestellt worden. F.J. Strauß: Die Erde wäre schon nach den ersten Atomschlägen fast nicht mehr bewohnbar. Seit Tschernobyl, fuhr E. Honecker fort, habe sich vieles verändert. Was M.

Gorbatschow denke, werde an seinem Eintreten für die Abrüstung deutlich, daran, daß die Sowjetunion bestrebt ist, den Aufwand für die Rüstungen zu senken und die sozialen Lebensbedingungen des Volkes zu verbessern.

Die auf dem Berliner Gipfel angenommene Militärdoktrin des Warschauer Vertrages sei auf Verteidigung orientiert. In Richtung der Nichtangriffsfähigkeit müsse auf beiden Seiten umgedacht werden. Es gelte, auf Jahrzehnte hinaus zu gewährleisten, daß es zu keinem neuen Krieg kommt. Hier verwies E. Honecker auch auf die Vorschläge W. Jaruzelskis zur beiderseitigen Verdünnung der Truppe. Wir seien für ein atomwaffenfreies Europa, seien für vertrauensbildende Maßnahmen, wovon jetzt auch die Teilnahme zweier Offiziere der NVA an Übungen der Bundeswehr zeuge. Die Beseitigung der Mittelstreckenwaffen sei der Anfang, alles weitere müsse noch bewerkstelligt werden, wahrscheinlich mit einem anderen USA-Präsidenten. Solange die strategischen Offensivwaffen nicht reduziert würden, bestehe die Gefahr der Vernichtung weiter.

F. J. Strauß dankte für die Darlegungen E. Honeckers, die, wie er sagte, mit seinen langjährigen Überlegungen übereinstimmten. Alle Möglichkeiten, von außen einzudringen, müßten beseitigt werden.

Zu bilateralen Fragen übergehend, stellte F.J. Strauß fest, in den vergangenen Monaten hätten zwischen beiden Seiten hochrangige Gespräche in sehr guter Atmosphäre stattgefunden. Seit seinem Treffen mit E. Honecker von 1983 sei ein spürbarer Wandel eingetreten. Die Signale der DDR für guten Willen, so die großzügigen Reisegenehmigungen, die Amnestie für Straftäter, die Abschaffung der Todesstrafe, zu der sich noch nicht einmal Frankreich habe entschließen können, seien verstanden worden. Die Grenzlage sei weiterhin ruhig, die Grenzabfertigung korrekt und zügig, auch die Grenzsperranlagen seien verändert worden. E. Honecker habe Wort gehalten. Die Grenzanlagen zwischen der DDR und der Bundesrepublik könnten nicht so sein wie zwischen Bayern und Österreich, aber offenbar strebe E. Honecker als langfristige Zielsetzung eine ähnliche Situation an.

Als erfreulich bezeichnete F. J. Strauß die Entwicklung des Reiseverkehrs, insbesondere unterhalb des Rentenalters. Er verstehe dabei die Devisensituation der DDR.

Im Zusammenhang mit dem Kulturabkommen sei der erste Arbeitsplan aufgestellt und ein Gastspiel der Bayerischen Staatsoper in Berlin (Ost) vereinbart worden, was E. Diepgen ihm, F.J. Strauß, gegenüber zu der Frage veranlaßt habe: Warum denn in Berlin (Ost)? Auf umweltpolitischem Gebiet seien zwei wichtige bayerische Probleme gelöst worden - das Hochwasser-Rückhalte-Becken im Rödental und die Kläranlage in Sonneberg.

Der Handel sei zurückgegangen, zur Zeit importiere Bayern viel mehr als es exportiere.

F.J. Strauß würdigte die Zusammenarbeit mit der DDR auf dem Gebiet der AIDS-Forschung. Die bayerischen Mediziner sprächen von einem guten Erfahrungsaustausch und seien überrascht von der hohen Qualität, die sie dabei auf DDR-Seite angetroffen hätten.

Sodann unterbreitete F.J. Strauß einige Wünsche an die DDR. Hinsichtlich der Familienzusammenführung werde erbeten, die Ausreise- und Übersiedlungserlaubnisse wenigstens im bisherigen Umfang fortzusetzen. Wegen angeblicher Schikanen gegen Antragsteller erhalte er viele Briefe. Als schwieriger Punkt bezeichnete F.J. Strauß das Einreiseverbot für DDR-Bewohner, welche die DDR legal verlassen haben. Dabei wolle er ausdrücklich feststellen, daß die Kontaktverbote entsprechend der Zusage E. Honeckers aufgebaut worden seien.

F. J. Strauß setzte sich dafür ein, die Möglichkeiten für den Reiseverkehr von Bürgern der DDR unterhalb des Rentenalters zu erweitern, z.B. durch Garantie von Westreisen einmal im Jahr, sowie großzügige Genehmigungen für den Jugendaustausch zu erteilen. „Über den Zwangsumtausch rede ich nicht." Gelegen sei ihm auch am Bewohnerverkehr im Grenzsperrgebiet.

Als notwendig erachtet werde von bayerischer Seite, die Probleme der Geruchsbelästigungen aus der Papierfabrik Blankenstein sowie der Schwefeldioxid-Emissionen aus Industriebetrieben im Süden der DDR durch Filteranlagen zu lösen.

Im Handel erwarte Bayern eine Erhöhung der Bezüge durch die DDR, der Umfang der Kompensationsgeschäfte sollte eingeschränkt werden. Gebeten werde um eine größere Ausstellungsfläche für Bayern auf den Leipziger Messen. Wünsche einzelner Firmen seien:

– Dyckerhoff und Wichmann AG-Hotelbau in Berlin,
– Kraftwerkunion AG für ein Strahlenüberwachungssystem am Kernkraftwerk in Greifswald,
– Linde AG für Luftzerlegungsanlage Eisenhüttenstadt, Erweiterung Chemische Werke Buna, Ammoniakfabrik Leuna,
– Deutsche Airbus GmbH - Vorstellung von Flugmaterial der DDR.

F.J. Strauß nannte weiter den Anschluß von Berlin (West) an das Intercity-Netz über Ludwigstadt-Probstzella und Hof-Gutenfürst. Er befürwortete die Öffnung der Grenzübergänge Rottenbach-Eisfeld und Eußenhausen-Meiningen auch für den gewerblichen Güterverkehr sowie die Schaffung eines neuen Grenzübergangs bei Ludwigstadt (Landkreis Kronach) im Zuge der B 85. Interessiert sei seine Seite auch am Bau der Autobahn Hof-Plauen. Zur Sprache brachte er ferner eine „nationale Flugverbindung" zwischen der Bundesrepublik und der DDR unter Beteiligung Münchens.

Sein Wunsch sei, daß die DDR ein Gastspiel des Leipziger Thomaner-Chores noch 1987 in München ermöglicht, zu dem die Einladung von der Evangelischen Kirchengemeinde Erlöser-Kirche München-Schwabing auf Gemeindebasis ergehen würde.

An Städtepartnerschaften sei Bayern auch für Neustadt bei Coburg mit Sonneberg und für Neu-Ulm mit Meiningen interessiert. Gewünscht werde der Austausch von Feuerwehrleuten aus der DDR mit der Münchner Berufsfeuerwehr. Im Sportverein sollten Begegnungen des Breitensports stattfinden, etwa ein Leichtathletik-Vergleichskampf Bayern/ thüringische Bezirke.

E. Honecker sagte die Prüfung dieser Wünsche und eine Information über die Entscheidungen zu. Was die Autobahn-Fragen (Hof-Plauen) angehe, so meine Bonn, daß der Eisenbahnverkehr Priorität haben solle.

Seit seiner Begegnung mit F.J. Strauß im Jahre 1983 sei eine Entwicklung eingeleitet worden, die ständig mehr Früchte trägt. F.J. Strauß trage dazu bei, indem er eine realistische, nicht eine illusionäre Politik bevorzuge.

Aktennotiz

In den Gesprächen des Mitglieds des Politbüros und Sekretärs des ZK, Günter Mittag, mit dem Bundeswirtschaftsminister, Martin Bangemann, wurde der erreichte Stand der Wirtschafts- und Handelsbeziehungen zwischen der DDR und der BRD insgesamt als positiv eingeschätzt. Die vorhandenen langfristigen Vereinbarungen waren dafür eine gute Grundlage. Es wurde festgestellt, daß die im Frühjahr in Leipzig und Bonn getroffenen Absprachen von beiden Seiten voll erfüllt wurden.

Beide Seiten haben ihren Willen bekräftigt, die Wirtschafts- und Handelsbeziehungen weiter zu entwickeln und zu fördern. Dabei kommt den langfristigen Vereinbarungen und der Nutzung von Kooperationsmöglichkeiten eine besondere Bedeutung zu. Dies dient dem weiteren Ausbau der Handelsbeziehungen im Umfang und in ihrer Struktur.

Der Abschluß der Regierungsvereinbarung und Abkommen zum Umweltschutz, zur Zusammenarbeit auf den Gebieten der Wissenschaft und Technik sowie auf dem Gebiet des Strahlenschutzes wird sich positiv auch auf dem Gebiet der Wirtschafts-und Handelsbeziehungen auswirken und neue Möglichkeiten der Zusammenarbeit erschließen. Es wurde vereinbart, daß auf dem Gebiet des Umweltschutzes durch beide Seiten geeignete Objekte benannt und weiter erörtert werden. Es wurde betont, daß die DDR bei ihren Käufen von Umwelttechnik Angebote der BRD-Industrie berücksichtigen wird, sofern sie den technischen und ökonomischen Anforderungen entsprechen.

Hinsichtlich der weiteren Verhandlungen zu Fragen der Reduzierung der Salzbelastung der Werra wurde deutlich gemacht, daß Fortschritte möglich sind, wenn Einvernehmen über den Einsatz des in der BRD vorhandenen Verfahrens und Knowhows zur umweltschonenden Aufbereitung von Kali-Salzen unter Berücksichtigung der damit verbundenen ökonomischen Interessen beider Seiten erzielt werden kann.

Es wurde Übereinstimmung erzielt, die wirtschaftliche Zusammenarbeit zwischen den Kombinaten und Außenhandelsbetrieben der DDR und den Unternehmen der BRD zum beiderseitigen Vorteil weiter zu gestalten und dabei solche Kooperationsformen, wie die Zusammenarbeit beim Export von Anlagen und Ausrüstungen, besonders auch auf dritten Märkten, sowie auf dem Gebiet der Gestattungsproduktion, verstärkt zu entwickeln. Auf dem Gebiet der Gestattungsproduktion sind die Verhandlungen so weit gediehen, daß alsbald weitere Abschlüsse möglich sind. Es besteht Übereinstimmung, daß auch zukünftig die Einbeziehung von kleineren und mittleren Firmen der BRD in vielfältigen Formen der Zusammenarbeit gewährleistet wird.

Zum Bezug und zur Lieferung von Elektroenergie zwischen der DDR und der BRD unter Einbeziehung von Berlin (West) wurde festgestellt, daß die konkreten Fragen in den kommerziellen Verhandlungen durch die Partner zu lösen sind. Beide Seiten erwarten, daß diese Verhandlungen zum Abschluß entsprechender langfristiger Verträge geführt werden.

Durch die DDR-Seite erfolgte im Zusammenhang mit der vorgesehenen schrittweisen Weiterentwicklung des Tourismus eine Information über den vorgesehenen Bau eines Touristenhotels in der Hauptstadt Berin bis 1990 durch BRD-Firmen und den Abschluß langfristiger Verträge mit geeigneten Reiseunternehmen zur Auslastung und Refinanzierung. Von der BRD-Seite wurde dieser konkrete Vorschlag begrüßt und durch das Bundeswirtschaftsministerium Unterstützung, z.B. hinsichtlich des Kreditrahmens, zugesagt.

Es wurde die kurzfristige Aufnahme von Gesprächen zur Bildung einer Gemischten Kommission DDR/BRD zur weiteren Entwicklung der wirtschaftlichen Beziehungen vereinbart. Dazu wurden der BRD-Seite konkrete Vorschläge übergeben. Es wurde vereinbart, Verhandlungen zum Abschluß von Regelungen und Vereinbarungen zum Ausbau und zur Elektrifizierung von Eisenbahnstrecken im Transitverkehr zwischen der BRD und Berlin (West) kurzfristig aufzunehmen. Hinsichtlich der Grunderneuerung bzw. des Ausbaues von Autobahnabschnitten, insbesondere im Transitverkehr zwischen der BRD und Berlin (West), wurde Übereinstimmung erzielt, baldmöglichst Gespräche aufzunehmen.

Die BRD-Seite unterbreitete den Vorschlag, der DDR Flugzeuge vom Typ Airbus gegen Entgelt zur Nutzung zur Verfügung zu stellen (Leasing). Dies wurde zur Kenntnis genommen.

Die BRD-Seite informierte über ihren Wunsch, den Internationalen Seegerichtshof als UNO-Organ in Hamburg zu errichten, und bat um Unterstützung durch die DDR.

Mitteilung

eines Gespräches Günter Mittags und Gerhard Beils
mit 60 Repräsentanten der saarländischen Wirtschaft
am 10. September 1987

Am 10.9.1987 fand eine Begegnung des Mitgliedes des Politbüros und Sekretärs des ZK der SED, Genossen Günter Mittag, und des Ministers für Außenhandel, Genossen Gerhard Beil, mit mehr als 60 Repräsentanten der Wirtschaft des Saarlandes in Saarbrücken statt.

In Anwesenheit des stellvertretenden Ministerpräsidenten des Saarlandes, Hans Kasper, sowie weiteren Mitgliedern der saarländischen Landesregierung wurden Möglichkeiten des Ausbaus und der Intensivierung gegenseitig vorteilhafter ökonomischer Beziehungen erörtert.

Genosse Günter Mittag würdigte die bisherige erfolgreiche Zusammenarbeit und legte, ausgehend von der dynamischen Entwicklung der Volkswirtschaft der DDR, weitere Perspektiven des Ausbaus der Handels- und Wirtschaftsbeziehungen zwischen der DDR und dem Saarland dar.

Die Veranstaltung ist als wichtiger Beitrag für die Entwicklung der Handels- und Wirtschaftsbeziehungen einzuschätzen und wird neue Impulse für Geschäftsbeziehungen zwischen den Kombinaten und Außenhandelsbetrieben der DDR und saarländischen Unternehmen export- und importseitig auslösen. Dies zeigte sich bereits in den konstruktiven Vorschlägen, die von den anwesenden Firmenvertretern in der Diskussion vorgetragen wurden.

Vermerk
über das Gespräch des Ministers für Auswärtige
Angelegenheiten der DDR, Genossen Oskar Fischer, mit
dem Vizekanzler und Bundesminister des Auswärtigen
Amtes der BRD, Hans-Dietrich Genscher, in dessen
Arbeitszimmer im Auswärtigen Amt in Bonn
am 8. September 1987

Außenminister Genscher begrüßte die Möglichkeit, sich anläßlich des Besuches von Generalsekretär Honecker in der BRD auch im Bonner Auswärtigen Amt zu einem Gespräch zu sehen, nachdem sich beide Minister an vielen Plätzen der Welt getroffen haben. Der Besuch Generalsekretär Honeckers in der BRD finde zu einer günstigen Situation, die international zu großen Hoffnungen und Erwartungen Anlaß gibt, statt. Zu dieser erfreulichen Entwicklung hätten beide deutsche Staaten nicht wenig beigetragen.

Genosse Oskar Fischer dankte für die freundliche Begrüßung. Er stimmte der Bewertung Genschers zu und verwies darauf, daß jetzt alle auf den konkreten Einstieg in die nukleare Abrüstung hoffen. Die Erklärungen Genschers dazu seien gut bekannt und würden gewürdigt. Man müsse weiter alles tun, die entsprechenden vorwärtsführenden Signale zu setzen. Dies werde auch und gerade von beiden deutschen Staaten erwartet.

Die Begegnung hier zeige, daß beide Seiten Schritt um Schritt voran kämen. Beide müßten dafür sorgen, daß von den Beziehungen zueinander nicht nur keine Spannungen ausgehen, sondern ein Klima gefördert wird, in dem vieles sprießen kann. Dabei gelte der Zusammenhang: Je normaler diese Beziehungen, desto größer ihre Ausstrahlung. Die DDR sei - wie Generalsekretär Honecker in den Gesprächen unterstrichen habe - verläßlich, berechenbar und zum Mittun bereit.

Genscher erwiderte, er wolle diesen Besuch in die europäische Perspektive setzen und dabei die Veranwortung, die beide

Seiten hätten, beachten. Für die BRD sei die Beseitigung der Mittelstreckenraketen immer ein offen erklärtes Ziel gewesen, und das schon bei der „Nachrüstung". Sie habe sich für eine weltweite Null-Lösung vor allem deshalb eingesetzt, weil das zum einen die Verifikation erleichtern und zum anderen den Nachweis liefern würde, daß atomare Abrüstung tatsächlich machbar ist. Für ihn, Genscher, seien nicht die wenigen Prozente Abrüstung entscheidend, sondern

1. der Nachweis, daß eine grundsätzliche Verständigung möglich sei, den Weg der Abrüstung einzuschlagen,
2. der Nachweis der Verifizierbarkeit getroffener Vereinbarungen und schließlich
3. die Vertragstreue.

Von dem von allen gewünschten Abkommen muß eine wirksame Abrüstungsdynamik ausgehen. Wichtig sei, daß die Außenminister der USA und der Sowjetunion diese Sache im September gut voranbringen. Die bekannten Erklärungen der BRD zu den Pershing-1a, die verschwinden werden, seien klar auf ein Abkommen gerichtet. Insgesamt könne man ein Gefühl der Erleichterung haben. Gut und hilfreich sei in diesem Falle der - durch Reagans Amtsablauf - gegebene Zeitdruck. Alles werde wohl nach der ersten Woche der allgemeinen Debatte in der UNO klarer.

Genscher hob weiter hervor, daß mit dem erwarteten sowjetisch-amerikanischen Abkommen „das Ende der Fahnenstange noch nicht erreicht" sei. Die BRD wolle sich vor allem auf zwei Dinge konzentrieren:

— Stimulierung von Schritten zur Realisierung der im Kernwaffensperrvertrag von den Kernwaffenmächten übernommenen Verpflichtung zum allmählichen Abbau ihrer Kernwaffenpotentiale die sowjetisch-amerikanische Erklärung vom 8. 1. 1985 biete hierfür eine gute Grundlage - und
— verstärkte Anstrengungen zur weltweiten Ächtung chemischer Waffen. Die Probleme hier wären kurzfristig lösbar;

jetzt müsse man aufpassen, daß nichts in den Hintergrund gedrängt werde.

In Diskussion sei auch die Reduzierung von Kernwaffen kürzerer Reichweite, unter 500 km. Die von Kohl dazu am 26. 8. geäußerten Vorstellungen seien Erwartungen, die sich auf Bündnisabsprachen stützten, keinesfalls aber Bedingungen.

Auch die konventionelle Abrüstung rücke wieder mehr in das Blickfeld. Um die damit verbundenen komplizierten Probleme abzufangen, sei es vielleicht sehr nützlich, den vom Berliner Gipfel vorgeschlagenen Vergleich der Militärdoktrinen zu versuchen. So könne man sich vielleicht von einem allzu technokratischen Ansatz lösen und zu gemeinsamen Strukturen der Sicherheit finden. Ferner wäre es gut, sich über ein Instrumentarium zur Krisenbewältigung Gedanken zu machen, da international - wie der Golf-Konflikt zeige - nicht immer die Sonne scheine.

Wenn es um Europa gehe, so sei es das Ziel, künftig nicht mehr Krieg, sondern Stabilität von Europa in die Welt zu exportieren. Die DDR und die BRD könnten hieran mit Augenmaß mitwirken.

Genosse Oskar Fischer stimmte diesem Anliegen zu, erläuterte noch einmal die Initiativen zur Schaffung einer von chemischen Waffen freien Zone sowie eines kernwaffenfreien Korridors im Zentrum Europas und erläuterte die Vorschläge der Berliner PBA-Tagung. Für dieses Gebiet der Abrüstung schlug er vor:

1. Die DDR und BRD sollten sich immer wieder verbindlich für die doppelte Null-Lösung einsetzen und in ihren Bündnissen dafür wirken.
2. Beide Seiten sollten am Prinzip „mehr Sicherheit mit immer weniger Waffen" festhalten.
3. Die DDR und die BRD sollten sich für die unverzügliche Aufnahme von Gesprächen über den Abbau und die Beseitigung der nuklearen Systeme unter 500 km Reichweite einsetzen.

4. Beide sollten für kernwaffenfreie Zone oder entsprechenden Korridor wirken.
5. Beide Seiten sollten weitere Maßnahmen der Vertrauensbildung fördern und
6. an Verfahren zur Vermeidung und Überwindung von Krisen mitwirken.

All dies sollte auf maßgeblicher Experten-Ebene, die gegenüber dem jetzigen Niveau angehoben werden sollte und auch militärische Experten einschließen könnte, erörtert werden.

Außenminister Genscher stimmte den Überlegungen mit der Bemerkung zu, daß alles Machbare aufgegriffen werden müsse. Ferner unterstrich er das Bestreben der BRD nach guten Beziehungen zu den anderen östlichen Nachbarn. Mit der Sowjetunion sei man im Gespräch über die tiefere Ausschöpfung der Möglichkeiten des Moskauer Vertrages. Verbessert werden sollte auch die Zusammenarbeit im KSZE-Rahmen. In diesem Zusammenhang warb er für die Idee einer jährlich wechselnden „Hauptstadt der europäischen Kultur", die natürlich nicht auf den EG-Rahmen begrenzt angesiedelt werden sollte. Die Minister kamen überein, weitere Themen zwischen ihnen bei ihrem nächsten Treffen am Rande der 42. UNO-Vollversammlung zu erörtern.

Das Gespräch verlief in einer aufgeschlossenen und konstruktiven Atmosphäre.

Zugegen waren von DDR-Seite:

Genosse Kurt Nier,
Stellvertreter des Ministers für Auswärtige Angelegenheiten
Genosse Ernst Krabatsch,
Leiter der Hauptabteilung Grundsatzfragen und Planung
Genosse Manfred Niklas,
Leiter des Büros des Ministers für Auswärtige Angelegenheiten
Genosse Lothar Glienke
Gesandter bei der Ständigen Vertretung der DDR in der BRD

Genosse Ralf Devaux
Botschaftsrat im Ministerium für Auswärtige Angelegenheiten

von BRD-Seite:
Hermann von Richthofen,
Ministerialdirektor
Josef Holik,
Botschafter, Beauftragter für Abrüstung und Rüstungskontrolle
Dieter Kastrup,
Ministerialdirigent
Michael Jansen,
Ministerialdirigent, Leiter des Ministerbüros
Jürgen Chrobog,
Leiter des Pressereferats

Niklas

Vermerk
über das Gespräch des
Genossen Oskar Fischer mit
Frau Bundesminister Dorothee Wilms
im Bundeskanzleramt in Bonn
am 7. September 1987

Frau Wilms unterstrich, daß die Bundesregierung im Grundlagenvertrag sowie in der Schlußakte von Helsinki auf dem darauf aufbauenden KSZE-Prozeß erprobte Grundlagen für die deutsch-deutschen Beziehungen sehe. Ziel ihrer Regierung sei es, ein Klima der Kooperationsgemeinschaft, des Interessenausgleiches und Vertrauens zu schaffen, das Grundlage für Abrüstungsschritte, die den Frieden militärisch stabiler machen, sein müssen. Die Bundesregierung wolle dabei die Ost-West-Beziehung in ihrer ganzen Breite entwickeln und nicht auf die Abrüstung verengen, obwohl diese in ihrem Gewicht nicht vernachlässigt werden dürfe. Dabei gehe die Bundesregierung davon aus, daß alles, was den Menschen nützt, auch dem Frieden zugute komme. Die Deutschen hätten hier eine besondere Verantwortung. Es gehe dabei um solche Themen wie Umweltschutz, Forschung und Wissenschaft ebenso wie um praktische Fragen. Hier sei hervorzuheben, daß an Reisemöglichkeiten und menschlichen Kontakte wohl beiden Seiten gelegen sei, wie die jüngsten von Generalsekretär Honecker übermittelten Zahlen bewiesen. Die Bundesregierung fördere dies durch Erhöhung des Begrüßungsgeldes und die mit der Reichsbahn ab 1. 11. vereinbarten bekannten Tariferleichterung. Gewünscht würden Gespräche über die Modernisierung des Reiseverkehrs von und nach Berlin.

Dann gäbe es noch Probleme zu lösen wie
– Reiseverweigerungen für ehemalige DDR-Bürger. Die Verkürzung ihres Ausgeschlossenseins um 1 Jahr sei ein wichtiger erster Schritt, doch müsse man weitergehen.

- Verweigerung von Einreisen in die DDR für eine Reihe von Personen, die gern einreisen würden,
- Kontakt- und Reiseverbote für DDR-Bürger.

Es wäre gut zu bedenken, ob Lockerungen möglich wären. Alle Regelungen sollten auch (West-)Berlin umfassen. Dies sei für die BRD-Regierung von besonderer Bedeutung. Dabei gäbe es die besondere Bitte,
- Einreisen Westberliner über die 24 Stunden hinaus zu ermöglichen und
- Mehrfachvisa zu erteilen.

Auf der Wunschliste stünden auch die Erlaubnis, Hunde aus Westberlin mitnehmen zu können sowie mit Fahrrad oder Motorrad einreisen zu können.
- Der Jugendtourismus, als Chance zur Vertrauensbildung, sollte ausgedehnt werden, die DDR sollte gemischte Gruppen BRD/Westberlin zulassen.
- Der Mindestumtausch bleibe trotz Erleichterungen ein soziales Problem, dessen Korrektur überlegt werden sollte.
- Schließlich gehe es um die Einbeziehung von Hamburg, Hannover und Kiel in den „kleinen Grenzverkehr" und ebenso um den administrativ neu gebildeten Kreis Waldeck-Frankenberg.
- Die DDR sollte auch die Einrichtung eines neuen Grenzüberganges bei Bad Harzburg erwägen.

Frau Wilms sprach weiter die Lage an der Grenze an. Hier sei mit dem Abbau der Minen- und Selbstschußanlagen ein Schritt in die richtige Richtung gegangen worden. Jetzt hoffe man, daß der Schußwaffengebrauch in der DDR tatsächlich modifiziert werde. Dies würde ganz wesentlich zur Entkrampfung der Situation beitragen.

Frau Wilms setzte sich weiter für den Ausbau von Städtepartnerschaften, Partnerschaften von Hobby-Vereinen usw. ein. Sie begrüßte die angekündigten Lockerungen in der Medienpolitik der DDR und regte die Zulassung „unpolitischer"

Druckerzeugnisse wie Frauen- und Modezeitschriften sowie Kochbücher an. Allgemein verwies sie auf den Wunsch, die Arbeitsmöglichkeiten für Journalisten in der DDR weiter zu verbessern.

Weitere Wünsche beträfen
- die Prüfung von Auszahlungen sogenannter Altguthaben. Hier gehe es um wenige Millionen für meist ältere Bürger, das devisenlos über nichtkommerziellen Zahlungsverkehr geregelt werden sollte
- humanitäre Hilfe bei Häftlingen. Die BRD-Regierung sei dafür, diese Fragen auf bisherigen Gleisen weiter zu regeln und zu lösen
- sogenannte Benachteiligungen für DDR-Bürger, die einen Ausreiseantrag stellten
- das Absichern der Zahlen legal für ständig ausgereiste DDR-Bürger.
- Ferner sei eine Fülle von Einzelfällen in einem Nonpaper festgehalten; es werde der DDR-Seite übergeben.
- Möglichkeiten der Pflege von Soldatengräbern in der DDR. Örtliche Stellen zeigten sich manchmal „überfordert".
- Gespräche über Werra-Entsalzung. Da diese festgefahren seien, sollte man die politischen Weichen wieder auf Grün stellen und evtl. wieder über das Floationsverfahren sprechen.
- Das Problem der Elbverschmutzung müsse angepackt werden.
- Erfreulich sei der Kulturaustausch seit Abschluß des Kulturabkommens. Jetzt gehe es um Einbeziehung des Hochschulbereiches und um Studentenaustausch

Die Rückverlagerung kriegsbedingt verbrachter Kulturgüter verlaufe gut.

Genosse Oskar Fischer stellte zu Beginn seiner Ausführungen fest, daß die Aufgabenbereiche beider Minister nicht deckungsgleich seien und das von Frau Wilms in der und für die DDR nicht bekannt sei.

Er wies darauf hin, daß auch die DDR im Vertrag über die Grundlagen der Beziehungen, der Schlußakte von Helsinki und dem KSZE-Prozeß die Basis für die Beziehungen mit der BRD sehe. Priorität habe die Friedenssicherung; denn alle zwischenstaatliche Zusammenarbeit habe ohne Frieden für die Menschen keinen Nutzen und Sinn. Darauf sei schon ausführlich in den Gesprächen Erich Honeckers mit Helmut Kohl hingewiesen worden. Dieser Gedanke bestimme auch das im März dieses Jahres in Berlin Herrn Minister Schäuble übergebene Nonpaper.

Genosse Oskar Fischer wies darauf hin, daß die internationale Lage kompliziert bleibe. Es sei gut, daß sich die Möglichkeit eines sowjetisch-amerikanischen Abkommens, das die doppelte Null-Lösung bei zwei Klassen von Nuklearraketen dieser Mächte brächte, abzeichnet. Eine Null-Lösung dürfe nicht an den Pershing-1a oder ihren Sprengköpfen scheitern. Deshalb werde die jüngste Erklärung Bundeskanzler Kohls dazu gewürdigt. Die DDR sei bereit, von Null-Lösung zu Null-Lösung in der Abrüstung zu schreiten und das - wie Herrn Schäuble im März gesagt - ohne Wenn und Aber.

Generalsekretär Honecker habe ausführlich über den Berliner PBA-Gipfel gesprochen. Dieser schließe keinerlei Waffen, keinerlei Kontrolle bei der Abrüstung aus. Der Vorschlag an die NATO, die Militärdoktrinen zu vergleichen, Asymmetrien abzubauen, und zwar so, daß das jeweilige Übergewicht beseitigt und nicht nachgerüstet wird, sei gewichtig dafür, daß das Pflänzchen Vertrauen im gemeinsamen Haus Europa gedeiht. Hier hätten gewiß beide deutsche Staaten ein gewichtiges Wort mitzureden.

Wenn es um diesen Besuch und seine Ergebnisse gehe, so habe man ein Dokument erarbeitet, das zu Hoffnungen Anlaß gebe. Die DDR sei für ein Klima, in dem sich die Beziehungen vernünftig entwickeln können. Niemand solle übervorteilt werden, und Ausgangspunkt könne nur sein, die Realitäten, insbesondere die Zugehörigkeit beider deutscher Staaten zu unterschiedlichen Bündnissen, zu achten. Darüber hinaus dürften von diesen Beziehungen keine Belastungen auf das internationale Klima ausgehen, sie müßten vielmehr die Entspannung fördern.

Genosse Oskar Fischer unterstrich, daß das in den Beziehungen gegenwärtig Machbare in dem von Generalsekretär Erich Honecker übergebenen Papier zusammengefaßt sei.

Zu anderen aufgeworfenen Fragen wolle er wie folgt antworten:
- Fragen des Reiseverkehrs und des Tourismus. Hierzu habe sich Herr Mittag vor wenigen Tagen in einem Interview, das in der BRD veröffentlicht wurde, geäußert.
 Es gehe um die Wahrung der legitimen Interessen der DDR.
- Ausweitung des kleinen Grenzverkehrs. Die DDR sehe keine Probleme, nach entsprechender praktischer Vorbereitung darüber im Zusammenhang mit anderen geeigneten Meldungen etwas öffentlich zu sagen.
- Wünsche nach Einrichtung von Grenzübergängen müßte man in den entsprechenden Gremien beraten.
- Zum Grenzregime ist festzuhalten, daß die Grenze geschützt wird, wie es der Stand der Beziehungen erfordere. Die DDR sei durch offene Grenzen bekanntlich über viele Jahre geschädigt worden. Sie möchte keine Zwischenfälle oder Tote an der Grenze. Grenzen seien aber militärisches Sperrgebiet, das überall in der Welt respektiert werden müsse. Obendrein gehe es hier um eine Grenze zwischen zwei Weltsystemen. Wenn Schußwaffen eingesetzt würden, dann nur auf streng gesetzlicher Grundlage. Entsprechende Regelungen, die Genosse Oskar Fischer auszugsweise zitierte, habe auch die BRD.
- Kontaktverbote würden nur, wie anderswo auch, auf Bürger, die Geheimnisträger seien, zutreffen.
- Bei anderen Fragen, z.B. die Journalisten betreffend, sei man Schritt für Schritt vorangekommen.
- Die Erörterung der mit Altguthaben verbundenen Probleme sollte in den bewährten Gremien geschehen.
- Die kulturelle Zusammenarbeit könne sich sehen lassen.
- Viel Arbeit müsse für die Realisierung der 3 zur Unterzeichnung vorbereiteten Abkommen geleistet werden.

Genosse Oskar Fischer erinnerte an die offenen Grundfragen in den Beziehungen. Eine davon sei die Frage der Elbgrenze, deren ausstehende Regelung mehrere bereits weitgehend ausgehandelte Vereinbarungen blockiere.

Niemand würde bei einer Regelung Grenze Mitte Strom etwas verlieren, darauf habe Erich Honecker aufmerksam gemacht.

Weiter bleibe die Respektierung der Staatsbürgerschaft der DDR durch die BRD sowie die Beseitigung des in Salzgitter angesiedelten Anachronismusses unserer Zeit.

Frau Wilms stimmte zu, daß die Beziehungen „beider Staaten in Deutschland bedeutsam für den Frieden in der Welt" sei. Sie teile auch die Ansicht, Machbares in einer Atmosphäre des Vertrauens anzupacken. Niemand verlange die Aufgabe von Grundpositionen vom anderen. Dies sei unrealistisch. Es gehe um berechenbare Beziehungen für die Regierungen wie für die Menschen.

Zur Elbgrenze wolle sie nachtragen, daß die BRD gegenwärtig einen Prozeß der Neubewertung der Dokumente unter Beachtung ihrer föderalen Staatsstruktur durchlaufe.

Als Staatsbürger werde niemand gegen seinen Willen in Anspruch genommen. Pannen, wie sie dargelegt seien, kämen immer wieder vor. Darauf sollte die DDR in solchen Fällen hinweisen. Zu Salzgitter teile die Bundesregierung die Hoffnung, daß die dort untergebrachte Einrichtung eines Tages nicht mehr existieren müsse.

Bei Ausreisen aus der DDR sei anzumerken, daß Erreichtes nicht wieder kaputt gemacht werden sollte. Deshalb wäre es gut, den Komplex noch einmal zu durchdenken. Wer die Möglichkeit zur ständigen Ausreise habe, werde bei touristischen oder Privatreisen auch nicht in der BRD bleiben. Die Quote der Nichtrückkehrwilligen läge bei 0,02 % und die BRD sei interessiert, daß diese so gering bleibe.

Staatssekretär Rehlinger, der von Frau Wilms als „alter Fuhrmann im Geschäft" bezeichnet wurde, erklärte, es sei nicht die Politik der BRD-Regierung, Leute aus der DDR abzuwerben und das Land zu entvölkern. Im übrigen würden diese Leute, aus ihrer spezifischen psychologischen Situation heraus, den BRD-Organen oft etwas anderes erzählen als den Organen der DDR. Im übrigen wolle er anmerken, daß er nicht etwa beabsichtige, sein „Fuhrgeschäft" zu schließen.

Noch einmal auf die wünschenswerte Aufhebung der 24-Stunden-Begrenzung für Westberliner Berlin-Besucher und die damit evtl. verbundenen behördentechnischen Erfassungsprobleme hinweisend, erklärte Rehlinger, man könne natürlich Hilfe, z.B. durch ein entsprechendes Computer-System, überlegen, um Regelungen zu ermöglichen. Unter nochmaligem Verweis auf das Treffen Müller - Kunze stellte Genosse Oskar Fischer fest, daß es das beste sei, das Problem dort zu belassen, wo es hingehört.

Abschließend einigten sich die Minister darauf, daß der Gastgeber über die Ergebnisse des Gespräches in der Plenarsitzung berichtet.

Am Gespräch nahmen teil von DDR-Seite:

Genosse Kurt Nier,
Stellvertreter des Ministers für
Auswärtige Angelegenheiten der DDR

Genosse Ewald Moldt,
Ständiger Vertreter der DDR in der BRD

Genosse Ernst Krabatsch,
Leiter der Hauptabteilung Grundatzfragen
und Planung des DDR-Außenministeriums

Genosse Manfred Niklas,
Leiter des Büros des Ministers für
Auswärtige Angelegenheiten

Genosse Ralf Devaux,
Botschaftsrat im Ministerium
für Auswärtige Anglegenheiten

seitens der BRD:

*Ludwig A. Rehlinger,
Staatssekretär*

*Kurt Plück,
Ministerialdirektor*

*Burkhard Dobiey,
Ministerialdirigent*

*Manfred Ackermann,
Bundesministerium für „Innerdeutsche Beziehungen"*

*Hans Otto Bräutigam,
Ständiger Vertreter der BRD in der DDR*

Niklas

Gemeinsames Kommuniqué
über den offiziellen Besuch des
Generalsekretärs des Zentralkomitees
der Sozialistischen Einheitspartei Deutschlands
und Vorsitzenden des Staatsrates der
Deutschen Demokratischen Republik,
Erich Honecker,
in der Bundesrepublik Deutschland
vom 7. bis 11. September 1987

Auf Einladung des Bundeskanzlers der Bundesrepublik Deutschland, Helmut Kohl, hält sich der Generalsekretär des Zentralkomitees der Sozialistischen Einheitspartei Deutschlands und Vorsitzende des Staatsrates der Deutschen Demokratischen Republik, Erich Honecker, vom 7. bis 11. September 1987 zu einem offiziellen Besuch in der Bundesrepublik Deutschland auf.

Generalsekretär Honecker und Bundeskanzler Kohl trafen am 7. und 8. September 1987 in Bonn zu Gesprächen zusammen. Generalsekretär Honecker wurde auch von Bundespräsident Richard von Weizsäcker empfangen und führte Gespräche mit weiteren Persönlichkeiten.

Im Anschluß an die Gespräche in Bonn wird Generalsekretär Honecker Nordrhein-Westfalen (Köln, Düsseldorf, Wuppertal, Essen), das Saarland (Saarbrücken, Neunkirchen), Rheinland-Pfalz (Trier) und Bayern (München, Dachau) besuchen. Während des Besuches wurden folgende Abkommen und Vereinbarungen unterzeichnet:
– Vereinbarung zwischen der Regierung der Deutschen Demokratischen Republik und der Regierung der Bundesrepublik Deutschland über die weitere Gestaltung der Beziehungen auf dem Gebiet des Umweltschutzes;
– Abkommen zwischen der Regierung der Deutschen Demokratischen Republik und der Regierung der Bundesrepublik Deutschland über Informations- und Erfahrungsaustausch auf dem Gebiet des Strahlenschutzes;
– Abkommen zwischen der Regierung der Deutschen Demokratischen Republik und der Regierung der Bundesrepublik Deutschland über die Zusammenarbeit auf den Gebieten der Wissenschaft und Technik.

Der Generalsekretär des Zentralkomitees der Sozialistischen Einheitspartei Deutschlands und Vorsitzende des Staatsrates der Deutschen Demokratischen Republik und der Bundeskanzler der Bundesrepublik Deutschland führten in sachlicher und aufgeschlossener Atmosphäre einen umfassenden Meinungsaustausch über Stand und Entwicklungsmöglichkeiten der Beziehungen zwischen der Deutschen Demokratischen Republik und der Bundesrepublik Deutschland sowie über aktuelle Fragen der internationalen Beziehungen. An den Gesprächen nahmen teil:

Von Seiten der Deutschen Demokratischen Republik:

— *das Mitglied des Politbüros und Sekretär des Zentralkomitees der Sozialistischen Einheitspartei Deutschlands, Stellvertreter des Vorsitzenden des Staatsrates der Deutschen Demokratischen Republik, Dr. Günter Mittag,*

— *das Mitglied des Zentralkomitees der Sozialistischen Einheitspartei Deutschlands, Minister für Auswärtige Angelegenheiten, Oskar Fischer,*
— *das Mitglied des Zentralkomitees der Sozialistischen Einheitspartei Deutschlands, Minister für Außenhandel, Dr. Gerhard Beil, und weitere Persönlichkeiten.*

Von Seiten der Bundesrepublik Deutschland:

— *Bundesminister Dr. Martin Bangemann,*
— *Bundesminister Dr. Dorothee Wilms,*
— *Bundesminister Dr. Wolfgang Schäuble und weitere Persönlichkeiten.*

Generalsekretär Honecker und Bundeskanzler Kohl stimmten darin überein, daß die Deutsche Demokratische Republik und die Bundesrepublik Deutschland angesichts einer sich aus der gemeinsamen Geschichte ergebenden Verantwortung besondere Anstrengungen für das friedliche Zusammenleben in Europa unternehmen müssen. Von deutschem Boden darf nie wieder Krieg, von deutschem Boden muß Frieden ausgehen.

Sie betonten, daß das Verhältnis der beiden Staaten zueinander ein stabilisierender Faktor für konstruktive Ost-West-Beziehungen bleiben muß. Von ihm sollten positive Impulse für friedliche Zusammenarbeit und Dialog in Europa und darüber hinaus ausgehen.

Generalsekretär Honecker und Bundeskanzler Kohl würdigten die Entwicklung des Verhältnisses zwischen beiden Staaten seit dem Abschluß des Vertrages über die Grundlagen der Beziehungen zwischen der Deutschen Demokratischen Republik und der Bundesrepublik Deutschland vom 21. Dezember 1972. Sie betonten, daß dieser Vertrag zusammen mit den bisher getroffenen Vereinbarungen und Regelungen Grundlage und Rahmen für die Beziehungen zwischen beiden Staaten bildet. Sie bekräftigten ihre gemeinsame Erklärung vom 12. März 1985.

Unter Berücksichtigung der Gegebenheiten und unbeschadet der Unterschiede in den Auffassungen zu grundsätzlichen Fragen, darunter zur nationalen Frage, ist es die Absicht beider Seiten, im Sinne des Grundlagenvertrages normale gutnachbarliche Beziehungen zueinander auf der Grundlage der Gleichberechtigung zu entwickeln und die Möglichkeiten des Vertrages weiter auszuschöpfen.

Es bestand Übereinstimmung, das Erreichte unter Beachtung des Grundsatzes zu bewahren und auszubauen, daß beide Staaten die Unabhängigkeit und Selbständigkeit jedes der beiden Staaten in seinen inneren und äußeren Angelegenheiten respektieren. Verständigungswille und Realismus sollen Richtschnur für eine konstruktive, auf praktische Ergebnisse gerichtete Zusammenarbeit zwischen beiden Staaten sein.

Beide Seiten würdigten die anhaltend positive Wirkung des Vierseitigen Abkommens vom 3. September 1971 auf die Lage im Zentrum Europas und die Ost-West-Beziehungen und bekräftigten die Notwendigkeit seiner strikten Einhaltung und vollen Anwendung.

Generalsekretär Honecker und Bundeskanzler Kohl behandelten eingehend Fragen des Reise- und Besucherverkehrs einschließlich der Reisen in dringenden Familienangelegenheiten. Sie würdigten die bisher erzielten Fortschritte und bekräftigten die Absicht, auf weitere Verbesserungen und Erleichterungen im Interesse der Menschen hinzuwirken.

Sie begrüßten die zwischen den Verkehrsministern beider Staaten getroffene Vereinbarung über Fahrpreisermäßigungen im gegenseitigen privaten Reiseverkehr sowie im Transitverkehr zwischen der Bundesprublik Deutschland und Berlin (West) auf den Strecken der Deutschen Reichsbahn und der Deutschen Bundesbahn.

Sie erörterten ferner die Voraussetzungen für eine Weiterentwicklung des Tourismus. Sie stimmten darin überein, Möglichkeiten für eine schrittweise Entwicklung des touristischen Reiseverkehrs zu schaffen.

Sie bekräftigten die Absicht, den touristischen Jugendaustausch im Interesse der Begegnungen junger Menschen von beiden Seiten zu fördern und weiterzuentwickeln.

Sie begrüßten das Zustandekommen von Partnerschaften zwischen Städten in der Deutschen Demokratischen Republik und in der Bundesrepublik Deutschland als einen wichtigen Beitrag zu Begegnungen zwischen den Bürgern - auch unter Einbeziehung kultureller Veranstaltungen - und damit zum Ausbau friedlicher Nachbarschaft zwischen beiden Staaten. Sie werden solche Bemühungen auch künftig unterstützen.

Sie betonten ihre Bereitschaft, die Begegnungen auf dem Gebiet des Sports weiter zu fördern. Dabei sollen auch die Möglichkeiten im Rahmen von Städtepartnerschaften genutzt werden.

Generalsekretär Honecker und Bundeskanzler Kohl erörterten humanitäre Fragen einschließlich der Familienzusammenführung und der Lösung von Härtefällen. Sie würdigten positive Ergebnisse und stimmten darin überein, entsprechende Bemühungen konstruktiv fortzusetzen.

Beide Seiten würdigten die Arbeit der Grenzkommission. Sie bekundeten ihre Absicht, im Sinne des Regierungsprotokolls vom 29. November 1978 Aufgaben der Grenzkommission, soweit sie noch nicht gelöst sind, zum Abschluß zu bringen.

Generalsekretär Honecker und Bundeskanzler Kohl brachten zum Ausdruck, daß sie den Fragen des Schutzes der natürlichen Lebensgrundlagen der Menschen große Bedeutung beimessen. Sie werteten den Abschluß der Vereinbarung über die weitere Gestaltung der Beziehungen auf dem Gebiet des Umweltschutzes als Ausdruck des Willens, die Zusammenarbeit auf diesem Gebiet zu vertiefen.

Beide Seiten stimmten überein, die Verhandlungen zu Fragen der Reduzierung der Salzbelastung der Werra sowie der Kaliabwasserversenkung zügig fortzuführen und möglichst bald mit einem ausgewogenen Ergebnis positiv abzuschließen.

Es bestand Einvernehmen, die Aufnahme von Gesprächen über Fragen des Gewässerschutzes der Elbe zu prüfen.

Beide Seiten würdigten den Abschluß des Abkommens über Informations- und Erfahrungsaustausch auf dem Gebiet des Strahlenschutzes als wichtigen Schritt zum Ausbau der gegenseitigen Beziehungen.

Sie begrüßten den Abschluß des Abkommens über die Zusammenarbeit auf den Gebieten der Wissenschaft und Technik und sind sich darin einig, auf dieser Grundlage die Beziehungen mit Kontakten zwischen Wissenschaftlern und Forschungseinrichtungen entsprechend den vereinbarten Projekten zum gegenseitigen Nutzen zu intensivieren.

Generalsekretär Honecker und Bundeskanzler Kohl unterstrichen die große Bedeutung einer umfassenden sachlichen Information durch Presse, Funk und Fernsehen für die weitere Entwicklung gutnachbarlicher Beziehungen. Dementsprechend gewährten beide Seiten Journalisten bei der Ausübung ihrer Tätigkeit größtmögliche Unterstützung.

Generalsekretär Honecker und Bundeskanzler Kohl würdigten das am 6. Mai 1986 abgeschlossene Kulturabkommen, das der Entwicklung der Kulturbeziehungen dient und zu einer deutlichen Zunahme des kulturellen Austausches geführt hat. Sie unterstrichen die Absicht, die Zusammenarbeit auf der Grundlage dieses Abkommens zielstrebig fortzusetzen und weitere Bereiche einzubeziehen. Die Vorhaben für 1988/89 sind im wesentlichen abgestimmt.

Beide Seiten würdigten, daß im Zuge der vereinbarten Rückführung kriegsbedingt verlagerter Kulturgüter inzwischen der Austausch wertvoller Archivbestände weitgehend abgeschlossen werden konnte. Noch in diesem Jahr wird die Rückführung ausgelagerte Gemälde einvernehmlich geregelt werden.

Im Bereich des Gesundheitswesens, der Landwirtschaft sowie des Wohnungs- und Städtebaus sollen Erfahrungsaustausch und Zusammenarbeit fortgesetzt und ausgebaut werden.

Beide Seiten sprachen sich dafür aus, die Bemühungen um eine vertragliche Regelung des Rechtsverkehrs fortzusetzen. Im Interesse der Rechtsuchenden soll der Rechtsverkehr so einfach und zweckmäßig wie möglich geregelt werden.

Beide Seiten erörterten Fragen des nichtkommerziellen Zahlungsverkehrs und werden bemüht bleiben, einschränkende Bestimmungen abzubauen und Verfügungsmöglichkeiten über Vermögen im Interesse der Menschen in beiden Staaten zu erleichtern.

Generalsekretär Honecker und Bundeskanzler Kohl stellten mit Befriedigung fest, daß sich die Wirtschaftsbeziehungen zwischen beiden Staaten in den letzten Jahren insgesamt positiv entwickelt haben. Sie betrachten den Handel als wichtiges stabilisierendes Element der Gesamtbeziehungen und erklärten ihr Interesse, die wirtschaftliche Zusammenarbeit auf der Grundlage der Gleichberechtigung und des gegenseitigen Vorteils unter Einschluß auch kleiner und mittlerer Unternehmen kontinuierlich auszubauen. Sie bekräftigten ihre Absicht, die Struktur des Handels weiter zu verbessern und verstärkt auf den Austausch von Investitionsgütern, insbesondere von Erzeugnissen des Maschinenbaus, der Elektrotechnik sowie auf dem Gebiete der Energie- und Umwelttechnik hinzuwirken. Beide Seiten unterstrichen die Bedeutung der Zusammenarbeit auf dritten Märkten.

Sie bekräftigten die Absicht, die regelmäßigen Kontakte im Bereich des Handels und der Wirtschaft fortzusetzen.

Im Interesse eins kontinuierlichen Ausbaus der wirtschaftlichen Zusammenarbeit auf der Grundlage der Gleichberechtigung und des gegenseitigen Vorteils wurde Einvernehmen erzielt, Gespräche über die Bildung einer gemischten Kommission zur weiteren Entwicklung der wirtschaftlichen Beziehungen auf der Grundlage der bestehenden Abkommen und Regelungen aufzunehmen.

Beide Seiten stimmten überein, zur weiteren Verbesserung der Verkehrsverbindungen - einschließlich von und nach Berlin (West) - Regelungen und Vereinbarungen zum gegenseitigen Nutzen vor allem auf dem Gebiet des Eisenbahnverkehrs anzustreben und Gespräche darüber mit dem Ziel deutlich kürzerer Reisezeiten und höherer Zugfrequenzen aufzunehmen.

Es bestand Einvernehmen, auf der Grundlage des Abkommens auf dem Gebiet des Post- und Fernmeldewesens im Rahmen der technischen und ökonomischen Möglichkeiten weitere Verbesserungen des Post- und Fernmeldeverkehrs - einschließlich von und nach Berlin (West) - vorzusehen.

Beide Seiten begrüßten die zur Zeit auf kommerzieller Ebene geführten Gespräche über den Bezug und die Lieferung von Elektroenergie zwischen Energieversorgungsunternehmen der Deutschen Demokratischen Republik und der Bundesrepublik Deutschland unter Einbeziehung von Berlin (West). Sie erwarten, daß diese Gespräche zum Abschluß entsprechender langfristiger Verträge führen werden.

Generalsekretär Honecker und Bundeskanzler Kohl erörterten Fragen der internationalen Entwicklung. Im Bewußtsein, daß in beiden Staaten unterschiedliche gesellschaftliche Ordnungen bestehen und daß sie verschiedenen Bündnissen angehören, legten sie ihre Auffassungen zu Stand und Perspektiven der Ost-West-Beziehungen dar.

Sie bekundeten ihren Willen, im Rahmen ihrer Bündnisse für eine Politik des Abbaus von Spannungen und der Sicherung des Friedens zu wirken sowie für die Fortsetzung von Dialog und langfristig angelegter Zusammenarbeit einzutreten.

In dem gemeinsamen Bemühen, alle Gelegenheiten für einen immer breiter und konstruktiver angelegten Dialog, der sich mit dem Anliegen der Menschen in Ost und West befaßt, auszuschöpfen, und in der Überzeugung, daß ein langfristiger, stabiler und dauerhafter Zustand des Friedens in Europa nicht durch militärische Mittel allein ereicht werden kann, messen beide Seiten dem KSZE-Prozeß besonderen Wert bei. Dabei sind ausgewogene, greifbare Fortschritte in allen Bereichen der Schlußakte von Helsinki ein wichtiger Maßstab für den Willen zur Entspannung und für die Bereitschaft, durch Vertrauensbildung die Lösung von Sicherheitsfragen zu erleichtern. Beide Seiten setzten sich dafür ein, daß alle Prinzipien und Bestimmungen der Schlußakte von Helsinki und des abschließenden Dokuments von Madrid volle Wirksamkeit erlangen - zum Wohle der Menschen und im Interesse der Zusammenarbeit der Staaten.

Generalsekretär Honecker und Bundeskanzler Kohl führten in diesem Zusammenhang einen offenen Meinungsaustausch über die Verwirklichung aller Menschenrechte.

Beide Seiten brachten ihre Absicht zum Ausdruck, in Zusammenarbeit mit den anderen Teilnehmerstaaten auf ein substantielles Ergebnis des Wiener KSZE-Folgetreffens hinzuwirken.

Sie hoben die große Bedeutung hervor, die im Rahmen des Ost-West-Dialogs Ergebnissen von Verhandlungen über wirksame Maßnahmen der Rüstungskontrolle und Abrüstung in allen Bereichen beizumessen ist. Solche Ergebnisse müssen, beruhend auf dem Prinzip der Gleichheit und Parität, ein stabiles Gleichgewicht der Kräfte auf möglichst niedrigem Niveau, verbunden mit dem Abbau von Ungleichgewichten, verwirklichen. Sie müssen wirksam verifizierbar sein.

In diesem Sinne werden beide Seiten auf Fortschritte und Ergebnisse in den laufenden Verhandlungen und Konferenzen in Genf und Wien, an denen sie selbst teilnehmen, hinarbeiten sowie bei den bilateralen Verhandlungen zwischen der Sowjetunion und den USA konstruktiven Einfluß ausüben.

Beide Seiten betonten die besondere Bedeutung eines Abkommens über Mittelstreckensysteme und erklärten, daß die weltweite Beseitigung sowjetischer und amerikanischer Mittelstreckenflugkörper mit über 500 km Reichweite die Stabilität und Sicherheit in Europa und Asien wesentlich erhöhen.

Sie teilten die Überzeugung, daß von dem Abschluß einer entsprechenden Vereinbarung positive Wirkungen sowohl für andere Bereiche der Rüstungskontrolle und Abrüstung als auch für das Ost-West-Verhältnis insgesamt ausgehen werden. Die hier liegende Chance muß genutzt werden.

Bundeskanzler Kohl legte das im Atlantischen Bündnis abgestimmte Konzept dar, daß im Zusammenhang mit der Herstel-

lung eines konventionellen Gleichgewichts und einer weltweiten Beseitigung chemischer Waffen sowjetische und amerikanische bodengestützte nukleare Flugkörpersysteme kürzerer Reichweite auf niedrige gleiche Obergrenzen reduziert werden sollen.

Generalsekretär Honecker lenkte die Aufmerksamkeit auf die Vorschläge der Teilnehmerstaaten des Warschauer Vertrages zur Reduzierung der taktischen Atomwaffen im Komplex mit den Streitkräften und konventionellen Rüstungen in Europa.

Generalsekretär Honecker und Bundeskanzler Kohl unterstützten die am 8. Januar 1985 zwischen der Sowjetunion und den USA vereinbarten Ziele der Genfer Verhandlungen, nämlich: ein Wettrüsten im Weltraum zu verhindern und es auf der Erde selbst zu beenden und zugleich die Kernwaffen zu begrenzen und zu verringern sowie die strategische Stabilität zu stärken.

Beide Seiten unterstützten die 50 %ige Reduzierung der strategischen Offensivwaffen. Sie wiesen auf die Bedeutung des ABM-Vertrages hin.

Beide Seiten setzten sich für die Vereinbarung eines zuverlässig verifizierbaren nuklearen Teststopps im Rahmen der Genfer Abrüstungskonferenz zum frühestmöglichen Zeitpunkt ein. Sie halten ein schrittweises Herangehen an dieses Ziel in den laufenden Kontakten zwischen der Sowjetunion und den USA für möglich. Beide Seiten bekannten sich zu ihren Verpflichtungen aus dem Vertrag über die Nichtweiterverbreitung von Kernwaffen und drückten ihr Interesse an einer Stärkung des Regimes der Nichtweiterverbreitung gemeinsam mit anderen Ländern aus.

Generalsekretär Honecker und Bundeskanzler Kohl stimmten überein, daß Fortschritte bei der nuklearen Abrüstung die konventionelle Abrüstung mit dem Ziel größerer Sicherheit und Stabilität in Europa vom Atlantik bis zum Ural besonders dringlich machen. Sie unterstrichen die Bedeutung entsprechender Verhandlungen und stimmten darin überein, daß sie alles tun werden, damit bei den Gesprächen zwischen den 23 Mitgliedstaaten des Warschauer Vertrages und des Nordatlantischen Bündnisses in Wien möglichst bald ein substantielles Mandat vereinbart wird.

Beide Seiten würdigten die Ergebnisse der Stockholmer Konferenz über vertrauens- und sicherheitsbildende Maßnahmen und Abrüstung in Europa als einen wichtigen Schritt zur Herstellung von mehr Vertrauen und Berechenbarkeit auf militärischem Gebiet. Sie betonten die Notwendigkeit der Implementierung des Stockholmer Dokuments nach Geist und Buchstaben und werden sich für Verhandlungen über weitere vertrauens- und sicherheitsbildende Maßnahmen einsetzen.

Generalsekretär Honecker und Bundeskanzler Kohl bekräftigten ihren Willen, zum Erfolg der Wiener Verhandlungen über die gegenseitige Verminderung von Streitkräften und Rüstungen und damit zusammenhängende Maßnahmen in Mitteleuropa beizutragen.

Beide Seiten werden sich nachdrücklich für den baldigen Abschluß eines Vertrages über ein weltweites und verläßlich überprüfbares Verbot der Entwicklung, Herstellung, Lagerung und des Einsatzes chemischer Waffen einsetzen.

Sie legten ihre unterschiedlichen Standpunkte zu Fragen regionaler Vereinbarungen im Bereich von Kernwaffen und chemischen Waffen dar.

Sie würdigten, daß die Konsultationen zwischen den Abrüstungsbeauftragten ihrer Regierungen zu einem festen Bestandteil ihres politischen Dialogs geworden sind und begrüßten deren Fortsetzung.

Beide Seiten stimmten darin überein, weiterhin zur Stärkung der Vereinten Nationen als des universalen Forums zur friedlichen Gestaltung der internationalen Beziehungen, zur Lösung der vordringlichen weltpolitischen, ökonomischen, sozialen und humanitären Probleme und des Dialogs über Fragen der Rüstungsbegrenzung und Abrüstung beizutragen.

Sie würdigten die Bewegungen der Nichtpaktgebundenen Staaten als einen Faktor von Bedeutung für die internationale Stabilität.

Generalsekretär Honecker und Bundeskanzler Kohl bezeichneten ihren Meinungsaustausch als notwendig und förderlich für die weitere Entwicklung der Beziehungen. Sie sprachen sich für die Fortsetzung und Intensivierung der Kontakte auf hoher politischer und auf anderer Ebene aus.

Der Generalsekretär des Zentralkomitees der Sozialistischen Einheitspartei Deutschlands und Vorsitzende des Staatsrates der Deutschen Demokratischen Republik lud den Bundeskanzler der Bundesrepublik Deutschland zu einem Gegenbesuch ein. Die Einladung wurde mit Dank angenommen. Termin und Einzelheiten werden später vereinbart.

Geschichte ist Geschichte, soll Honecker einmal gesagt haben, als er die eminent wichtige Frage beantwortete, ob auf einem bestimmten Bilddokument weiterhin ein geschmähter Genosse wegretuschiert werden sollte. Das plötzliche Auftauchen des Verstoßenen auf dem Foto nach Honeckers großzügigem Votum hat man allenthalben mit Beifall quittiert, statt sich zu Recht über die bis dahin vorgenommene Bildfälschung zu mokieren.

Gregor Gysi

Personenregister

A

Ackermann, Manfred 234
Adenauer, Konrad 89, 93
Albrecht, Hans 40
Albrecht, Ernst 142, 169, 203 ff.
Amerongen, Otto Wolff von 187,
Axen, Hermann 35, 36, 46

B

Bahr, Egon 44,165 ff., 204
Bangemann, Martin, 147 ff., 174, 218, 237
Bastian, Gert 183
Baum, Bruno 100
Beil, Gerhard, 148, 196 ff., 209, 221, 237
Biermann 192
Bittlinger, Herbert 187
Bohley, Bärbel 183 ff.
Böhme 196
Boldt, Hans-Joachim 53
Brandt, Willy 44, 88, 165 ff., 185 ff., 189, 204
Bräutigam, Hans Otto 53, 148, 234
Breitenbach, 209
Breschnew, L. J. 55, 92, 199
Brun 195
Büchler, H. 167
Bush 16

C

Casseroli 92
Ceaucescu 92
Chrobog, Jürgen 226
Chrustschow 50, 94

D

Devaux, Ralf 226, 233
Dieckmann, J. 54
Diepgen, E. 215
Dimitroff 74
Dobiey, Burkhard 148, 234
Dregger, Alfred 170 ff.
Duisberg, C.-J. 148

E

Ehmke, H. 167
Einstein, A 171
Engels, Friedrich 81
Engholm, Björn 168 ff.
Eppler, E. 166

F

Fischer, Oskar 147 ff., 222 ff., 227 ff.
Ford 92

G

Gassert, Herbert, 187
Gauck 38
Genscher, Hans-Dietrich 32, 147, 167, 222 ff.
Gienke 63
Gierek 92
Glienke, Lothar 225
Globke 99
Goebbels 88
Gorbatschow, M. 15, 16, 18, 20, 21, 23, 26, 30, 32, 34, 35, 36, 46, 107 ff., 119 ff., 160, 171,178, 186, 191, 198, 213 ff.
Göring 74
Gritschenko 46
Grotewohl, O. 54
Guillaume 44
Gysi, Gregor 35, 36, 60, 74, 247

H

Habsburg, Otto von 31
Hager 46
Hallstein 75
Hammer, Armand, 185, 206
Hensel, Karitas 177
Herrmann, F.-J. 46, 148
Hitler 46
Hofstetter, R. 148
Holik, Josef 226
Honecker, Margot 1

J

Jahn, Roland 184
Jakowlew 15
Jansen, Michael 226

Jaruzelski, W. 44, 109, 123 ff., 160, 171, 174 ff., 199, 214
Jelzin 15, 21
Jenninger, Philipp 158 ff., 175
Jochimsen 196
Johannes Paul II. 192
Jörgenson 92

K

Kadar, J. 92, 186
Kaiser, Karl-Heinz 39
Kasper, Hans 221
Kastrup, Dieter 148, 226
Kehler, Sonja 192
Kekkonen 92
Kelly, Petra 183 ff.
Keßler, Heinz 35, 36, 40
Kinkel 37, 40
Kleiber, Günter 35, 36
Kohl, Helmut 22, 40, 44, 45, 46, 47, 71, 75, 106 ff., 114 ff., 129 ff., 141 ff., 144 ff., 162, 166 ff., 183 ff., 185, 190 ff., 198, 200, 204, 211, 213, 224, 230, 235 ff.
Krabatsch, Ernst 148, 225, 233
Krenz, Egon 33, 34, 35, 36, 97
Krolikowski, Werner 36
Krömke, C. 148
Külz, W. 54
Kunze 233
Kwizinski, J. 14

L

Lafontaine, Oskar 203, 205 ff., 210 ff.
Leich 32
Lenin, W. I. 15, 19, 48, 50
Litwinow 50

M

Marx, Karl 19, 81,164
Matthiesen 195
Meyer, W. 148
Michalik, Regina 177 ff.
Mielke, Erich 35, 46, 99
Mies, Herbert 162, 163 ff.
Mischnick, Wolfgang 174 ff.
Mittag, Günter, 147 ff., 174, 188, 196, 208 ff., 218, 221, 231, 237

Mitterrand, Francois 88, 186
Modrow, Hans 14, 34, 35, 72
Moldt, Ewald 148, 195, 197, 233
Moro 92
Müller 233

N

Necker, Till 187
Neuer, W. 148
Nier, Kurt 148, 196, 225, 233
Niklas, Manfred 148, 209, 225 ff., 233 ff.
Nuschke, O. 54

O

Ost, F. 148

P

Palme, Olof 62, 92, 172
Papandreou, Andreas 88
Pieck, W. 54
Plück, Kurt 234
Posser 196

R

Rau, Johannes 189 ff., 194, 197
Reagan, R. 15, 16, 107 ff., 119, 178, 198, 206, 213
Rehlinger, Ludwig A. 148, 232 ff.
Reimann, Max 163, 190
Reinhold, O. 166
Renner, Heinz 163
Rettner, G. 148
Richthofen, Hermann von 226
Ronneburger, Uwe 174 ff.
Rusakow 17, 46

S

Schabowski 28, 34
Schalck, A. 143
Schäuble, Wolfgang, 134 ff., 139 ff., 148, 230, 237
Schewardnadse 15, 16, 185
Schmidt, Helmut 44, 45, 46, 92, 165, 198 ff., 204, 210
Scholl 46
Schönherr 192
Schoppe, Waltraud 177
Schröder, Gerhard 203
Schwier 196

Seidel, K. 148, 161, 182, 202
Shiwkow 92
Shultz 185
Sindermann, H. 159 ff., 179
Sitte, W. 192
Slevogt 201
Späth, Lothar 180 ff.
Stalin 50, 60, 61, 92
Stern, E. G. 148
Stoph, Willi 33, 35, 61
Strauß, Franz Josef 44, 190, 212 ff.
Streletz 40

T

Teltschik 46
Thälmann,Ernst 164
Thomsen, Jens-Uwe 187
Tisch 34
Tito 92
Trotzki 48
Trudeau 92
Tschebrikow 46
Tschernenko, Konstantin 15, 45, 46
Tschitscherin 50

U

Ulbricht, Walter 54, 85, 93
Ustinow 46

V

Vogel 139
Vogel, Bernhard 200 ff.
Vogel, H.-J. 165 ff., 168, 204

W

Waigel, Theo 75, 170 ff., 175
Weber, Ellen 162
Wehner, Herbert 44, 162, 165 ff., 204
Weizsäcker, Richard von 106 ff., 166 ff., 183, 185, 198
Wilhelm II. 72
Wilms, Dorothee, 147 ff., 227 ff., 237
Wolf, Markus 34, 35, 36
Worotnikow 31
Würzen, D.v. 148

Z

Zöpel 197

Jürgen Nitz
Länderspiel

250 Seiten, Paperback, 24,80 DM
ISBN 3-929161-19-2

"Länderspiel" hieß das Codewort für geheime Verhandlungen, die zwischen Bonn und Berlin seit Beginn der 80er Jahre geführt wurden. Gemeinsames Ziel war es unter anderem, mittels einer deutsch-deutschen Bank in der Schweiz, Vermögen etwa 5 Milliarden Mark, die DDR finanziell zu stabilisieren. Im Gegenzug sollten "menschliche Erleichterungen" erfolgen.

Die Idee kam aus der SPD; Kohl, zum Kanzler geworden, griff sie auf und beauftragte Jenninger mit der Gesprächsführung. Die CDU-Spitze wollte - hinter dem Rücken des Koalitionspartners FDP (die CSU hatte ohnehin eigene Verbindungen in die DDR) - auf diese Weise Einfluß auf die innerdeutsche Politik nehmen. Seitens der DDR war Jürgen Nitz beauftragt worden. Der Dritte im Bunde war der Züricher Banker Baal.

Prof. Jürgen Nitz, vormals leitender Mitarbeiter des Instituts für internationale Politik und Wirtschaft (IPW), berichtet aus eigenem Erleben. Er hat alle bislang geheimen Akten und Protokolle zusammengetragen und sachkundig kommentiert. Was bislang von Bonn unter den Teppich gekehrt wurde, holt er jetzt erstmals hervor.

Zu beziehen in jeder guten Buchhandlung und bei der

edition ost
Am Treptower Park 30
12435 Berlin

Fax (030) 28 32 051 und (030) 6883 44 09

Hans Modrow (Hrsg.)
Das große Haus. Ein Insiderbericht

220 Seiten, Paperback, 24,80 DM
ISBN 3-929161-20-6

Das ehemalige Bankgebäude am Friedrichwerderschen Markt im Zentrum Berlins war jahrzehntelang Sitz des ZK der SED. In diesem Haus liefen die Fäden der DDR-Gesellschaft zusammen. Zog man an einem, fiel im entferntesten Zipfel des Landes etwas um oder ging die Bilanz in die Höhe. Je nach dem.
Was aber passierte damals wirklich im inneren Machtzirkel des Apparates? Wer stand vor wem stramm, wer durfte mit wem warum nicht reden? Vormals leitende Mitarbeiter des ZK berichten erstmals - darunter Wolfgang Herger, Leiter der Abteilung Sicherheit - über das Innenleben ihrer Firma. Kritisch und selbstkritisch. Die Autoren versuchen darzustellen, warum aus ihrer Sicht der Machtapparat so widerstandslos in sich zusammenfiel.
Die Lektüre beweist: ein Irrtum zu glauben, alles wäre wirklich schon bekannt.

Zu beziehen in jeder guten Buchhandlung und bei der

edition ost
Am Treptower Park 30
12435 Berlin

Fax (030) 28 32 051 und (030) 6883 44 09

Kurt Gossweiler
Die Strasser-Legende

150 Seiten, Paperback, 9,80 DM
ISBN 3-929161-16-8

Die rechte Szene hat zwei neue Idole: Gregor und Otto Strasser. Die beiden Brüder gelten manchem als die "wahren" nationalen Sozialisten. Und damit ernten ihre heutigen Jünger kaum Widerspruch, denn: die beiden Strassers sind kaum bekannt.
Sie beziehen ihre vermeintlich unbefleckte Aura aus dem Umstand, daß der eine seinen Mitfaschisten 1934 in der "Nacht der langen Messer" zum Opfer fiel und der andere ins Ausland flüchtete, um von dort - angeblich - Hitler zu bekämpfen.
Alles Legende, wie der international renommierte Faschismusforscher Kurt Gossweiler in seinem Buch nachweist. Er füllt damit nicht nur weiße Flecken in unserem Geschichtsbild aus, sondern setzt sich auch überzeugend mit Dokumenten und Äußerungen der Strassers auseinander.
Norbert Madloch, Kenner des Rechtsextremismus auf dem Kontinent, zeigt in seinem Beitrag die aktuellen Spuren der Strasser-Legende in der aktuellen Nazi-Bewegung.

Zu beziehen in jeder guten Buchhandlung und bei der

edition ost
Am Treptower Park 30
12435 Berlin

Fax (030) 28 32 051 und (030) 6883 44 09

Reihe COGNOSCERE, Band 1

Wilhelm A. Bauer
Angelo Soliman, der hochfürstliche Mohr.
Ein exotisches Kapitel Alt Wien

150 Seiten, Hardcover, ill., 24,80 DM
ISBN 3-929161-04-4

Die Reihe, von der im Jahr zwei bis drei Titel erscheinen, bringt vergessene oder bislang unveröffentlichte Texte von Europäern, die seinerzeit die Welt entdeckten, bzw. von Auswärtigen, die hierher kamen und gleichfalls mit dem Fremden konfrontiert wurden.

Soliman war ein Farbiger, der unter Weißen lebte. Er war kultiviert und gebildet. Man malte ihn in Öl und machte ihn zum Meister in der Freimaurerloge. 1796 starb er in Wien. Dann stopften sie ihn aus wie ein seltenes Tier und gaben den präparierten Leichnam im Wiener Hof-Naturalienkabinett zur Besichtigung frei. Solimans Tochter protestierte jahrelang. Eine verirrte Kanonenkugel setzte 1848 das Magazin des Museums in Brand und beendete ein tragisches Schicksal...

Monika Firla-Forkl, Stuttgart, untersucht diese tatsächliche Begebenheit, die Bauer zu Beginn des Jahrhunderts zu Papier gebracht hatte. Sie entdeckte neue Fakten und alte Vorurteile. Und schreibt zugleich über ein ewiges Thema: wie Menschen auf dieser Einen Welt miteinander umgehen. Und was wir noch lernen müssen, um uns nicht fremd oder gar feind zu sein.

Zu beziehen in jeder guten Buchhandlung und bei der

edition ost
Am Treptower Park 30
12435 Berlin

Fax (030) 28 32 051 und (030) 6883 44 09